Jessica Lackner
Natalia Wiechowski

Mach's richtig oder lass es bleiben!

Mehr Sichtbarkeit im Social-Media-Dschungel – die Erfolgsstrategie für dein Business

REDLINE | VERLAG

Bibliografische Information der Deutschen Nationalbibliothek
Die Deutsche Nationalbibliothek verzeichnet diese Publikation in der Deutschen Nationalbibliografie. Detaillierte bibliografische Daten sind im Internet über http://dnb.de abrufbar.

Für Fragen und Anregungen
info@m-vg.de

Originalausgabe
1. Auflage 2025

Türkenstraße 89
80799 München
Tel.: 089 651285-0

Redaktion: Silke Panten
Umschlaggestaltung: Karina Braun
Umschlagabbildung: Adobe Stock/good_mood, Nadia Grapes, icons gate
Satz: ZeroSoft, Timisoara
Druck: CPI
Printed in the EU

ISBN Print 978-3- 86881-863-5
ISBN E-Book (EPUB, Mobi) 978-3- 96267-660-5

Wir produzieren nachhaltig
www.m-vg.de

Weitere Informationen zum Verlag finden Sie unter

www.redline-verlag.de

Beachten Sie auch unsere weiteren Verlage unter www.m-vg.de

INHALT

VORWORT VON SELINA NÄF

Ich erinnere mich an diesen Moment, als wäre es gestern geschehen: Ich saß stundenlang an meinem allerersten Social-Media-Post. Ich wusste genau, was ich sagen wollte – und doch fühlte es sich an, als müsste ich eine Doktorarbeit schreiben. In meinem Kopf dudelten altbekannte Sätze wie eine kaputte Schallplatte:

- »Du kannst nicht schreiben.«
- »Rechtschreibung war noch nie deine Stärke.«
- »Mach dich bloß nicht lächerlich.«

Diese Stimmen kamen nicht einfach so. Sie hatten sich über Jahre hinweg in mir eingenistet. Schon in der Schulzeit war ich mit ihnen auf Du und Du. Ein Lehrer sagte damals sogar: »Die neue Rechtschreibung wird für dich kein Problem. Du konntest die alte ja auch nicht.« Solche Sätze brennen sich ein. Sie wachsen mit. Und irgendwann beginnen wir, sie für unsere Wahrheit zu halten.

Ich dachte lange, ich müsste erst etwas werden, bevor ich sichtbar sein darf. Dass meine Worte mehr brauchen, mehr Glanz, mehr Substanz. Doch heute schreibe ich dieses Vorwort – für zwei Frauen, die sich nicht verloren haben, sondern den Mut hatten, sich selbst neu zu begegnen. Tiefer. Wahrhaftiger. Sichtbarer als je zuvor.

Und ich? Ich habe aufgehört zu suchen. Aufgehört, gegen mich zu kämpfen. Ich bin. Und das reicht. Nicht als Floskel. Sondern als Wahrheit, die irgendwann leise in mir aufgetaucht ist – und geblieben ist. Denn es war nie das Schreiben, das das Problem war. Nicht der Algorithmus. Nicht die Plattform. Nicht die Uhrzeit. Es war die Angst. Es waren die Zweifel. Die inneren Blockaden, die viel älter waren als mein erster Post. Ich dachte lange, ich sei damit allein. Doch heute sehe ich: Ich war nie allein.

So viele selbstständige Frauen kämpfen mit genau diesem Schatten. Sie haben das halbe Internet durchgearbeitet, Bücher gelesen, Onlinekurse besucht, Checklisten gedruckt, und trotzdem stehen sie wie gelähmt vor dem »Posten«-Button. Nicht, weil sie nichts wissen. Sondern weil etwas in ihnen zögert.

Es sind nicht die fehlenden Strategien. Es sind die alten Muster, die tief im Inneren wirken. Die Angst, wirklich sichtbar zu sein. Nicht nur mit dem Business, sondern mit dem ganzen Sein. Und das lässt sich nicht mit einem neuen Hack lösen. Dafür braucht es etwas anderes: Ehrlichkeit. Mitgefühl. Und eine Prise Mut, sich selbst in die Augen zu schauen.

Wirkliche Sichtbarkeit beginnt nicht bei Canva. Nicht beim perfekten Feed oder einem glatten Contentplan. Sie beginnt dort, wo du dich erinnerst: Du musst niemand anders sein. Du musst nicht perfekt sein. Du darfst du sein.

Ich bin. Und das reicht.

Ich hätte mir dieses Buch damals so sehr gewünscht. Nicht, weil mir Wissen fehlte, sondern weil ich mich selbst kaum noch gehört habe. Zu viele Stimmen. Zu viele Meinungen. Zu viele »So musst du das machen«-Tipps. Ich wollte es allen recht machen, und verlor dabei mein eigenes Gefühl für Wahrheit und Tonfall. Ich wusste irgendwann, wie Sichtbarkeit funktionieren sollte. Aber ich hatte vergessen, wie ich eigentlich klinge.

Vielleicht berührt mich dieses Buch deshalb so sehr. Weil es nicht auf Lautstärke setzt, sondern auf Echtheit. Weil es zeigt, dass Sichtbarkeit nicht schrill oder angepasst sein muss. Sondern spürbar.

Natalia war einst das »LinkedIn-Einhorn«. Sie veröffentlichte bis zu drei Posts am Tag. Durchgetaktet. Erfolgreich. Professionell. Von außen: wow. Von innen: still. Ich war damals in ihrem LinkedIn-Gruppen-Coaching. Es ging um Sichtbarkeit, Struktur, Reichweite. Und trotzdem war da dieses feine Gefühl: Da will sich etwas wandeln.

Was früher als Strategie funktioniert hat, wurde auf einmal eng. Was früher wie ein Plan wirkte, fühlte sich plötzlich wie ein Korsett an. Natalia hatte den Mut, hinzuschauen. Sie ließ los. Wurde weich. Wurde ehrlich. Und schuf Raum – für das, was lange keinen Platz hatte: ihre Intuition, Zartheit, Gefühle.

Heute postet sie nicht, weil es auf irgendeinem Plan steht, sondern, weil es sich echt anfühlt. Und genau das spürt man. Sie ist nicht aufgesetzt. Nicht angepasst. Sondern sie selbst.

Auch Jessi hat sich lange angepasst. Hat geliefert. Funktioniert. Geführt. Von außen: beeindruckend. Von innen: kaum noch spürbar. Social Media war für sie lange nur ein weiteres To-do. Kein Ausdruck, kein Feuer. Und gleichzeitig wurden die Fragen in ihr lauter: Kann ich das wirklich? Darf ich mich zeigen, so, wie ich bin?

Lange versuchte sie, sich passend zu machen – in der Gastro, in der Sichtbarkeit, in ihrem ganzen Leben. Bis ihr System irgendwann sagte: Stopp. Was dann kam, war kein Feuerwerk, sondern ein leises Erinnern. An ihre Kraft.

An ihre Stimme. An das, was nie weg war – nur überdeckt von Rollen, Erwartungen und alten Mustern.

Heute nutzt Jessi Social Media nicht mehr als Bühne, sondern als Ausdruck. Sie postet nicht, weil es »dran« ist. Sondern weil es sich echt anfühlt. Und genau das macht sie so glaubwürdig. Nicht, weil sie perfekt ist. Sondern weil sie präsent ist.

Beide Frauen kennen diesen Punkt, an dem du im Außen alles richtig machst – und dich innerlich doch verlierst. Deshalb ist dieses Buch kein weiterer Leitfaden voller Tipps und To-dos. Es ist eine Einladung, dich zu erinnern. Dich zu zeigen. Dich zu spüren. Und deinen ganz eigenen Weg zu gehen, ohne dich zu verbiegen.

Ich wünsche dir beim Lesen nicht nur neue Impulse. Ich wünsche dir eine Rückverbindung zu dir selbst. Dass du fühlst, was alles schon da ist. Dass du erkennst: Du bist genug. Nicht trotz deiner Zweifel, sondern genau ihretwegen.

Und wenn du wieder mal zögerst, ob du wirklich posten sollst, dann lies diesen Satz: *Ich bin, und das reicht.* Und wenn du's vergisst, lies ihn einfach noch mal.

Selina Näf
Spirituelle Mentorin

Liebe
Claudia,

Danke für
Alle!
Viel Freude beim
Lesen.

Jessica ♡

EINLEITUNG

Stell dir vor, du wachst morgens auf und willst eigentlich nur mal kurz durch Instagram scrollen. Zehn Minuten, sagst du dir. Zwei Stunden später sitzt du da, mit leerem Blick, voller Selbstzweifel und dem Gefühl, dass alle anderen es irgendwie »richtig« machen – nur du nicht. Willkommen im Social-Media-Dschungel. Hier hängen überall bunte Versprechen wie Lianen: »10K in 10 Tagen«, »10 000 Follower in 30 Tagen« »So wächst du über Nacht« oder »Wenn du es nicht postest, existierst du nicht«. Es wuchert, es blendet, es überfordert. Und irgendwo dazwischen bist du – mit deiner echten Geschichte, deinem Talent, deiner Vision. Und fragst dich: *Wie soll ich mich da überhaupt zurechtfinden?* Dieses Buch ist deine Machete. Dein Kompass. Und dein Reisebegleiter raus aus dem Content-Chaos hin zu einer Sichtbarkeit, die sich nach dir anfühlt.

Schmerzpunkte im Social-Media-Dschungel

Viele Frauen sagen schnell mal: »Social Media ist nichts für mich« oder »Ich hasse Social Media« oder »Dieses ganze Internet-Gedöns geht mir ganz schön auf den Wecker«. Eine Sache, die du dir gleich am Anfang klarmachen darfst, ist: Du redest nicht mit »einem« Internet oder mit »diesem« Social Media. Du schreibst oder redest zu echten Menschen. Wie du und ich es sind. Menschen, die dir folgen, weil genau du für sie eine Inspiration bist.

Stell dir vor, du öffnest dein Social Media-Profil und siehst, dass dein Beitrag genau die Menschen erreicht hat, die du ansprechen wolltest. Menschen, die sich von deinem Wissen und deinen Erfahrungen inspiriert fühlen, die mit dir in Kontakt treten und dich für dein Business oder deine Expertise feiern. Du wirst gehört und gesehen.

Was wäre, wenn es tatsächlich möglich wäre, diese Sichtbarkeit mit Leichtigkeit zu erreichen, ohne ständig von Zweifeln und Ängsten überrollt zu werden? Was, wenn du deine Blockaden überwinden und deine Gaben in die Welt hinaustragen könntest, ohne Angst vor Kritik oder Ablehnung? Nicht, weil du perfekt bist. Nicht, weil du dich verstellt hast. Sondern weil du du selbst warst.

Bevor wir tiefer eintauchen, lass uns kurz Klartext reden. Denn für viele geht es gerade nicht um »Ich möchte ein bisschen mehr Sichtbarkeit«, sondern um: »Ich brauche jetzt Kunden. Jetzt Umsatz. Jetzt Ergebnisse.«

Social Media ist für viele zur Notlösung geworden, weil die Offline-Aufträge wegbrechen, weil das alte Marketing nicht mehr zieht oder weil der Druck wächst, endlich finanziell unabhängig zu werden. Und das spürt man. Du postest nicht, weil du gerade so beseelt bist, sondern weil du hoffst, *endlich gesehen zu werden.* Weil du hoffst, dass jemand schreibt: »Ich will mit dir arbeiten.« Weil du weißt: Wenn sich jetzt nichts ändert, knirscht es im ganzen Businessmodell.

Und genau hier entsteht der Teufelskreis: Du scrollst, vergleichst dich, wirst kleiner. Du suchst nach der nächsten Wunderstrategie. Du testest Tools, Launch-Vorlagen, Hook-Texte, KI-Formulierungen. Aber am Ende sitzt du immer noch da – mit deinem Wert, deiner Vision, deiner Botschaft … und niemandem, der wirklich zuhört.

Das hier ist kein Social-Media-Märchen. Das hier ist die Realität vieler Frauen, die raus wollen aus dem Nebel – und endlich reingehen wollen in ihr Leuchten. Und genau dafür ist dieses Buch geschrieben.

Auf dem Weg zur Sichtbarkeit: Fragen, die uns alle bewegen

Sichtbarkeit ist möglich, auch für dich. Aber bevor wir da hinkommen, gibt es ein paar Fragen, die du dir vielleicht schon lange stellst:

Warum ist Sichtbarkeit eigentlich wichtig – und für wen genau?

Anna hat ein Coaching-Business. Ihre Klientinnen sind begeistert – aber auf Instagram dümpelt ihr Account vor sich hin. »Ich bin einfach nicht laut genug für Social Media«, sagt sie oft. Bis eine Kundin beiläufig erwähnte: »Ich hätte dich fast nicht gefunden – dein Profil wirkte irgendwie … unscheinbar.«

Finde den Fehler: Wer großartige Arbeit leistet, aber nicht sichtbar ist, wird übersehen. Sichtbarkeit ist kein Ego-Trip – es ist ein Dienst an denen, die dich brauchen.

Warum haben wir Angst davor, uns zu zeigen?

Miriam hat ihren ersten Beitrag seit Monaten gepostet. Danach hat sie ihr Handy drei Stunden nicht angefasst – zu groß war die Panik, jemand könnte lachen, urteilen, sie zerreißen. Spoiler: Nichts davon ist passiert. Aber in ihrem Kopf war der »Shitstorm« schon vorprogrammiert.

Wahrheit ist wie ein Schlag ins Gesicht: Sichtbarkeit kratzt an unseren Urängsten, bewertet zu werden, abgelehnt zu werden, nicht genug zu sein.

Wie können wir diese Angst überwinden – konkret und alltagstauglich?

Jede Woche hat Lisa sich vorgenommen: »Diese Woche poste ich wirklich was.« Stattdessen hat sie Canva geöffnet, dreimal ein Design angefangen, 20 Reels analysiert – und wieder nichts gepostet. Erst als sie begann, mit einer Freundin kleine Challenges zu machen (»eine Story pro Tag, egal wie chaotisch«), platzte der Knoten.

Magic Move: Nicht denken – machen. Nicht perfektionieren – anfangen. Mut entsteht durchs Tun, nicht durchs Nachdenken.

Wie fängt frau überhaupt an? Welche Farbe, welches Thema, welche Richtung ist die richtige für mich?

Franzi hat zwölf Farbenpaletten, drei Bio-Formulierungen und sechs Content-Strategien ausprobiert, aber nichts fühlt sich »nach ihr« an. Erst als sie sich fragte: *Was würde ich posten, wenn niemand zusähe?*, begann es zu fließen.

Takeaway: Es gibt keine richtige Farbe. Nur die richtige Frequenz – deine.

Für wen ist dieses Buch?

Denkst du gerade: »Ja genau, so geht's mir auch!«? Dann ist dieses Buch genau das Letzte, das du brauchst, um endlich ins Tun zu kommen. Denn die Wahrheit ist: *Du hast das Wissen längst.* Du hast Kurse gemacht, Podcasts gehört, Bücher gelesen. Was dir fehlt, ist nur noch eins: *ins Machen zu kommen.*

In diesem Buch beantworten wir dir die letzten offenen Fragen – klar, ehrlich, praxisnah. Damit du endlich losgehen kannst. Denn – erlaub uns, Klartext zu reden –: Es war noch nie so leicht, auf Social Media sichtbar zu werden wie heute. Die Fülle an intuitiven Creator-Tools und die Unterstützung durch KI sind revolutionär. Was heute mit ein paar Klicks möglich ist, war vor knapp zehn Jahren, als wir gestartet sind, undenkbar. Damals war alles langsamer, komplizierter und vor allem: viel weniger zugänglich.

Keine Sorge: Wir geben dir in diesem Buch einen klaren Fahrplan – inklusive Tools, Strategien und Übungen, die dir helfen, deine Positionierung zu schärfen und in die Umsetzung zu kommen.

Dieses Buch richtet sich an all diejenigen, die sich die oben genannten Fragen stellen. An die Frauen, die wissen, dass Social Media eine Schlüsselrolle in ihrer Karriere oder ihrem Business spielen kann, aber dennoch den entscheidenden Schritt nicht wagen. Vielleicht hast du schon ein Profil erstellt, aber den Mut, dich wirklich zu zeigen, immer wieder zurückgestellt. Du fragst dich: »Was, wenn niemand auf meinen Beitrag reagiert?« oder: »Was, wenn ich auf Ablehnung stoße?« Vielleicht glaubst du, dass du dich verstellen musst, um wahrgenommen zu werden – genau hier setzen wir an.

Wie der Titel dieses Buches anteasert, schreiben wir für Unternehmerinnen und Solopreneure, die endlich eine Entscheidung treffen wollen – oder gar »müssen«. Entweder du gehst raus mit deiner Botschaft und nutzt Social Media. Oder du lässt es bleiben. Beides ist okay. Aber dieses ewige Vielleicht bringt dich keinen Schritt weiter. Das wissen nicht nur wir, tief in dir nickt dein bestes Selbst, dein Potenzial in freudiger Zustimmung …

Zwischen Ja und Nein passiert nichts. Keine Entwicklung, keine Klarheit, keine Bewegung. Genau dieses Dazwischen räumen wir aus dem Weg. Das Leben ist Wachstum. Du bist hier, um zu lernen und dich zu entfalten. Stillstand basierend auf Angst ist keine Option.

Warum dieses Buch?

Es gibt Menschen, von denen du nur ein Interview hörst oder ein Buch liest und denkst: »Diese Person könnte ich sein.« Du fühlst dich direkt mit ihr verbunden. In ihren Geschichten erkennst du dich selbst. Genau diese Verbindung wollen wir dir bieten. Auch wenn wir uns nie persönlich getroffen haben, gibt es so vieles, das uns verbindet: Ängste, Zweifel, der Wunsch, gesehen und gehört zu werden, und die Erkenntnis, dass das der erste Schritt zu wahrem Erfolg ist.

In diesem Buch wirst du erfahren, wie du mit Ängsten, Selbstzweifeln und den Herausforderungen des Sichtbarwerdens umgehen kannst – genauso, wie auch wir es getan haben. Wir teilen mit dir nicht nur die Strategien, die uns geholfen haben, uns als Unternehmerinnen zu etablieren, sondern auch die psychologischen Einsichten, die du brauchst, um dein Mindset und deine Sichtweise auf dich selbst, Social Media, Unternehmertum und dein Business zu transformieren.

Zwei Frauen, zwei Wege, eine Mission: Authentische Sichtbarkeit

Jessi und Natalia könnten unterschiedlicher nicht sein – in Herkunft, Beruf und Leben. Doch eines haben wir gemeinsam: Wir beide haben uns irgendwann entschieden, nicht mehr im Schatten zu bleiben. Wir haben beschlossen, sichtbar zu sein, unsere Stimme zu erheben, trotz aller Ängste und Zweifel, die uns daran hinderten.

Jessi hat lange Zeit geglaubt, dass sie »nicht die Richtige« ist, um Menschen zu führen, auf einer Bühne zu stehen oder anderen zu erklären, wie Social Media wirklich funktioniert. Ein prägendes Kindheitserlebnis hatte ihr das Gefühl gegeben, ihre Stimme sei nicht wichtig – also wurde sie zur stillen Beobachterin. Wie ein Leuchtturm, dessen Glühbirne ausgegangen ist, in einer lauten Welt. Doch irgendwann sagte sie sich: »Warum sollte ich mich verstecken? Ich habe etwas zu sagen.« Also holte sich dieser dunkle Leuchtturm eine neue Glühbirne, die noch heller strahlte als zuvor.

Heute ist Jessi nicht nur erfolgreiche Unternehmerin, sondern auch Coach, Speakerin und Mentorin für authentische Sichtbarkeit und Redekunst. Sie berät Selbstständige, Unternehmerinnen und Experten, wie sie ihre Botschaft klar und kraftvoll kommunizieren – online wie offline. Mit einer besonderen Gabe für strategisches Storytelling und einem tiefen Gespür für Menschen hilft sie dabei, aus Unsichtbarkeit magnetische Präsenz zu machen.

Jessis Superkraft: Sie verbindet psychologisches Feingefühl mit strategischem Know-how, damit ihre Kundinnen nicht nur sichtbar werden, sondern auch gehört, verstanden und gebucht. Ihre Mission ist es, echte Stimmen zum Leuchten zu bringen – nicht lauter, sondern klarer.

Was sie besonders macht? Jessi ist Manifesting Generator mit der Linienkombination 4/6 im Human Design[1] – ein Energie-Typ, der dafür gemacht ist, zu inspirieren, zu initiieren und Menschen über Beziehungen und Vorbildfunktion zu berühren. Deshalb erzählt Jessi nicht nur über Strategien. Sie lebt sie. Sie spricht nicht von außen über Sichtbarkeit – sie lässt dich in ihre Innenwelt blicken. Als 4/6er zeigt sie, was möglich ist, wenn frau nicht perfekt ist, aber präsent. Sie inspiriert nicht durch distanzierte Theorie, sondern durch gelebte Erfahrung. Ihre Followerinnen und Follower spüren: Wenn sie sich zeigt, meint sie es ernst – und genau deshalb fühlen sie sich eingeladen, selbst mutiger zu werden.

Im Kontrast dazu bringt Natalia als 3/5-Projektorin einen ganz anderen »Zauber« in die Sichtbarkeit: Sie ist *das gelebte Muster*. Ihre Weisheit entsteht nicht im Rückzug, sondern im Durchleben – im Experimentieren, Scheitern, Aufstehen und Teilen. Ihre Geschichten tragen das Gold der Erfahrung in sich. Sie erzählen nicht nur von Erfolg, sondern vom *echten* Weg dorthin: roh, reflektiert und universell berührend.

Als Projektorin liegt Natalias Magie in der Tiefe des Blicks. In der Fähigkeit, andere zu sehen und durch ihre klare, feinfühlige Perspektive Potenziale zu spiegeln, die die Betroffenen selbst oft noch nicht greifen können. Natalia teilt (deswegen) nicht, um zu überzeugen, sie zeigt, um einzuladen. Ihre persönlichen »F*ck-up-to-Success«-Momente sind keine Bühne, sondern Wegweiser für andere. Und wenn sie von den Erfolgen ihrer Kundinnen erzählt, dann nicht als Trophäen, sondern als lebendigen Beweis dafür, dass ihre Führung wirkt.

Während Jessi vorangeht und aus purer Lebendigkeit inspiriert, leuchtet Natalia durch ihre Verkörperung – mal still, mal strahlend. Sie ist nie ganz im Vordergrund oder im Hintergrund. Sie ist der Rhythmus dazwischen. *Sie ist das Muster.*

---

1 *Human Design* ist ein modernes System zur Selbsterkenntnis, das Elemente aus Astrologie, I-Ging, Kabbala, Chakrenlehre und Quantenphysik kombiniert. Es zeigt auf, wie Menschen auf natürliche Weise Entscheidungen treffen, Energie nutzen und mit anderen interagieren – basierend auf ihrem persönlichen Geburtsdatum, ihrer Geburtszeit und ihrem Geburtsort.

Natalia stand vor einer anderen Herausforderung als einst Jessi: Sie durfte lernen, sich selbst zu genügen – unabhängig von Applaus, Titeln oder äußeren Erfolgen. Jahrelang hatte sie im Außen nach Bestätigung gesucht, versucht, durch ständiges »Overachieving« ein inneres Loch zu füllen. Immer mehr leisten, immer besser sein, um endlich das Gefühl zu haben: Ich bin genug.

110.000+ Follower auf LinkedIn, zwei virale Posts, zahlreiche Awards, LinkedIn-Learning-Autorin mit neun Kursen, internationale Speaker-Anfragen, ein Bestseller-Podcast und ein erfolgreiches Buch – all das waren äußere Meilensteine. Und ja, auch Errungenschaften, auf die sie stolz sein kann. Aber innerlich blieb eine stille Leere. Denn tief in ihr wirkte die Angst, nicht gesehen, nicht geliebt, nicht akzeptiert zu werden.

Erst als sie begann, den Blick nach innen zu richten, sich radikal selbst anzunehmen und wirklich ehrlich hinzuschauen, begann die wahre Reise: eine Reise zurück zu sich. Es war eine Reise, die fast drei Jahre dauerte, voller leiser Umbrüche und unsichtbarer Meilensteine. Auf diesem Weg durfte Natalia erfahren, was es wirklich bedeutet, zu *sein* – jenseits von Tun, Funktionieren und Optimieren. Sie lernte, die innere Balance aus *Tun* und *Sein* zu finden – einen Raum, in dem Intuition und Struktur koexistieren dürfen. Sie erlaubte sich Pausen, nicht als Belohnung nach dem Hustle, sondern als heiligen Teil des Weges. Sie ließ mehr Spontanität in ihr Leben, tanzte mit dem Chaos und blickte ihrer Angst vor Kontrollverlust liebevoll ins Gesicht. Ihr Kontrollwahn, ihr Sicherheitsbedürfnis, ihre innere Unruhe – sie erkannte, dass all sie nicht Feinde waren, sondern Elemente. Elemente, die gehört, gehalten und integriert werden wollten.

Heute begleitet Natalia Frauen auf ihrem Weg zu ihrer Brillanz. Die promovierte Philosophin und Diplom-Sozialwissenschaftlerin inspiriert Unternehmerinnen dazu, ihr Business im Einklang mit ihrem Energietyp und ihrem Wesenskern zu gestalten – so, dass es sich endlich nach ihnen selbst anfühlt. Weg vom Müssen, vom ständigen Machen und von der Angst, nicht genug zu sein. Hin zu einem Business, das nährt. Das trägt. Das aus der eigenen Strahlkraft heraus entsteht. Ein Business, das sich leicht, sinnlich und magnetisch anfühlt – und uns jeden Tag daran erinnert, wie unwiderstehlich wir sein können, wenn wir *authentisch* leben.

Beide Wege sind kraftvoll – und genau das macht dieses Buch so besonders. Es vereint Beobachtung und Erfahrung, Strategie und Herz, Tiefe und Ausdruck. Was wir dir zeigen möchten, ist: Du musst nicht perfekt[2] sein, um erfolgreich zu sein (mehr dazu in Kapitel 3). Du musst nicht in die Boxen der Gesell-

2 Perfektion ist sowieso eine Illusion.

schaft passen, um gesehen zu werden. Du musst dich nicht verstellen, um deine Ziele zu erreichen. Was du brauchst, ist Klarheit über dich selbst – und den Mut und die Entscheidung, diesen Weg mit Entschlossenheit zu gehen.

Was wird am Ende dieses Buches anders für dich sein?

Am Ende dieses Buches wirst du wissen:

- **Ob Social Media überhaupt zu dir passt und wie du deinen eigenen Weg findest**, ohne dich zu verbiegen oder irgendwas zu machen, nur weil es alle tun *(Kapitel 1)*.
- **Wie du mit Ängsten, Selbstzweifeln und inneren Blockaden umgehst**, die dich bisher davon abgehalten haben, dich klar und mutig zu zeigen *(Kapitel 2)*.
- **Wie du deine inneren Überzeugungen und Blockaden auflöst**, die dich in Bezug auf Sichtbarkeit, Erfolg, Geld und deine Wirkung bisher sabotiert haben *(Kapitel 3)*.
- **Wie du mit deiner Eigenart, deinem Rhythmus und deinem Wesen eine unaufhaltsame Kraft entwickelst**, die nicht nur Kunden anzieht, sondern dir echte Freiheit schenkt *(Kapitel 4)*.
- **Was es wirklich bedeutet, als Unternehmerin sichtbar zu führen – statt nur zu posten.** Und wie du dich von einem teuren Hobby zu einer echten Marke entwickelst *(Kapitel 4)*.
- **Wie du in Social Media UND in deinem Business eine klare Positionierung und Kommunikation entwickelst**, die wirkt – ohne dich zu verstellen *(Kapitel 5)*.
- **Wie Verkörperung zur Basis deines Marketings wird** – und du lernst, dein Nervensystem und deine Energie so zu führen, dass du sichtbar wirst, ohne dich dabei zu verlieren *(Kapitel 6)*.
- **Wie du im Social-Media-Dschungel die Orientierung behältst**, neue Trends für dich nutzt und eine Sichtbarkeit aufbaust, die sich nach dir anfühlt – nicht nach dem Algorithmus *(Kapitel 7)*.

Warum du das Buch von Anfang bis Ende lesen solltest

Bevor du loslegst: Lies dieses Buch nicht wie einen Instagram-Post. Nicht häppchenweise. Nicht mal hier, mal da. Denn jedes Kapitel baut auf dem vorherigen auf – wie ein Weg durch den Dschungel. Und so wie du im Dschungel keine Etappe überspringen solltest, lies auch dieses Buch vom Anfang bis zum Ende. Dieses Buch ist kein Nachschlagewerk. Es ist ein Wegbereiter. Ein Kapitel mag dich bewegen – aber die Transformation passiert, wenn du alles liest. Von der Angst zur Klarheit. Vom Teelicht zum Leuchtturm. Vom »Ich poste mal was« zur echten Markenpräsenz. Von rumeiern zu einfach machen.

Was wir dir in diesem Buch mitgeben, sind nicht nur Strategien – es sind *Werkzeuge zur Selbstermächtigung.* Wir werden dich an die Hand nehmen und dir helfen, deine inneren Blockaden zu erkennen und zu lösen und deine wahre, kraftvolle Sichtbarkeit zu leben. Denn der wahre Schlüssel zu deinem Erfolg liegt nicht in der perfekten (Social-Media-oder Onlinebusiness-)Strategie, sondern in deinem Mindset und deinem Mut, du selbst zu sein. Und du hast die Wahl: Mach's richtig oder lass es bleiben!

Bereit für deine Reise raus aus dem Social-Media-Dschungel?

Lass uns gemeinsam den ersten Schritt gehen. Sieh uns als deine Freundinnen auf deiner Reise zu mehr Sichtbarkeit. Du wirst am Ende dieses Buches nicht nur wissen, wie du dein (Online-)Business aufbaust; du wirst wissen, wie du als *starke, authentische Frau* in der Welt leuchtest. Selbstbewusst und aus innerer Fülle heraus.

Wenn du magst, lass uns auf deiner Reise teilhaben und schicke uns deine Zwischenstationen, Fragen oder einfach »Aha-Momente« die du mit uns teilen möchtest, auf Social Media. Willst du andere Menschen teilhaben lassen und direkt deinen ersten Post verfassen, verwende gerne den Hashtag #MachEsEinfachAberRichtig.

Sei mutig, sei du selbst. Du bist bereit. Es ist deine Zeit, endlich sichtbar zu werden.

Deine *Jessi* und *Natalia*

Kapitel 1:

Lohnt sich Social Media für dich? Unser Weg auf LinkedIn & Co.

Jessica Lackner

Stell dir vor, du stehst vor einem riesigen, hell erleuchteten Veranstaltungsraum. Drinnen tobt das Leben: inspirierende Menschen, spannende Gespräche, pure Freude, Deals, die geschlossen werden. Der Raum ist voller Energie, voll mit Chancen. Du kannst alles haben: Kontakte, Kunden, Jobs, Sichtbarkeit. Doch da gibt es ein Problem: Die Tür zu diesem Raum ist verschlossen – und du stehst draußen.

Jetzt gibt es zwei Möglichkeiten: Du klopfst leise an und hoffst, dass jemand dich zufällig reinlässt. Oder du baust dir einen Schlüssel, um diese Tür jederzeit selbstständig öffnen zu können. Wie entscheidest du dich? Social Media ist genau dieser Schlüssel. Es ist dein kostenfreies VIP-Ticket in den Raum voller Möglichkeiten. Und die Frage ist nicht mehr, ob du Social Media nutzen »solltest«, sondern wie du es so für dich nutzt, dass es dich nach vorne katapultiert.

UNSER SPRUNG INS KALTE WASSER

Wir geben es zu: Wir waren nicht immer Social-Media-Profis. Vielleicht geht es dir genauso wie vielen anderen vor dir. Du überlegst, ob du dich zeigen sollst, hast Angst vor der Reaktion anderer oder denkst dir: »Wen interessiert das, was ich zu sagen habe?« Oder: »Andere sind ja schon viel weiter, das kann ich nie und nimmer aufholen.« Spoiler: Das haben wir am Anfang auch gedacht. Aber dann kam der Moment, in dem wir begriffen: Wenn wir nicht sichtbar sind, existieren wir für unsere Traumkunden nicht. Dann tun es andere.

Jede von uns startete auf ihre Weise, in ihrem Tempo – unsicher, holprig, mit viel Trial and Error. Wir posteten, lernten, korrigierten. Und irgendwann merkten wir: Es funktioniert. Die ersten Anfragen kamen, Menschen hörten uns zu, Kooperationen entstanden. Social Media wurde von »etwas, das man halt mal probiert« zu DER Bühne für unsere Karriere, unser Business, unsere persönliche Marke.

Heute können wir dir eines mit absoluter Sicherheit sagen: Wenn du dich traust, auf Social Media sichtbar zu werden, kann das dein Leben gewaltig, positiv verändern.

Jessi: Vom Strandbad zur Sichtbarkeit – mein Perspektivwechsel

2016, Berlin-Wannsee. Während draußen die Gäste in Europas größtem Strandbad Currywurst essen und den Sommer genießen, sitze ich in meinem Büro, eingequetscht zwischen Excel-Tabellen, Dienstplänen und dem nächsten Lieferantenanruf. Ich führe drei Betriebe mit über 150 Mitarbeitenden. Mein Terminplaner? Voll wie ein Adventsschokoladenkalender am 2. Dezember.

Social Media? Ein To-do am Ende der Liste. Ganz ehrlich? Ich dachte damals: »Was soll ich da posten? Mein Arbeitsalltag ist eh zu voll – und wer will das schon sehen?« Der Gedanke, mich online zu zeigen, fühlte sich an wie ein Besuch beim Zahnarzt – unangenehm, aber irgendwie notwendig.

Ich postete ein bisschen, aber mehr aus Pflichtgefühl. Persönliches? Fehlanzeige. Ich dachte, Sichtbarkeit entsteht durch Kompetenz. Heute weiß ich: Kompetenz ohne Persönlichkeit ist wie ein Mikro ohne Strom – du kannst reden, aber niemand hört dich.

Der Wandel kam nicht über Nacht. Es war ein leises Rütteln von innen. Eine Stimme, die sagte: »Du willst doch mehr als nur führen – du willst inspirieren.« Und plötzlich wurde Social Media nicht mehr zur Last – sondern zur Bühne. Nicht für Show. Sondern für Haltung.

Natalia: Vom B2B-Marketing zur digitalen Sinnsuche

Während Jessi noch mit dem Personalplan jongliert, schreibe ich 2013 meine ersten Case Studies in Dubai. Als Marketingmanagerin für Lager- und Logistiksysteme. Klingt sexy, oder? Mein Alltag: Broschüren, Werbegeschenke, Messen und Events, klassische Werbeanzeigen in Industriemagazinen, »trockener« Corporate Content. Ich schrieb über Schwerlastregale, während mein Herz eigentlich für Fragen über den Sinn des Lebens und das Geschenk des Menschseins pochte.

Der Ausstieg kam mit einem Knall, in Form meines ersten Sabbaticals. Ich landete mitten in der Kreativszene: Tänzerinnen, Künstler, Fotografinnen. Alle mit einer Message – aber selten eine(r) mit einem soliden Plan. Und überall dieselbe Frage: »Wie heißt du auf Instagram?« Also tauchte ich ein. Erst auf Instagram, dann auf LinkedIn. Ich experimentierte, tastete mich vor, lernte. Und plötzlich wurde aus Social Media mein Ausdruck. Meine Bühne für Authentizität. Mein Raum für Tiefe. Mein Weg, anderen zu zeigen: Du darfst sichtbar sein – auf deine Weise.

5 Dinge, die wir auf dem Weg gelernt haben

Es gab einige Learnings auf unserem Weg. Bei manchen hätten wir gern einen Shortcut gewusst, das hätte uns sicher einiges an Zeit, Frust und Zweifeln erspart. Daher möchten wir unsere größten Learnings gleich hier zu Beginn des Buches mit dir teilen.

1. Niemand interessiert sich für dich – bis du ihnen einen guten Grund gibst
Social Media ist wie eine große Party. Niemand wartet auf dich. Aber wenn du die richtigen Geschichten erzählst, echte Mehrwerte lieferst und Persönlichkeit zeigst, werden Menschen zuhören. Deine Botschaft entscheidet, ob du zur Randfigur oder zum Mittelpunkt wirst. Ob du Teelicht bleibst oder zum Leuchtturm wirst. Oder du bist schon Leuchtturm, dann sehe dieses **auch als Glühbirne, die ausgetauscht werden muss, damit du in deine maximale Strahlkraft kommst.** Also plane deine eigene Party. Dein Pool, deine Party. Du entscheidest, wer kommen darf, wann und wo die Party stattfindet und endet. Doch vor der Party entsteht erst mal eine Idee, eine Vision. Ohne Idee keine Party.

2. Es geht nicht um Perfektion – es geht ums Machen
Du musst nicht alles perfekt haben, bevor du startest. Dieser Anspruch ist unrealistisch und blockiert dich. Dein erster Post wird nicht perfekt sein. Dein erster Videobeitrag auch nicht. Aber wenn du nicht anfängst, wirst du nie die Erfolge erleben, die Social Media für dich bereithält.

3. Die größte Hürde ist dein eigener Kopf
Ja, du wirst Angst haben. Angst vor Bewertung, vor Kritik, vor Ablehnung. Wir hatten sie auch. Aber die Wahrheit ist: Die meisten Menschen sind zu sehr mit sich selbst beschäftigt, um dich wirklich kritisch zu beäugen. Und diejenigen, die dich feiern, sind die, für die du es machst.

4. Dein Netzwerk ist dein Kapital
Echte Beziehungen schlagen Reichweite. 10 000 Follower sind nichts wert, wenn keiner dir vertraut. Denn dann wird auch niemand kaufen. Aber 500 echte Menschen, die eine Verbindung zu dir aufgebaut haben und dich als Expertin sehen? Das ist unbezahlbar.

5. Social Media ist kein Hobby – es ist ein Karriere- und Business-Booster, dein digitales Marketing Tool
Ob du willst oder nicht: Deine digitale Präsenz entscheidet, wie du wahrgenommen wirst. Die Frage ist nicht, ob du sichtbar bist, sondern, ob du deine Sichtbarkeit aktiv steuerst oder sie dem Zufall überlässt.

UNSER PERSÖNLICHER HINTERGRUND

Wie gesagt, wir wurden nicht über Nacht zu Profis. An unserem Sprung ins kalte Social-Media-Wasser haben wir dich bereits teilhaben lassen. Seitdem haben wir uns Schritt für Schritt vorangetastet – mit viel Ausprobieren, einigen Aha-Momenten und auch der ein oder anderen Bauchlandung.

Jessis Weg von der Zweiflerin zur Sichtbarkeitsstrategin

2016 saß ich also in meinem Büro in Berlin-Wannsee, schaute auf meinen vollgepackten Kalender und dachte: »*Warum sollte ich mich überhaupt sichtbar machen? Was soll ich den Menschen da draußen erzählen? Ich habe keine Zeit für so etwas. Einmal die Woche was posten – das muss doch reichen!*«

Damals war ich wie gesagt Geschäftsführerin von drei Betrieben mit über 150 Mitarbeitenden, darunter die Gastronomie in Europas größtem Strandbad – dem Berliner Strandbad Wannsee. Mein Alltag war ein einziger Marathon. Operatives Geschäft, Meetings, Personalthemen, Kundenanfragen. Social Media? Das fühlte sich an wie eine dieser neumodischen Spielereien, die irgendwie alle machten, aber niemand so richtig erklären konnte, warum es wirklich wichtig sein sollte.

Ich wusste zwar, dass Onlinepräsenz ein Thema ist, aber nicht, warum es für mich als Unternehmerin einen echten Unterschied machen sollte.

Zeig dich – nicht nur dein Know-how

2012 hatte ich nebenbei mein Coaching-Business gestartet und erste vorsichtige Schritte in die Onlinewelt gewagt. Mein Ansatz war nach wie vor eher pragmatisch als strategisch: Ich postete ab 2017 ein- bis dreimal pro Woche, teilte einfache Tipps, sprach über Fehler, die ich gemacht hatte. Aber Persönliches? Fehlanzeige.

Ich dachte, es reicht, einfach guten Content zu liefern, um Reichweite und Kunden zu gewinnen. Doch irgendwann wurde mir klar: Informationen gibt es überall – Menschen folgen Menschen. Wer nur fachliche Tipps gibt, bleibt austauschbar. Wer es aber schafft, eine persönliche Note in seine Inhalte zu bringen, baut eine Marke auf, die bleibt.

Ich würde also mehr von mir zeigen müssen, wenn ich wirklich eine Community aufbauen und Kunden gewinnen wollte. Nicht nur mein Wissen. Nicht nur meine Tipps. Sondern meine Geschichte, meine Werte, meine Fehler und meine Erfolge. Während meine Freunde und Bekannten private Fotos von ihrem Wochenende posteten, begriff ich: Social Media ist nicht nur ein Marketingkanal – es ist eine Bühne für echte Verbindungen.

Die Wende – Social Media als Multiplikator

Was sich für mich geändert hat? Ich habe erkannt, dass Social Media kein zusätzlicher Punkt auf meiner To-do-Liste ist, sondern ein Multiplikator für alles, was ich tue. Sichtbarkeit bedeutet, dass ich nicht mehr darauf angewiesen bin, entdeckt oder empfohlen zu werden. Ich kann steuern, wie ich wahrgenommen werde. Ich kann selbst entscheiden, welche Botschaft ich nach außen trage – und welche Kunden ich anziehe. Und genau das ist es, was ich heute meinen Kundinnen beibringe: Social Media ist kein Moodboard, es ist nicht nur posten, es ist Positionierung. Es ist Haltung zeigen. Es ist ein Business-Tool, das – wenn du es richtig nutzt – dein Leben verändern kann.

Die Phase der privaten Einblicke

Am Anfang fühlt sich Social Media oft an wie ein Tagebuch. Ich probierte mich aus, postete hier ein bisschen, dort ein bisschen, und fragte mich: Wie kann ich Privates mit Business verknüpfen? Ich hatte gelesen, dass Menschen sich mit echten Geschichten verbinden – also gab es die Phase, in der ich dachte, ich müsste mein Leben wie ein offenes Buch präsentieren.

Ich teilte ungefiltert meine Gedanken, kleine Alltagsmomente, zeigte mich mit meiner Tochter Paulina bei Spaziergängen oder beim morgendlichen Kaffee – ganz nach dem Motto: *Hauptsache sichtbar! Doch tief in mir spürte ich: Irgendwas passt hier nicht. Ich hatte zwar Likes und ein paar nette Nachrichten, aber keine Kunden. Dann kam der Wendepunkt.*

Ich stellte mir eine Frage, die alles veränderte: Will ich hier neue Freunde finden – oder ein Business aufbauen? Die ehrliche Antwort? Ich bin hier, um meine Expertise zu teilen, Menschen zu inspirieren und ihnen zu helfen, ihre Ziele zu erreichen. Und ja, um Kunden zu gewinnen. Plötzlich fiel es mir wie Schuppen von den Augen: Ich machte Content für die falschen Menschen.

Am Anfang vernetzen wir uns oft mit Leuten, die wir bereits kennen – Familie, Freunde, alte Bekannte. Das Problem? Das sind nicht die Menschen, mit denen du dein Business aufbaust. Sie sind Zuschauer, aber selten deine Kunden. Und genau von diesen Leuten kamen die ersten zweifelnden Kommentare: *Was machst du da jetzt mit dem Coaching? Verdienst du damit überhaupt Geld? Bringt dir dieses ganze Social Media denn was?*

3 Alltagstipps für klare Grenzen und klare Kommunikation

1. **Blockier mutig.**
   Wenn jemand dein Wachstum kommentiert mit:
   »Was soll das denn?«, darfst du antworten: *Block.*
   Dein Pool. Deine Party. Deine Regeln.
2. **Zwei Welten – zwei Accounts.**
   Privat ist okay – aber nicht auf Kosten deines Business.
   Richte einen reinen Business-Account ein. Kein Katzenbild zwischen Verkaufsstrategie.
3. **Sichtbarkeit ist Selektion.**
   Je klarer du wirst, desto mehr verlierst du – und zwar die Falschen.

Mikrotipp für den Alltag

Kennst du solche Sprüche? Dann hör jetzt gut zu. Mein wichtigster Tipp: Blockiere die Menschen, die dich mit solchen Sprüchen zurückhalten wollen. Ja, du hast richtig gelesen. Dein Pool, deine Party. Deine Regeln.

Dein Social-Media-Profil ist kein Kaffeeklatsch mit Tante Erna. Es ist auch keine Familienfeier, auf der Onkel Klaus wieder über deine »verrückten Ideen« lacht. Es ist dein Business. Und wenn diese Menschen dich verunsichern, dann raus mit ihnen aus deiner digitalen Welt.

Falls du doch Privates teilen willst, dann mach es clever: zwei Accounts – einen fürs Business, einen für dein Privatleben. Wenn ich noch mal starten würde, würde ich genau das tun. Denn, sobald du Geld verdienen willst, bist du Unternehmerin – und brauchst eine professionelle Plattform.

Da ich aber keine Lust auf zwei Accounts hatte, wurde sogar mein Mann eine Zeit lang blockiert. (Sorry noch mal, Schatz!) Und genau das ist der Punkt: Social Media ist nicht nur Sichtbarkeit, es ist Persönlichkeitsentwicklung. Du lernst nicht nur, was du postest – du lernst, wer du bist. Du wirst klarer, mutiger, professioneller. Du ziehst die richtigen Menschen an – und verabschiedest dich von denen, die dich ausbremsen.

Also frag dich: Willst du Social Media nutzen, um dein Business wachsen zu lassen? Dann spiel das Spiel auch als Unternehmerin – nicht als Hobbybloggerin.

Von Mitläuferin zur Marke: Warum Sichtbarkeit deine Unternehmerinnen-Identität schärft

Früher dachte ich, mein Business spräche für sich. Meine Betriebe liefen gut, meine Mitarbeitenden machten einen fantastischen Job. Warum also sollte ich mich noch auf Social Media zeigen? Aber die Wahrheit war: Ich hatte Angst, mich als Unternehmerin sichtbar zu machen. Der Gedanke war irgendwie komisch. So wie die ganzen Faceless-Accounts heute – man sieht sie, aber irgendwas fühlt sich unpersönlich an.

Natürlich ist es so viel leichter, sich hinter einem Unternehmen zu verstecken, als als Person nach vorne zu treten. Denn plötzlich bist **DU** die Marke. **DU** stehst im Fokus. **DU** wirst bewertet. **DU** machst dich angreifbar. Doch irgendwann kam die Erkenntnis: Mein größtes Asset war nie mein Betrieb, sondern ich selbst. Und erst als ich langsam begann, meine eigene Geschichte zu erzählen, wurde ich wirklich sichtbar. Erst als ich meine wahre Geschichte teilte, wurde ich gefühlt.

Natalias Weg: Vom klassischen B2B-Marketing zu Content Creation

Zwei Jahre und zwei Monate lang arbeitete ich als Marketing-Managerin für den Nahen Osten und Afrika – für eine deutsche Firma in den Vereinigten Arabischen Emiraten. Es war ein eher traditionelles B2B-Unternehmen im Bereich Lager- und Logistiksysteme. Meine Aufgaben waren klar strukturiert: Case Studies schreiben, Events organisieren, dafür sorgen, dass immer genügend Flyer und Broschüren bereitlagen, Artikel für Fachmagazine verfassen – klassisches Marketing eben.

Eine meiner letzten Aufgaben bestand darin, unsere Website gemäß den Corporate-Vorgaben zu überarbeiten. Was zunächst wie eine mühsame Pflichtaufgabe wirkte, entpuppte sich für mich als kleiner Aha-Moment: Mit einer klar aufgebauten Website, klugen Texten und vor allem mit kurzen, erklärenden Videos ließen sich selbst komplexe Systeme viel besser kommunizieren. Viele dieser Videos waren übrigens direkt mit Social Media verknüpft. Und da war es wieder – dieses Social Media. Für mich damals noch ein riesiges Fragezeichen: irgendwie spannend, irgendwie überfordernd.

Sabbatical, Kunst und eine neue Welt

Nach meinem Ausstieg aus dem Unternehmen gönnte ich mir mein erstes Sabbatical. Ich ließ das klassische Business hinter mir und tauchte in eine kreative Welt ein: Ich arbeitete an einem Kunst- und Fotoprojekt mit – als Model und Mitorganisatorin. In dieser Zeit lernte ich viele inspirierende Menschen kennen: Make-up-Artists, Tänzerinnen, Fotografen, Models – lauter kreative Freelancer, die ihren Weg suchten oder bereits lebten.

Was sie alle miteinander verband? Die Frage, die mir jede(r) stellte: »Wie heißt du auf Instagram?« Ich war perplex. »Ich habe nur Facebook«, antwortete ich etwas verlegen, »das nutze ich, um mit meinen Freunden in Deutschland in Kontakt zu bleiben.« Die Reaktion war meist die gleiche: schockierte Blicke. In dieser Szene war dein Instagram-Handle deine digitale Visitenkarte – nichts war wichtiger. Also erstellte ich – neugierig, aber zurückhaltend – mein erstes eigenes Insta-Profil.

Mentoring der anderen Art

Kurz darauf trat eine wunderbare Frau in mein Leben. Sie war Lifestyle-Fotografin, voller Lebensfreude und Empathie. Wir verstanden uns auf Anhieb – daraus entwickelte sich nicht nur eine Freundschaft, sondern ein echtes Co-Mentoring. Sie brachte mir bei, wie man sich auf Fotos bewegt, wie Licht wirkt, wie Instagram funktioniert. Ich wiederum gab ihr Impulse zu Strategie, Storytelling und Positionierung – einfach durch das, was ich konnte: zuhören, Fragen stellen, Strukturen erkennen.

Meine ersten Posts – ganz ohne Plan

Und dann war es so weit: Ich veröffentlichte meine ersten Posts. Einfach so, aus Spaß. Ich war in einer neuen Lebensphase, hatte weder etwas zu verkaufen noch eine Business-Agenda. Ich wollte einfach ein paar schöne Eindrücke aus meinem Leben in Dubai teilen – coole Bilder, ein bisschen Lebensgefühl. Dabei stellte sich mir nie wirklich die Frage, was ich posten sollte. Ich ließ es einfach fließen. Intuitiv. Authentisch.

Ich merkte schnell: Instagram ist ein Raum zum Experimentieren. Es geht ums Ausprobieren, ums Lernen, ums Beobachten. Was funktioniert? Was nicht? Was fühlt sich echt an – und was irgendwie aufgesetzt?

Von Instagram zu LinkedIn – eine neue Perspektive

Besonders spannend wurde es, als ich begann, all das, was ich auf Instagram gelernt hatte – Bildsprache, Storytelling, Content Creation – auf LinkedIn zu übertragen. Ich wollte meine Businesswelt mit meiner Kreativwelt verbinden. Ich erkannte: Plattformen mögen unterschiedlich sein, aber die Sehnsucht nach echten Verbindungen ist überall gleich. Doch wie genau ich diesen Übergang gestaltet habe – davon erzähle ich dir später noch mehr. Jetzt gebe ich das Mikro wieder zurück an Jessi.

UNSERE ERSTEN SCHRITTE – UND WARUM GENAU DIE ZÄHLEN

Bevor du denkst: *»Klingt bei euch alles easy...«* – hier kommt Klartext:

Niemand von uns ist als Content-Queen geboren.

Wir haben keine Kamera im Blut, kein virales Gen geerbt.

Unsere ersten Schritte waren wacklig, unsicher, manchmal echt peinlich. Aber genau deshalb wertvoll. Denn Sichtbarkeit beginnt nicht mit Perfektion – sondern mit einer Entscheidung.

Und genau darum geht's jetzt: **echte Startmomente. Roh. Echt. Ohne Filter.** Damit du siehst: Der erste Schritt ist nie bequem – aber immer entscheidend.

Jessis Schlüsselmomente

Kennst du das Gefühl, wenn du auf einer Party stehst, dich umschaust und nicht genau weißt, mit wem du reden sollst? Genau so fühlte sich Social Media für mich an. Ich war anwesend, aber unsichtbar. Ich konsumierte, aber ich kreierte nicht. Dann kam der Moment, in dem ich verstand: *Wer gesehen werden will, muss sich zeigen.*

Ich weiß noch genau, wie ich vor meinem ersten großen Live-Video saß. Mein Finger schwebte über dem »Live gehen«-Button, meine Herzschlagader pumpte, als würde ich einen Marathon laufen. Meine Gedanken fuhren Karussell: *Was, wenn mich jemand aus meiner alten Branche sieht? Was, wenn meine ehemaligen Mitarbeiter mich nicht ernst nehmen? Was, wenn ich mich blamiere?*

Aber dann fragte ich mich: *Was ist schlimmer – meine Angst oder der Gedanke, dass meine Botschaft niemals die Menschen erreicht, die sie brauchen?* Und ich drückte auf »Live gehen«. Meine Herzschlagader sprang in dem Moment fast oben wieder raus.

Wie das Leben so spielt, schauten plötzlich Menschen zu, bei denen ich eine Ausbildung im Speaking absolviert hatte – bekannte Redner, Profis. Mein

Gedanke? *Jetzt werde ich hier bestimmt voll unter die Lupe genommen.* Ich fing an, mich zu verhaspeln, war völlig aus dem Konzept – und wurde noch aufgeregter. Natürlich völlig umsonst. Doch in diesem Moment verstand ich das Social-Media-Game noch nicht (dazu später mehr.)

Sichtbarkeit bedeutet nicht Applaus – sondern Impact

Ich erinnere mich an einen Post, auf den ich besonders stolz war. Und was geschah? Nichts. Funkstille. Kaum Likes, keine Kommentare. Ich war frustriert. Hatte ich all die Mühe umsonst investiert? Doch dann kam eine Nachricht: »Danke für diesen Post, er hat mein Denken verändert.« Nachrichten wie diese sind der Grund, weshalb wir überhaupt dieses Buch schreiben.

2020 – während »Carola« – startete ich meinen Podcast. Heute heißt er »DIE JESSICA LACKNER SHOW. Der Podcast für Business, Marketing und Selbstführung«. Meine Mentoren sagten damals: »Mach es!« Also tat ich es, aber nicht nur als reinen Audio-Podcast. Ich nahm jede Folge auch als Video auf, um meine Präsenz vor der Kamera zu trainieren. Und glaub mir, es gab Tage, da fühlte es sich an, als würde ich mit einer Wand reden, denn ich bekam kein Feedback, keine Kommentare. Mein Umfeld fragte immer wieder, teilweise sogar heute noch: »Lohnt sich der Aufwand überhaupt?« Es lohnt sich immer.

Um besser zu werden – nicht nur im Reden, sondern auch in der Moderation – lud ich Interviewgäste ein. Eine davon war Natalia. Dreimal war sie bei mir zu Gast, und jedes Gespräch fühlte sich an, als hätten wir nie etwas anderes gemacht. Perfect Match. Trotz der geringen Resonanz wusste ich: Ich werde gesehen. Ich werde beobachtet. Branchenkollegen folgten mir. Manche fragten irritiert, warum ich in meinem eigenen Podcast so vielen anderen die Bühne gebe. Ganz einfach: Weil es mir nie um Reichweite oder Applaus ging. Mir ging es um Impact. Und ja, auch ich frage mich manchmal: Hört das überhaupt jemand? Bringt das was? Soll ich weitermachen?

Immer dann, wenn dieser Zweifel aufkommt, passiert es: Ich bekomme eine dieser Nachrichten, die mich daran erinnern, warum ich das tue. »Ich habe alle 99 Folgen über Führung gehört – und dank dir endlich meine Personalprobleme gelöst.« Das ist der Unterschied zwischen Applaus und echtem Impact. Das ist Erfüllung.

Sichtbarkeit heißt nicht, dass dich jeder feiert. Sichtbarkeit heißt, dass du etwas veränderst. Echte Transformation erzeugst. Und genau das ist der Punkt – du weißt nie, wen du gerade erreichst. Also hör auf, für Likes zu posten. Poste und geh los für Veränderung.

Vom inneren Flackern zur klaren Strahlkraft: Warum du selbst zur Glühbirne wirst

Lange war ich zwar Leuchtturm – aber mit einer Glühbirne, die mehr geflackert als geleuchtet hat. Ich war sichtbar, aber nicht klar. Ich stand da, aber ohne Strahlkraft.

Ich wartete. Auf Erlaubnis. Auf ein Zeichen. Auf jemanden, der mir sagt: »Jetzt darfst du größer werden.«

Bis ich begriff: Niemand gibt dir die Glühbirne. Du schraubst sie dir selbst ein.

Aber hier ist die Wahrheit: Niemand gibt dir die Erlaubnis, zu leuchten. Die musst du dir selbst geben. Die gute Nachricht: Es ist dein Geburtsrecht! Genau das ist Sichtbarkeit: die Entscheidung, dein eigenes Licht nicht länger zu dimmen. Es bedeutet, präsent zu sein, auf festem Fundament zu stehen und anderen Orientierung zu geben – wie ein Leuchtturm.

Ja, der Anfang ist schwer. Weil du keine Erfahrung hast. Weil Social Media sich anfühlt wie ein unbekanntes Gewässer mit wilden Strömungen. Doch du hast die Wahl. Glaubst du dem Film, den dir deine Angst vorspielt à la: Was, wenn du scheiterst? Was, wenn dich niemand ernst nimmt? Was, wenn du alles falsch machst? Diese Stimme in dir will nicht, dass du wächst. Sie hält dich klein, damit du nicht auffällst, nicht aneckst, nicht ausbrichst. Sie will, dass du weiter ein Teelicht bleibst – so wie viele andere auch.

Aber es gibt auch eine andere Stimme, die flüstert: Was wenn du Leben veränderst? Es ist eine Stimme, die bisher nur leise war, weil sie nie eine Chance bekommen hat. Deine innere Kraft. Dein Mut. Dein Potenzial.

Und jetzt liegt es an dir: Glaubst du weiter den Zweifeln, die dich bremsen? Oder gibst du dir selbst die Erlaubnis, es einfach zu tun? Wartest du, bis jemand dich entdeckt? Oder setzt du heute den ersten Schritt in Richtung Sichtbarkeit?

Wenn du mit deinem Business oder als Personenmarke wachsen willst, musst du raus aus dem Schatten und dich zeigen. Und dabei geht es nicht nur um Social Media. Es geht darum, wer du sein willst und wie du dich zeigen möchtest. Die Entscheidung liegt bei dir.

Natalias zweite Sichtbarkeits-Revolution

Wie bereits erwähnt, war der Übergang von Instagram zu LinkedIn für mich alles andere als einfach. Rückblickend war es fast paradox: Rational betrachtet hatte ich keinen Grund, Angst zu haben. Ich hatte monatelang auf Instagram gepostet: visuell ansprechende Fotos, kombiniert mit kurzen, pointierten

Texten. Die Resonanz war durchweg positiv. Mein Netzwerk wuchs, ich führte erste spannende Kollaborationen mit Marken und Personal Brands, und ich spürte zum ersten Mal, wie sich echte Sichtbarkeit anfühlen konnte.

Doch als ich darüber nachdachte, diesen Content-Stil auf LinkedIn zu übertragen, traf mich ein innerer Widerstand wie ein Schlag. Ich fühlte mich wie ein Reh im Scheinwerferlicht: gelähmt, überfordert, unfähig, einen klaren nächsten Schritt zu gehen. Etwas in mir blockierte komplett, obwohl der Weg so offensichtlich schien.

Auf der Suche nach einem neuen Ausdruck

Parallel zu meinem Instagram-Experiment tauchte ich in eine ganz andere Welt ein: das Bloggen. Der Grund? Ich hatte zunehmend das Gefühl, dass meine Texte auf Instagram zwar gelikt, aber nicht wirklich gelesen wurden. Auf Facebook zeigte sich dasselbe Muster: Reaktionen auf Bilder waren da, doch echte inhaltliche Tiefe schien kaum durchzudringen.

Ich sehnte mich nach einem Format, das mehr Raum ließ. Mehr Tiefe, mehr Kontext, mehr Gedanken. Twitter – oder inzwischen X – war für mich keine Option. Zu schnell, zu laut, zu aggressiv. YouTube fühlte sich damals an wie ein ferner Kontinent. Ich hatte große Scheu vor Videos; allein der Gedanke, mich zu filmen, blockierte mich. Also stellte ich mir die Frage: *Wo erreiche ich Menschen, die wirklich an Inhalten interessiert sind?* Die Antwort war überraschend naheliegend: LinkedIn.

LinkedIn – damals noch trocken, aber voller Potenzial

Ich lebte zu diesem Zeitpunkt bereits seit sieben Jahren in den Vereinigten Arabischen Emiraten und hatte nicht vor, nach Deutschland zurückzukehren. Ein internationales Netzwerk war also nicht nur sinnvoll, sondern essenziell. Ich hatte ein LinkedIn-Profil, das ich jedoch bisher kaum genutzt hatte.

Damals war LinkedIn noch eine sehr sachliche Plattform. Keine Videos, wenig Bildsprache, begrenzter Textumfang. Die meisten Beiträge waren klassische Text-Posts, eher nüchtern als lebendig. Dennoch war da dieses Gefühl: Hier *könnte* ich andocken – auf meine Art. Ich beobachtete, dass manche Menschen Artikel veröffentlichten, andere ihren Blog einbanden. Und genau da setzte meine Idee an.

Bloggen als Brücke

Ich kombinierte meine Gedanken, meine Erfahrungen und mein Bedürfnis nach Tiefe – und entschied: *Bloggen ist mein Weg.* Nicht nur, um mein Storytelling weiterzuentwickeln, sondern auch, um langfristig meine Expertise zu zeigen, Vertrauen aufzubauen und meiner Personal Brand eine solide Grundlage zu geben. Also lernte ich, wie frau bloggt und eine Wordpresssite aufbaut. Und dann war es soweit: Am 3. April 2015 veröffentlichte ich meinen ersten Blogartikel auf meinem eigenen Blog www.thinknatalia.com. Ich weiß noch genau, wie aufgeregt ich war. Meine Hände zitterten, mein Herz raste, ich schwitzte – und ich brauchte gefühlt eine Stunde, um den »Veröffentlichen«-Button tatsächlich zu drücken.

Aber damit war es nicht getan. Denn nun musste ich diesen Blogartikel auch noch auf LinkedIn teilen. Und obwohl ich wusste, dass es der nächste logische Schritt war, war ich emotional wieder am Ausgangspunkt: Zweifel, Unsicherheit, Angst. *Was, wenn es niemand liest? Wenn es zu persönlich ist? Zu lang? Zu anders?*

Doch ich tat es trotzdem. Und weißt du was? Nichts von dem, was ich befürchtet hatte, wurde wahr. Die Welt drehte sich weiter. Mein Beitrag wurde gelesen, gelikt, geteilt. Ich bekam erste Nachrichten, echte Gespräche, neue Kontakte. Und ich sammelte meine ersten, ganz eigenen Erfahrungen auf einer Plattform, die mir heute wie selbstverständlich erscheint, aber damals eine meiner größten Mutproben war.

WAS SICHTBARKEIT WIRKLICH IST – UND WARUM SIE DEIN GRÖSSTER GAMECHANGER IST

Falls du dich noch immer fragst, warum sich Social Media trotz Überfluss lohnt und warum es gerade für dich die goldene Gelegenheit ist, lass uns mal Tacheles reden: Ja, es ist laut da draußen. Ja, es gibt schon tausend Coaches, Experten, Speaker und Marken, die auf Social Media rumspringen wie beim Karneval der Content-Clowns. Und ja – manchmal fühlt sich's an wie auf einem Jahrmarkt, bei dem du das Gefühl hast, die letzte Zuckerwatte abbekommen zu haben. *Und trotzdem – oder gerade deswegen – lohnt es sich, sichtbar zu sein.*

Warum? Weil die meisten eben nur *mitspielen*, aber nicht *führen*. Weil viele nur senden, aber keine Verbindung schaffen. Weil es immer mehr »Ich bin auch noch da«-Accounts gibt, aber kaum echte Leuchttürme, die Orientierung geben. Du denkst, der Markt ist gesättigt? Nope. Der Markt ist hungrig: nach echten Menschen mit klarer Haltung und mutiger Message.

Stell dir Sichtbarkeit nicht als einen Scheinwerfer vor, der auf dich gerichtet ist, sondern als ein Fenster, das du öffnest – nach innen und nach außen.

Nicht, um möglichst laut zu sein, sondern um gesehen zu werden. Nicht, um andere zu beeindrucken, sondern um dich selbst nicht länger zu verstecken.

Sichtbarkeit wird oft missverstanden. Viele denken, es bedeutet, sich ständig zu zeigen, permanent zu posten, immer präsent zu sein. Als müsste man sich zum Produkt machen. Als ginge es darum, eine glänzende Version von sich selbst zu präsentieren. Dabei ist Sichtbarkeit in Wahrheit etwas viel Tieferes. Sie ist ein Ausdruck von Integrität. Sichtbar zu sein, bedeutet: Ich stehe zu mir. Ich teile, was mir wichtig ist. Ich vertraue darauf, dass meine Worte, meine Energie, mein Wesen den richtigen Menschen etwas geben können – egal, ob zehn oder zehntausend zusehen.

Sichtbarkeit ist kein Wettbewerb. Es geht nicht darum, besser, schöner, erfolgreicher zu wirken als andere. Es geht darum, *du* zu sein – in einer Welt, die oft danach verlangt, dass wir uns anpassen. Es geht darum, dass Menschen dich finden können. Denn wie sollen sie dich erkennen, wenn du dich nicht zeigst?

Gerade wir Frauen haben gelernt, lieber im Hintergrund zu bleiben. Uns zurückzunehmen. Nicht »zu viel« zu sein. Viele von uns tragen diese alte Programmierung in sich – die Angst, bewertet oder abgelehnt zu werden, wenn wir »zu sehr« strahlen. Doch hier ist die Wahrheit: Niemandem ist geholfen, wenn du dich klein machst. Wenn du ein Business führst, wenn du mit deinem Wissen, deiner Erfahrung oder deinem Angebot anderen helfen willst, dann ist Sichtbarkeit keine Option. Sie ist Voraussetzung. Menschen kaufen nicht einfach nur Produkte oder Programme – sie kaufen Vertrauen. Und Vertrauen entsteht nur, wenn du sichtbar wirst.

Du darfst dich zeigen – mit deiner Geschichte, deinen Werten, deinem Wesen. Du darfst sichtbar sein, auch wenn du noch nicht »fertig« bist. Gerade dann. Denn Echtheit verbindet mehr, als es Perfektion je könnte.

Viele unserer Kundinnen sagen zu Beginn: *»Ich will keine Rampensau sein.«* Oder: *»Ich habe Angst, aufdringlich zu wirken.«* Oder: *»Ich will nicht so tun, als hätte ich alles im Griff.«* Und genau das ist der Punkt. Sichtbarkeit ist keine Bühne für Perfektion, sondern ein Raum für Verbindung. Für Mut. Für Tiefe.

Vielleicht hast du noch nicht die Worte. Noch nicht die Strategie. Vielleicht hast du das Gefühl, dass andere schon viel weiter sind. Und vielleicht hast du recht. Aber niemand sonst hat deine Geschichte. Deine Energie. Deine Perspektive. Und genau das ist dein Kapital. Wenn du dich zeigst – echt, klar, präsent –, dann wirst du gesehen. Nicht von allen. Aber von den Richtigen.

Das ist Sichtbarkeit. Sie ist nicht laut, sondern wahrhaftig. Nicht aufgesetzt, sondern verbunden. Und genau diese Art von Sichtbarkeit verändert alles. Sie bringt nicht nur Likes und Reichweite. Sie bringt dir Resonanz. Gespräche. Kundinnen. Möglichkeiten. Und vor allem: das Gefühl, endlich du selbst zu sein – auch im Business.

Und genau hier beginnt unsere Reise. In Kapitel 2 sprechen wir über die Ängste, die dich bisher davon abgehalten haben, sichtbar zu werden. Die inneren Saboteure, die dich kleinhalten wollen. Doch bevor wir da einsteigen, erinnere dich: *Du musst nicht laut sein, um sichtbar zu sein. Du musst nur du sein – und den Mut haben, damit gesehen zu werden.*

6 Gründe, warum Social Media für dich gerade jetzt der Gamechanger ist

Vielleicht denkst du noch: »Social Media? Macht doch schon jede.«
Stimmt – aber nicht jede macht es **richtig**.
Und genau hier liegt der Unterschied.
Wenn du bereit bist, dich strategisch zu zeigen – nicht beliebig, sondern klar positioniert – wird Social Media zum Business-Booster.
Nicht als Bühnen-Show. Sondern als direkter Draht zu den Menschen, die du wirklich erreichen willst.

1. Sichtbarkeit ist kein Showroom – es ist dein direkter Draht zu deinen Kunden
Noch nie konntest du mit einem einzigen Post so viele Menschen erreichen, bewegen und binden. Social Media ist keine Litfaßsäule – es ist ein Begegnungsraum. Wenn du bereit bist, dich zu zeigen, bekommst du nicht nur ein Publikum, sondern eine Community.

2. Ads und Algorithmen? Kannste machen. Vertrauen schlägt trotzdem alles
Ja, du kannst alles »boosten«, du kannst Ads schalten, du kannst deinen Content aufblasen wie einen Heißluftballon. Aber: Was wirklich fliegt, ist Vertrauen. Und das entsteht durch echte Präsenz, nicht durch perfekte Grafik.

3. Social Media ist dein Business-Booster – kein Deko-Zweck
Wenn du heute nicht sichtbar bist, wirst du übersehen. Punkt. Kein Mensch googelt »Coach mit Superkräften«, wenn er dich nicht schon mal erlebt hat. Aber wenn du regelmäßig teilst, was du kannst, wofür du stehst und wer du bist, dann fangen die Leute an, dich zu finden, zu fühlen, zu buchen.

4. Reichweite ist nicht gleich Umsatz – aber ohne Sichtbarkeit bleibt dein Produkt im Regal

Du willst Kunden, nicht Follower? Dann bau dir keine Fanbase auf, sondern eine Fangemeinde. Die, die mit dir wachsen, investieren, transformieren. Sichtbarkeit ist der erste Schritt zur Wirkung. Wirkung ist der erste Schritt zu Wandel. Wandel bringt Umsatz.

5. Du kannst keine Veränderung bewirken, wenn dich niemand hört
Du hast eine Botschaft? Eine Vision? Ein Produkt, das hilft? Dann sei verdammt noch mal laut genug, dass man dich auch hört. Denn wenn du still bleibst, verkauft jemand anderes. Und zwar schlechter. Und teurer.

6. Deine Handschrift ist der Unterschied – nicht dein Toolset
Klar, du kannst Canva, Reels, Hashtags lernen. Aber das, was dich unverwechselbar macht, ist kein Hack – es ist dein Vibe. Deine Stimme. Deine Haltung. Deine Energie. Menschen folgen nicht deinem Know-how. Sie folgen dir – **weil du dich zeigst, wie du bist**. Und das kannst du nicht automatisieren – aber skalieren.
Social Media gibt dir genau diese Bühne.

Und weißt du was? Die meisten, die heute auf Social Media mit 100K Followern »rumtanzen«, haben auch mal bei null angefangen. Der Unterschied? Sie sind losgegangen – trotz Überforderung, trotz Chaos, trotz »Wer braucht das jetzt noch?«

Wenn du dich fragst: *Lohnt sich das überhaupt noch?* Dann ist das hier dein Schild mit blinkenden Leuchtbuchstaben: *JA. Aber nur, wenn du's richtig machst. Echt. Mutig. Und mit deiner Handschrift.* Also: Keine Ausreden mehr. Kein »Aber der Markt ist so voll«. Deine Energie ist der Unterschied. Deine Story ist der Schlüssel. Und dieses Buch? Ist deine Machete für den Dschungel.

Übung: Deine neue Definition von Sichtbarkeit

Nimm dir ein paar ruhige Minuten, schnapp dir einen Stift und dein Notizbuch oder öffne dein Journal. Diese Übung ist dafür da, deine innere Haltung zu Sichtbarkeit neu zu verankern – nicht im Kopf, sondern im Herzen.

1. **Was bedeutet »sichtbar sein« für dich ganz persönlich?** Notiere nicht die Definition aus dem Internet. Nicht das, was deine Branche darunter versteht. Sondern *dein* Gefühl. Ist es Verbindung? Mut? Ausdruck? Präsenz?

2. **Welche Bilder oder Glaubenssätze kommen dir in den Sinn, wenn du an Sichtbarkeit denkst?** Sind sie unterstützend oder blockierend? Woher kommen sie? Wer hat dir beigebracht, dass du dich zurückhalten musst?
3. **Was wäre möglich, wenn du sichtbar wärst - auf deine Art?** Welche Menschen würdest du erreichen? Welche Veränderungen würdest du anstoßen? Was würde sich in deinem Business bewegen?
4. **Was darfst du ab jetzt über Sichtbarkeit neu glauben?** Formuliere einen neuen Glaubenssatz, der dich ab heute begleitet. Zum Beispiel: *Ich darf sichtbar sein, auch wenn ich noch wachse.* Oder: *Meine Worte dürfen landen, auch wenn sie leise sind.* Oder: *Meine Energie spricht für sich - auch ohne Perfektion.*

Und jetzt ganz konkret: Was ist ein kleiner, sichtbarer Schritt, den du heute gehen kannst? Ein ehrlicher Post. Eine Story mit deiner Stimme. Ein Kommentar, in dem du wirklich präsent bist. Sichtbarkeit beginnt nicht irgendwann - sondern jetzt.

Und nun? Vielleicht spürst du gerade ein kleines Kribbeln. Eine Mischung aus Vorfreude und Nervosität. Vielleicht auch Widerstand. All das ist okay. Denn Sichtbarkeit ist nicht nur ein strategischer Schritt – sie ist ein innerer Prozess. Und jeder Prozess bringt Bewegung. Bevor du in die Umsetzung gehst, braucht es Klarheit – über das, was dich (noch) zurückhält. Und genau das schauen wir uns jetzt gemeinsam an.

Best-of Learnings aus Kapitel 1: Lohnt sich Social Media für dich?

- **Sichtbarkeit ist kein Nice-to-have - sie ist der Türöffner zu deinem Traum-Business.** Social Media ist nicht einfach ein Tool - es ist der Schlüssel zu deinem eigenen Raum voller Möglichkeiten. Kein Klopfen, kein Bitten - du baust dir deinen eigenen Eingang.
- **Du wirst übersehen, solange du dich versteckst.** Wenn du nicht sichtbar bist, existierst du für deine Traumkundinnen und -kunden nicht. Dann werden andere gebucht - nicht du.
- **Perfektion ist der Feind von Präsenz.** Dein erster Post muss nicht perfekt sein - er muss einfach raus. Nur durchs Tun wirst du besser. Fehler sind Teil der Reise.
- **Sichtbarkeit beginnt im Kopf, nicht im Kanal.** Die größte Hürde ist nicht die Technik, sondern dein Mindset. Angst, Zweifel, »Was, wenn«-Gedanken - sie halten dich klein, nicht der Algorithmus.

- **Menschen folgen Menschen – nicht nur Wissen.** Fachliche Tipps sind gut, aber deine Geschichte, deine Werte, deine Haltung sind das, was verbindet. Persönlichkeit schafft Marke.
- **Dein Netzwerk ist deine Währung.** 500 echte Beziehungen sind mehr wert als 10 000 anonyme Follower. Vertrauen schlägt Zahlen. Immer.
- **Social Media ist Business – kein Spielplatz.** Wenn du es professionell nutzen willst, brauchst du Klarheit, Strategie und eine Entscheidung: Spielst du Unternehmerin oder bist du es?
- **Sichtbarkeit ist Persönlichkeitsentwicklung.** Wer auf Social Media rausgeht, lernt nicht nur Content, sondern vor allem sich selbst besser kennen.
- **Du brauchst keine Erlaubnis, um zu leuchten.** Der größte Gamechanger? Du gibst dir selbst die Erlaubnis, gesehen zu werden. Vom Teelicht zum Leuchtturm – das ist kein Zufall, das ist eine Entscheidung.
- **Poste nicht für Applaus. Poste für Impact.** Es geht nicht um Likes – es geht um Wirkung. Um Veränderung. Um das eine Leben, das du mit deiner Botschaft erreichst.

Bevor du ins nächste Kapitel einsteigst, nimm dir einen Moment und halte kurz inne. Dieses Buch ist nicht zum Durchrauschen gedacht – sondern zum Durchdringen. Du hast gerade eine ganze Menge Impulse bekommen. Jetzt darfst du reflektieren: Was davon trifft dich wirklich? Was darfst du loslassen – und was willst du ab jetzt leben?

Übung: Reflexion – dein Check-in

Spür mal rein – und schreib's dir auf. Dein Notizbuch, dein Spiegel.

1. **Wo stehe ich gerade in Bezug auf Social Media?**
   Bin ich Beobachterin, Mitspielerin oder schon Gastgeberin meiner eigenen Community?
2. **Welche Angst oder Ausrede hält mich (noch) davon ab, regelmäßig sichtbar zu sein?**
   Wie realistisch ist sie wirklich – und woher kommt sie?
3. **Was bedeutet »sichtbar sein« für mich persönlich?**
   Ist es Bühne, Dienstleistung, Selbstausdruck – oder etwas ganz anderes?
4. **Was würde sich in meinem Leben oder Business verändern, wenn ich regelmäßig sichtbar wäre?**
   Wie würde sich das auf meine Energie, meine Kundinnen und Kunden, meine Ausstrahlung auswirken?

5. **Welche Geschichte über mich darf ich ab jetzt neu schreiben?**
   Was ist meine neue innere Wahrheit über Sichtbarkeit?
6. **Was ist mein erster Mini-Schritt, den ich JETZT gehen kann?**
   Ein Post, ein Video, eine Story, eine klare Entscheidung?

Kapitel 2:

Social-Media-Mythen entlarvt – was sie dir über deine größten Ängste verraten

Natalia Wiechowski

Du denkst, wir sind einfach vom Himmel gefallen – als geborene Content-Königinnen mit Superkräften in der linken Hand und einer viralen Posting-Formel in der rechten? Nope. Jessi und ich sind nicht als Sichtbarkeits-Göttinnen aufgewacht. Wir haben gezweifelt, gestruggelt, gezögert – und trotzdem die Angst beiseitegeschoben und den Mut gefunden, loszugehen. Genau darum geht es hier. Wenn du Coach, kreative Unternehmerin, Speakerin oder Selbstständige bist – und Social Media dir gerade eher Angst statt Aufträge bringt –, dann ist dieses Kapitel dein Befreiungsschlag. Es wird direkt. Ehrlich. Vielleicht unbequem. Aber vor allem: *befreiend,* mit einer Prise Edutainment[3].

DEIN STATUS QUO UND LIEBEVOLLE WORTE ZUM EINSTIEG

Bevor wir uns darauf konzentrieren, deine Blockaden zu identifizieren und sie aufzulösen, möchte ich dich an Folgendes erinnern: Du musst dich weder für deine Ängste schämen, noch muss es dir unangenehm sein, dass du sie hast. All das ist menschlich und vollkommen natürlich. Im Sinne radikaler Selbstverantwortung geht es auf den folgenden Seiten allerdings darum, dass du mit Mut und Neugier alles hinterfragst, was dich auf deiner Reise zu deinem brillanten, authentischen und magnetischen Selbst aufhält – im Business und in den sozialen Medien. Klingt gut? Dann lass uns starten!

Du und ich wissen bereits, dass du dir über die letzten Monate, wenn nicht sogar Jahre, Unmengen an Informationen zum Thema Social Media, Selbstständigkeit und Content Creation angeeignet hast. Du weißt, wie Hashtags funktionieren, dass du einen Post mit einem spannenden Hook starten darfst und dass eine einladende Call-to-Action am Ende eines Posts wichtig ist, um wertvolle Kommentare zu erhalten.

Du hast Bücher gelesen, Webinare besucht, Onlinekurse durchgearbeitet – dein theoretisches Wissen ist enorm. Vielleicht hast du seitenweise Notizen und Screenshots gesammelt. Und trotzdem kommst du nicht ins Tun. Stimmt's? Das ist wie oben angemerkt keine Kritik, sondern eine liebevolle

3 *Edutainment* ist ein Kofferwort aus *Education* (Bildung) und *Entertainment* (Unterhaltung). Es bezeichnet Formate, die Wissen auf unterhaltsame Weise vermitteln, also Inhalte, die gleichzeitig informieren und Spaß machen. Ziel ist es, das Lernen durch spielerische oder emotionale Elemente zugänglicher und nachhaltiger zu gestalten.

Beobachtung. Warum handelst du nicht, obwohl du weißt, wie es geht? Warum bleiben deine PS, deine Willensstärke, deine Expertise auf Social Media ungenutzt? Wieso gehst du nicht in die Sichtbarkeit und verdienst damit dein Geld?

Seit über zehn Jahren begleite ich Solopreneure und Selbstständige auf ihrem Weg zum Thought Leader[4] in ihrer Nische, und seit drei Jahren auf ihrer Reise zur vollen Strahlkraft des wahren Selbsts, wie ich es betitle.

Diese enge Zusammenarbeit mit Coaches, Autorinnen, Beratern, Therapeutinnen, Speakern und kreativen Köpfen hat mich zu einer entscheidenden Erkenntnis geführt: *Das eigentliche (technische) Problem ist selten das Problem.* Oft ist es die Angst dahinter – das, was tief in uns wirkt und uns zurückhält. Genau deshalb nutzen selbst außergewöhnlich kompetente Menschen Social Media nicht effektiv. Lass uns deshalb gemeinsam die neun häufigsten Blockaden aufdecken und auflösen.

So gehen wir vor

Ich teile gleich mit dir die neun häufigsten Ängste, typischen Ausreden und wiederkehrenden Herausforderungen, die mir in der Arbeit mit Unternehmerinnen immer wieder begegnen. Manchmal klingen sie unterschiedlich oder sind etwas anders formuliert – doch im Kern zeigen sie alle auf dasselbe Grundproblem.

Danach werde ich diese Aussagen liebevoll, aber kritisch hinterfragen und dir zeigen, worum es in diesem Zusammenhang wirklich geht. Wo es passt, teile ich Kundinnen-Geschichten oder eigene »F*ck-up«-Momente. Am Ende bekommst du immer eine gesündere, stärkende Denk-Alternative – ein neues Mindset, eine neue Perspektive, die dich weiterbringt.

Atme ein paarmal tief durch, bevor du die nächsten Zeilen liest. Es könnte sein, dass du an einem Punkt denkst: *Boah, das nervt mich gerade richtig*! Hervorragend! Wenn du Widerstand spürst oder dich getriggert fühlst, dann sind wir ziemlich sicher auf der richtigen Fährte – mitten im Kern deiner Blockade. Deinem Ego wird das gar nicht schmecken. Aber dein wahres Potenzial? Das

---

4 Ein *Thought Leader* ist eine Person, die in ihrem Fachgebiet als führende Expertin wahrgenommen wird und mit innovativen Ideen, tiefem Wissen und inspirierenden Perspektiven andere beeinflusst. Sie teilt ihre Einsichten regelmäßig durch Vorträge, Artikel oder Social Media und prägt damit Trends, Diskussionen und Entwicklungen in ihrer Branche.

macht gerade heimlich einen Freudentanz. Veränderung beginnt genau hier: da, wo's kurz zwickt – und du trotzdem weiterliest.

Nachdem wir uns diese neun Ängste genauer angeschaut haben, bekommst du von mir noch neun essenzielle Entscheidungen, die du für deine Social-Media-Reise treffen musst. Wenn du mich besser kennst, weißt du, dass ich das Wort »muss« eher selten in den Mund nehme. Und ich empfinde es an dieser Stelle als angebracht. Weshalb? Wir haben uns zu Beginn dieses Buches darauf geeinigt, dass ich radikal ehrlich mit dir bin. Deshalb sage ich es ganz klar: *Wenn du nicht bereit bist, diese Entscheidungen zu treffen, dann ist Social Media für dich (momentan) nicht der richtige digitale Marketingkanal.* Und das ist völlig okay.

Jessi und ich sehen es als unsere Aufgabe, dir die Social-Media- und Content-Steine aus dem Weg zu räumen – damit du endlich klar siehst, wohin dein Weg führen darf. Unser Ziel ist nicht, dich zu überreden. Unser Ziel ist, dir die Klarheit zu schenken, die du brauchst, um mutig eigene Entscheidungen zu treffen. Und wenn du dann – ganz ohne Ausreden, aber mit ehrlicher Reflexion – feststellst, dass Social Media (zumindest jetzt gerade) nicht dein Weg ist, dann ist auch das vollkommen in Ordnung. Eine kraftvolle Erkenntnis. Eine, die wir mit Respekt annehmen. Vielleicht aber entdeckst du etwas ganz anderes: die Lust, dich auszuprobieren. Die Neugier, spielerisch neue Formate zu testen. Und den Mut, dich Schritt für Schritt im Social-Media-Dschungel zu zeigen – auf deine ganz eigene Art.

Im letzten Teil bekommst du außerdem wertvolle Übungen und Reflexionen an die Hand, mit denen du deine Blockaden lösen und limitierende Glaubenssätze transformieren kannst. Zwei einfache und kraftvolle Methoden zur sofortigen Anwendung, auch wenn du keine Coaching-Ausbildung oder keinen therapeutischen Hintergrund hast.

Ich wünsche dir viel Freude, Aha-Momente und tiefe Einsichten auf dieser Reise!

DIE HÄUFIGSTEN ÄNGSTE UND WIE DU DAMIT UMGEHEN KANNST

Manche dieser Ängste wirst du vielleicht schon gut kennen. Andere erkennst du womöglich erst auf den zweiten Blick – weil sie sich gut tarnen: als Strategie, als Zeitmangel, als Perfektionismus. Lies die nächsten Seiten mit offenem Herzen – nicht als To-do-Liste, sondern als Einladung zur Selbsterkenntnis.

Es geht nicht darum, dich zu optimieren. Sondern darum, liebevoll zu erkennen, wo du dich selbst klein hältst – und was möglich wird, wenn du dich nicht länger zurückhältst.

»Ich will nur einmal pro Woche posten.«

Eine Erweiterung oder Abwandlung dieser Aussage ist: *Muss ich wirklich täglich posten, um sichtbar zu sein?*

Die Wahrheit?

Diese Frage entspringt oft der Angst, überfordert zu sein oder sich zu viel zumuten zu müssen. Viele Solopreneurinnen denken, sie könnten mit einem einzigen Post pro Woche eine nachhaltige Sichtbarkeit aufbauen. Die Realität sieht jedoch anders aus: Einmal wöchentlich zu posten, ist besser als nichts – aber reicht es aus, um wirklich präsent zu sein und dir eine begeisterte Community aufzubauen? Nein.

Stell dir vor, du gehst auf eine Netzwerkveranstaltung und sagst nur einmal kurz »Hallo«, bevor du wieder gehst. Würdest du erwarten, dass sich jemand lange an dich erinnert? Könntest du auf diese Weise spannende Beziehungen aufbauen? Richtig. Die Antwort ist nein. Genauso verhält es sich mit Social Media. Sichtbarkeit entsteht nicht durch sporadische Beiträge, sondern durch wiederholte Berührungspunkte mit deiner Zielgruppe.

Eine meiner Kundinnen war überzeugt, dass ein Post pro Woche ausreicht. Sie investierte viel Zeit in das Schreiben ihrer Beiträge, war jedoch frustriert, weil kaum Interaktionen kamen. Sie fühlte sich unsichtbar. Als sie schließlich begann, ihre Posting-Frequenz auf drei- bis viermal pro Woche zu erhöhen – ohne den Qualitätsanspruch zu senken – bemerkte sie einen deutlichen Unterschied: mehr Kommentare, mehr Kontaktanfragen und mehr Follower. Der Grund? Konsistenz sorgt dafür, dass du in den Köpfen deiner Zielgruppe bleibst. Einer meiner Mentoren sagte einmal: »Menschen lernen langsam und vergessen schnell.« Obwohl ich diesem Satz nicht immer zustimmen würde, empfinde ich ihn als wahr, wenn wir uns das Social-Media-Spiel angucken.

Zurück zu meiner Kundin: Nach etwa sechs Wochen bekam sie die erste direkte Buchungsanfrage über LinkedIn – von jemandem, der ihre letzten fünf Beiträge gelesen hatte. Er schrieb ihr: »Ich verfolge Ihre Inhalte schon eine Weile und finde Ihre Ansätze spannend. Können wir mal sprechen? Ich glaube Sie wären eine ideale Begleitung für unser Projekt.« Das war der Moment, in dem sie verstand: Es geht nicht darum, einmal pro Woche ein Meisterwerk zu veröffentlichen, sondern regelmäßig präsent zu sein.

Heute postet sie drei- bis viermal pro Woche – und das ganz ohne Stress. Sie hat für sich ein System entwickelt, das zu ihrem Alltag und ihren Bedürfnissen passt, und ist mittlerweile überzeugt: Kontinuität schlägt Perfektion. Inspiration und Intuition unterstützt durch solide Prozesse und KI ergeben ein unschlagbares Team.

Eine gesündere Alternative

Nein, du »musst« nicht täglich posten. Aber du darfst eine Posting-Frequenz wählen, die deiner Zielgruppe genügend Berührungspunkte mit dir ermöglicht. Zwei- bis viermal pro Woche ist für die meisten ideal, um sichtbar – und vor allem: um im Kopf zu bleiben. Denn Sichtbarkeit entsteht nicht durch Einmal-Glanz, sondern durch Wiederholung. Menschen brauchen mehrere Impulse, bis sie dich wirklich wahrnehmen, dir vertrauen und auf dich reagieren (mehr dazu in Kapitel 5).

Und keine Sorge – du musst nicht ständig neue Inhalte erfinden. Viel wirksamer ist es, deine Kernbotschaften immer wieder zu zeigen: in verschiedenen Formaten, aus neuen Blickwinkeln, mit anderen Worten. Wiedererkennung ist kein Zufall, sondern Strategie.

Auf den Punkt gebracht

Ein Post pro Woche ist ein guter Anfang – aber um wirklich sichtbar zu werden, braucht es mehr. Finde eine Frequenz, die für dich machbar ist, und halte sie konsequent ein.

»Ich weiß nicht, worüber ich schreiben soll!«

Eine der häufigsten Blockaden, die Unternehmerinnen zurückhält: *Was soll ich bloß posten?* Oder noch schlimmer: *Was, wenn mir irgendwann die Ideen ausgehen?* Die Angst, irgendwann nichts mehr zu sagen zu haben, kann lähmend wirken. Doch sie ist völlig unbegründet.

Die Wahrheit?

Ideen sind überall. Du darfst nur lernen, sie zu erkennen. Ich hatte eine Kundin, die monatelang damit haderte, dass sie keinen Content für Social Media hatte. Doch als wir uns ihr Business ansahen, wurde schnell klar: Sie hatte unendlich viel zu erzählen. Jede Kundenfrage, jeder Lernmoment aus ihrem

Alltag, jede Herausforderung, die sie überwunden hatte, jede Einsicht nach einer tiefen Meditation – all das war wertvoller Content. Sie musste nicht erst »die eine perfekte Idee« finden. Sie durfte nur anfangen, ihre Gedanken und Erfahrungen bewusst wahrzunehmen und sie zu sammeln.

Eine einfache, aber mächtige Übung: Führe eine persönliche »Content-Liste« – dein Schatzbuch voller Ideen, Impulsen und Insights. Du entscheidest über die Form:

- **Notion-Board:** Datenbank mit *Thema / Trigger / Format / Hook / Status.* Top für strukturierte Köpfe.
- **WhatsApp-Gruppe mit dir selbst:** Für Sprachnachrichten, Screenshots und Ideen unterwegs. Nenn sie zum Beispiel »Content Gold«.
- **Sprachnotizen-App:** Ideal für emotionale Story-Ideen und Gedankenblitze.
- **Analoges Notizbuch:** Eine Doppelseite pro Woche – Lieblingsrubrik: »Sätze, die hängen geblieben sind.«
- **Trello/Asana:** Für Teamarbeit oder mit VA – gemeinsam planen und clustern.
- **Google Doc:** Einfach alles sammeln – von der Idee bis zur halben Caption.

Immer wenn dir eine Kundin eine Frage stellt, du ein spannendes Gespräch führst, ein Aha-Moment im Alltag auftaucht oder du über dein Business reflektierst: Notier es sofort. Nach ein paar Wochen wirst du merken: Dir gehen nie wieder die Ideen aus. Ganz im Gegenteil – du wirst überrascht sein, wie viele Themen du bereits in dir trägst. Du darfst sie nur sichtbar machen.

Eine gesündere Alternative

Anstatt nach der einen bahnbrechenden Idee zu suchen, entwickle eine Routine. Beobachte deine Zielgruppe. Hör ihnen zu. Welche Fragen haben sie? Was beschäftigt sie? Teile deine Gedanken, deine Erfahrungen, deine Einsichten. Es gibt keine »falschen« Inhalte, solange sie deiner Community helfen und Mehrwert schaffen.

Auf den Punkt gebracht

Du hast genug zu sagen. Du darfst nur lernen, deine Themen bewusst wahrzunehmen. Inspiration ist überall – wenn du (emotional und mental) offen dafür bist.

»Was ist, wenn niemand unter meinem Post kommentiert?«

Oder die verwandte Sorge: *Was, wenn mein Post ins Leere läuft?* Viele Solopreneurinnen fürchten sich davor, dass ihr Content einfach verpufft – ohne Likes, ohne Kommentare, ohne Anfragen. Die Vorstellung kann entmutigend sein. Doch lass mich dir eine neue Perspektive geben: Stille heißt nicht Misserfolg.

Die Wahrheit?

Menschen lesen viel mehr, als sie interagieren. Nur ein Bruchteil der Leute, die deinen Content sehen, hinterlässt auch einen Kommentar – insbesondere, wenn du über tiefe und/oder ungewöhnliche Themen schreibst. Das bedeutet aber nicht, dass dein Beitrag wirkungslos ist.

Ich erinnere mich an eine Kundin, die nach mehreren Monaten auf LinkedIn frustriert zu mir sagte: »Es bringt nichts. Niemand kommentiert meine Beiträge.« Ich fragte sie: »Hast du schon mal jemandem geschrieben, weil dir ihr Content gefallen hat – aber ohne zu kommentieren?« Sie nickte. Ein paar Wochen später kam sie strahlend zurück: »Ich habe meine erste Anfrage bekommen! Sie meinte, sie liest schon lange mit – aber hat sich nie getraut, zu kommentieren.«

Was wirklich zählt: Interaktion ist toll, aber sie ist nicht der einzige Maßstab für Erfolg. Viel wichtiger ist: Bleib dran. Konsistenz baut Vertrauen auf – und Vertrauen führt langfristig zu Kundinnen und Kunden.

Eine gesündere Alternative

Anstatt auf schnelle Reaktionen zu hoffen, frage dich: *Hilft mein Beitrag meiner Zielgruppe?* Wenn die Antwort Ja ist, dann poste ihn – egal, ob du sofort sichtbare Reaktionen bekommst oder nicht.

Auf den Punkt gebracht

Kommentare und Likes sind nett, aber kein Beweis für Wirkung. Viele beobachten dich still, bis sie bereit sind, auf dich zuzukommen. Bleib konsistent, deine Community wächst mit der Zeit.

»Ich will mich nicht verkaufen oder aufdringlich wirken!«

Oder die verwandten Aussagen: *Ich hab keine Lust auf Selbstdarstellung.* Oder: *Ich will nicht klingen wie eine Marktschreierin.* Diese Angst sitzt tief. Viele Solopreneurinnen fürchten, dass sie sich durch das Promoten ihrer Angebote unsympathisch machen – oder dass andere sie als aufdringlich oder selbstverliebt wahrnehmen. Doch hier ist der Punkt: Verkaufen ist nicht das Problem. Die Art und Weise, WIE du es tust, macht den Unterschied.

Die Wahrheit?

Wenn du nicht über dein Angebot sprichst, wird es auch niemand finden. Sichtbarkeit ist keine Selbstdarstellung – es ist ein Dienst an den Menschen, die von deiner Expertise profitieren könnten. Verkaufen bedeutet nicht, zu nerven – es bedeutet, zu helfen.

Denk an das letzte Mal, als du wirklich etwas gebraucht hast – eine Lösung für ein Problem, eine inspirierende Idee oder einen Service. Warst du genervt, als du genau das Richtige gefunden hast? Wahrscheinlich nicht. Viel eher warst du dankbar, dass jemand darüber gesprochen hat.

Ich erinnere mich an eine Kundin, die großartige Coachings gab, aber sich weigerte, ihr Angebot auf Social Media zu präsentieren. Sie war überzeugt: »Wenn jemand meine Hilfe braucht, wird er mich schon finden.« Leider funktionierte das nicht. Erst als sie begann, regelmäßig über ihre Arbeit zu sprechen – mit Mehrwert, mit echten Geschichten, mit ihrer Persönlichkeit – kamen die Anfragen. Und weißt du was? Niemand fand sie aufdringlich. Im Gegenteil: Ihre Community war dankbar für die Klarheit.

Eine gesündere Alternative

Statt *Ich will mich nicht verkaufen* zu sagen, sage dir: *Ich mache mein Angebot sichtbar, damit die richtigen Menschen es finden können.* Du musst niemanden überzeugen oder überreden. Zeige einfach, was du tust, warum du es tust und für wen es wertvoll ist. Die richtigen Menschen werden sich angesprochen fühlen.

Auf den Punkt gebracht

Du kannst niemandem helfen, wenn du unsichtbar bleibst. Und ganz ehrlich? Wenn du eine Lösung hast, die Menschen wirklich weiterbringt – dann ist es unterlassene Hilfeleistung, wenn niemand davon erfährt. Verkaufen ist nicht aufdringlich. Es ist nichts anderes als das Teilen einer Möglichkeit – für all jene, die genau darauf gewartet haben. Du musst niemanden überreden. Aber du darfst da sein, sichtbar, klar und präsent – damit die richtigen Menschen dich überhaupt finden können.

»Was ist, wenn ein Hater unter meinem Post kommentiert?«

Eine der größten Ängste vieler Unternehmerinnen: Was, wenn jemand negativ auf meine Inhalte reagiert? Was, wenn jemand mich kritisiert, meine Meinung infrage stellt oder mich sogar öffentlich angreift?

Die Wahrheit?

Wenn du auf Social Media aktiv bist, wird es irgendwann passieren. Jemand wird deinen Post nicht mögen, eine spitze Bemerkung machen oder sogar unsachlich werden. Und das ist okay. Denn das bedeutet, dass du Menschen erreichst. Dass du sichtbar bist.

Vor zehn Jahren zögerte ich monatelang, meine Expertise auf LinkedIn zu teilen und meinen ersten Blogpost zu veröffentlichen, weil ich Angst vor Gegenwind hatte. Als ich dann endlich den Mut fasste, meinen ersten Beitrag zu veröffentlichen, bekam ich überwältigend positives Feedback. Doch beim vierten Artikel war da auch dieser eine Kommentar. Ein abwertender Satz von jemandem, der mein Business offensichtlich nicht verstand: *»Sind wir* *hier auf Facebook, oder was? Wenn du so weiter machst, melde ich deinen Account!«* Ich war verunsichert. Sollte ich antworten? Den Kommentar löschen? Mich rechtfertigen?

Was ich schließlich tat, war genau richtig. Ich blieb sachlich, freundlich und spiegelte wertschätzend zurück: *»Oh, da scheint etwas bei dir angestoßen worden zu sein. Ich bin hier, um Impulse zu setzen, die bewegen dürfen. Wenn meine Beiträge nichts für dich sind, darfst du natürlich jederzeit weiter scrollen. Alles Gute auf deinem Weg!«* Der Kritiker verstummte – und meine Community sprang ein, um mich zu unterstützen. Genau das passiert, wenn du langfristig eine starke, wertschätzende Community aufbaust (egal, wie groß sie ist): Du musst nicht jede Schlacht selbst schlagen.

Eine gesündere Alternative

Hater sind oft laut – aber selten relevant. Unterschiedliche Meinungen sind okay, sachliches Feedback kann wertvoll sein, aber persönliche Angriffe oder destruktive Kommentare sagen mehr über den Verfasser aus als über dich. Setze klare Grenzen: Sachlich reagieren, unsachliche Kommentare ignorieren oder löschen, und niemals in hitzige Diskussionen einsteigen. Und wenn du einen (leicht) feurigen Charakter hast, nutze Humor. Gerade heutzutage kann KI dich dabei unterstützen, die richtigen Worte zu finden.

Auf den Punkt gebracht

Hater sind kein Zeichen von Scheitern – sie sind ein Zeichen von Sichtbarkeit und Wirkung. Denn wer polarisiert, positioniert sich. Lerne, zwischen konstruktivem Feedback und destruktiven Kommentaren zu unterscheiden. Genau das ist Leadership. Nicht einfach nur posten, sondern Haltung zeigen. Nicht nur Inhalte liefern, sondern vorangehen. Als Thought Leaderin führst du nicht durch Lautstärke, sondern durch Klarheit, Konsistenz und Mut zur Kante.

Und denk daran: Deine Community wird dich mehr unterstützen, als du vielleicht erwartest – gerade dann, wenn du dich authentisch zeigst und Position beziehst.

»Eigentlich habe ich ja Angst vor Sichtbarkeit ...«

Oder die verwandte Aussage: *Was, wenn mich plötzlich alle sehen und bewerten?* Diese Angst ist so tief in uns verankert, dass sie oft gar nicht als Angst erkannt wird. Stattdessen tarnen wir sie als Perfektionismus (*Ich muss erst noch an meiner Positionierung feilen*) oder als falsche Bescheidenheit (*Ich will mich nicht in den Vordergrund drängen*). In Wahrheit ist es aber die nackte Angst davor, sichtbar zu sein – und damit auch angreifbar.

Die Wahrheit?

Ja, mehr Sichtbarkeit bedeutet, dass mehr Menschen dich wahrnehmen – aber das heißt nicht automatisch, dass sie dich bewerten oder kritisieren. In den meisten Fällen wirst du eher mit Gleichgesinnten in Kontakt kommen, die sich inspiriert fühlen und deine Inhalte feiern. Denn Sichtbarkeit ist nicht nur ein Risiko – sie ist auch eine riesige Chance.

Zahlreiche tolle Menschen sind aufgrund meiner Sichtbarkeit, Posts und Community von 110 000+ Followern auf LinkedIn in mein Leben gekommen. Individuen, die zu Freundinnen oder Mentoren wurden – kreative Köpfe, mit denen ich ungewöhnliche Kampagnen, Events und Edutaining-Content kreiert habe. All das waren ähnlich tickende Menschen, die ich zusammenbringen konnte. Ist das nicht wunderbar? Dies sind die Momente, die ich nie vergessen werde.

Ich erinnere mich auch an eine Kundin, die unfassbar viel Expertise hatte, aber sich nicht traute, regelmäßig auf Social Media zu posten. Sie hatte Angst, dass sie dann plötzlich im Mittelpunkt stehen und jeder über sie urteilen könnte. Doch als sie es trotzdem wagte, passierte etwas völlig Unerwartetes: Sie wurde nicht kritisiert, sondern gefeiert. Menschen schrieben ihr, wie wertvoll ihre Inhalte sind, sie bekam Anfragen, sie wurde eingeladen, Interviews zu geben. Und am wichtigsten: Sie fühlte sich endlich als die Unternehmerin, die sie immer sein wollte.

Klar, es wird immer Menschen geben, die ihre Meinung zu dir haben. Aber weißt du was? Die hatten sie auch schon vorher. Der Unterschied ist: Früher hast du sie nur nicht gehört – und jetzt entscheidest du selbst, ob du ihre Meinung als wichtig erachtest oder nicht. Oder mit den Worten eines eher derben Kumpels von mir: »Meinungen sind wie A****löcher. Jeder hat eins.«

Eine gesündere Alternative

Statt *Ich habe Angst vor Sichtbarkeit* zu sagen, sage dir: *Ich erlaube mir, gesehen zu werden – von den richtigen Menschen.* Du wirst ohnehin wahrgenommen, also kannst du auch aktiv steuern, wie du gesehen wirst. Statt dich in Angst vor potenziellen Negativstimmen zu verlieren, fokussiere dich auf all die Menschen, die von deiner Sichtbarkeit profitieren werden.

Auf den Punkt gebracht

Wenn du im Schatten bleibst, läufst du nicht weniger Gefahr, bewertet zu werden – du wirst nur weniger gesehen. Sichtbarkeit bringt vielleicht Angriffsfläche, aber auch Verbindung, Vertrauen und Veränderung.

»Ich habe nichts (Interessantes) zu erzählen!«

Oder die kleine Schwester dieser Aussage: *Warum sollte ausgerechnet ich etwas Wertvolles beitragen?* Diese Angst ist ein echter Klassiker – und gleichzeitig eine der größten Illusionen überhaupt. Was hier nämlich wirklich blockiert, ist nicht Mangel an Storys, sondern Mangel an Selbstwert.

Viele Unternehmerinnen glauben, sie hätten nichts zu sagen, weil sie ihren Alltag für »zu normal« halten. Doch was für dich Routine ist, kann für jemand anderen der Aha-Moment des Jahres sein.

Die Wahrheit?

Alles, was für dich selbstverständlich ist, kann für andere ein Augenöffner sein. Deine Erlebnisse, Fehler, Mini-Erkenntnisse – sie sind Content-Gold. Nicht, weil sie spektakulär sind, sondern weil sie authentisch und greifbar sind.

Ein Beispiel aus dem Alltag: Ich denke an Laura – HR-Profi, Leadership-Mentorin, Umsetzerin. Aber auf Social Media? »Ich bin doch nur stille Mitleserin«, waren einst ihre Worte. Warum? »Weil das, was ich mache, ganz normal ist.« Also fragte ich sie:

- Was war dein größtes Aha in letzter Zeit?
- Welche Frage kriegst du ständig von Kolleginnen gestellt?
- Was regt dich auf, was keiner laut sagt?

Der Damm brach. Plötzlich sprudelte sie – voller Klartext, Haltung, Erkenntnisse. Als sie anfing, genau DAS zu posten, passierte das »Magische«: Kommentare. Einladungen. Anfragen. Und die Botschaft einer C-Level-Frau: »Ich lese still mit. Endlich jemand, der ausspricht, was sich keiner traut.«

Sichtbarkeit entsteht nicht durch Superkräfte, sondern durch Ehrlichkeit, Haltung und den Mut, Alltägliches groß zu denken.

Noch ein Beispiel? Eine brillante Illustratorin meinte: »Was soll ich denn zeigen? Die Leute sehen doch meine Zeichnungen.« Spoiler: Ja, sie sehen deine Zeichnungen, aber sie sehen nicht, was hinter den Kulissen passiert. Und wenn du sie reinlässt, werden sie deine Zeichnungen nicht mehr nur sehen, sie werden sie *fühlen*. Ich fragte sie:

- Wie entstehen deine Ideen?
- Welche Fehler hast du gemacht?
- Was nervt dich in der Branche?

Zack – Content. Und nicht irgendeiner. Inhalte, die Nähe schaffen. Und Vertrauen. Dann klappt's auch mit dem Business.

Und dann war da noch die Coachin, die glaubte, sie müsse immer die Erleuchtung posten. Dabei war's der kleine Moment im Supermarkt, die Erkenntnis nach der Yogastunde oder der ehrliche Fehlschlag, der als Content durch die Decke ging.

Eine gesündere Alternative

Anstatt dir zu sagen: *Ich habe nichts zu erzählen*, sag: *Ich entscheide mich, meine Erfahrungen zu würdigen – denn sie sind mein Kapital.* Du musst nicht spektakulär sein. Du darfst du sein. Die stärksten Inhalte entstehen aus Authentizität – nicht aus der Suche nach dem »perfekten« Post.

Auf den Punkt gebracht

Was für dich Alltag ist, ist für andere ein Leuchtraketen-Moment. Du bist längst mittendrin im Erfahrungsgold – du hast es nur noch nicht sichtbar gemacht. Deine Gedanken. Deine Sichtweise. Dein Weg. Das ist Content. Nicht weil du makellos bist (zeig mir eine Person, die es *wirklich* ist …), sondern weil du echt bist. Deine Story zählt. Nicht *trotz* deiner Normalität. Sondern *gerade wegen ihr.*

»Ich will nicht live gehen«

Oder eine ähnliche Aussage: *Ich hasse es, vor der Kamera zu stehen.* Ah, Live-Videos – der Endgegner vieler Unternehmerinnen. Kaum ein anderes Format löst so viel Nervosität aus. Das Lampenfieber, die Angst, sich zu versprechen oder zu schwitzen, technische Pannen, peinliche Stille … der pure Horror, oder? Aber lass mich dir ein Geheimnis verraten: Jeder fühlt sich am Anfang unwohl vor der Kamera. Jeder.

Was steckt wirklich dahinter?

Es ist selten die Kamera selbst, die Angst macht. Es ist das Gefühl, angreifbar zu sein. Sich zu zeigen, ohne Filter, ohne Schnitte, ohne Möglichkeit, alles perfekt vorzubereiten. Live-Videos fühlen sich an wie eine Bühne – und genau das ist das Problem. Denn wenn du denkst, du musst »performen«, setzt du dich automatisch unter Druck.

Ich hatte eine Kundin, die das Thema Live-Videos komplett blockierte. Sie war charismatisch, wortgewandt und hatte ein tolles Business, aber sobald es um Live-Formate ging, war die Panik da. Also haben wir das Ganze umgedreht: Statt »Live-Auftritt« haben wir es ein »Live-Gespräch« genannt. Sie stellte sich vor, einfach mit einer Freundin zu reden. Kein Druck, keine Show, einfach ein lockeres Gespräch. Und siehe da – es funktionierte! Der Druck war raus und sie damit wieder voll in ihrer Anziehungskraft.

Die Wahrheit?

Live-Videos sind nichts anderes als ein Gespräch mit deinem Publikum. Und genau das macht sie so wertvoll. Du baust eine echte Verbindung auf, zeigst dich nahbar, menschlich und authentisch. Denk mal an die Menschen, denen du gerne folgst. Magst du sie, weil sie perfekt sind? Oder weil sie moßartig[5]

---

[5] Der Begriff »moßartig« ist abgeleitet aus dem englischen Begriff »flawsome«: voller Makel (engl. flaw) und dennoch – oder gerade deswegen – großartig

sind? Die besten Live-Sessions sind nicht die, die wie eine Fernsehsendung wirken, sondern die, in denen echte Gespräche und Emotionen stattfinden.

Eine gesündere Alternative

Statt *Ich kann nicht live gehen* zu sagen, sage dir: *Ich lade mein Publikum zu einem Gespräch ein – das Ziel ist Verbindung.* Ein kleiner Perspektivwechsel hilft:

- **Denke an dein Publikum, nicht an dich.** Dein Live-Video ist nicht über dich – es ist für sie.
- **Starte klein.** Kein 60-Minuten-Webinar – vielleicht erst mal ein 5-Minuten-Live, um eine Frage zu beantworten.
- **Nutze ein Interview-Format.** Mit einem Gast an deiner Seite fühlt es sich oft weniger einschüchternd an.
- **Erinnere dich: Authentizität schlägt Perfektion.** Menschen lieben echte, authentische Momente – weil sie sich dann mit dir identifizieren können.

Auf den Punkt gebracht

Live zu gehen, ist keine (Glam-)Show, sondern ein Gespräch. Es geht nicht um Perfektion, sondern um Nähe, Menschlichkeit und Verbindung. Du kannst das – und dein Publikum wird es lieben.

»Videos sind der Horror für mich!«

Oder eine ähnlich häufige Aussage: *Ich sehe auf Video immer schrecklich aus.* Ich verstehe dich. Wirklich. Der Gedanke, sich selbst auf Video zu sehen, kann unangenehm sein – wir sind unser eigener größter Kritiker. Aber weißt du was? Es geht auch hier nicht darum, makellos auszusehen. Es geht darum, sichtbar zu sein und in einem anderen Format Mehrwert zu liefern.

Was steckt wirklich dahinter?

Die Angst vor Videos hat selten mit der Technik zu tun. Es geht um Selbstbild, Unsicherheit und die Angst vor Bewertung. Wir denken, wir brauchen

---

(engl. awesome). Für mich beschreibt »moßartig« einen Menschen, der seine Fehler anerkennt, akzeptiert und daran arbeitet. Denn das volle Stehen zu diesen Makeln und die Integration jener Eigenschaften macht uns kraftvoll, vital und authentisch, jenseits unserer kühnsten Vorstellungen.

makelloses Licht, die richtige Mimik, die ideale Betonung. Wir messen uns oft mit Menschen wie Oprah Winfrey oder anderen TV-Stars, die seit Jahrzehnten fast täglich vor der Kamera stehen. Das ist nicht nur unrealistisch, diese Anspruchshaltung ist weder nötig noch erwünscht.

Erinnerst du dich an das erste Mal, als du deine Stimme auf einer Aufnahme gehört hast? Fast jeder erschrickt erst mal: »Klinge ich wirklich so?« – Ja, und genau das lieben die Menschen an dir! Es ist das Gleiche mit Video. Es fühlt sich erst mal ungewohnt an, aber das bedeutet nicht, dass es schlecht ist. Die Realität lautet: Dein Publikum sieht dich anders, als du dich selbst siehst.

- **Du bewertest dich viel strenger, als andere es tun.** Die meisten Menschen achten nicht auf das, was dich stört – sie achten auf deine Botschaft.
- **Authentizität ist wichtiger als Perfektion.** Die erfolgreichsten Content-Creator sind nicht die makellosen, sondern die echten.
- **Wiederholung macht den Unterschied.** Beim ersten Mal fühlt es sich komisch an. Beim zehnten Mal ist es normal. Beim 50. Mal fragst du dich, warum du je gezweifelt hast.

Ich hatte eine Kundin, die absolut gegen Videos war. Sie hasste ihre Stimme, mochte ihr Gesicht nicht auf dem Bildschirm und war überzeugt, dass niemand ihre Videos sehen wollte. Wir haben einen Deal gemacht: Sie durfte ihr erstes Video nur für sich aufnehmen – einfach zum Üben, ohne es zu veröffentlichen. Dann schaute sie es sich an. Und noch mal. Und noch mal. Und dann erkannte sie: Es war gar nicht so schlimm.

Zwei Monate später postete sie ihr erstes Video. Die Resonanz? Menschen liebten es. Nicht, weil es die beste Videoproduktion auf diesem Planeten war, sondern weil *sie* endlich greifbar war.

Eine gesündere Alternative

Statt *Ich kann keine Videos machen* sage dir: *Ich gebe meiner Community eine Möglichkeit, mich kennenzulernen – so, wie ich bin.* So machst du es dir leichter:

- **Starte mit kurzen Formaten.** Ein 30-Sekunden-Clip ist leichter als ein 10-Minuten-Video.
- **Nutze Filter oder weiches Licht, wenn du dich wohler fühlst.** Es geht nicht darum, dich zu verstecken, sondern darum, dass du dich sicher fühlst.

- **Nimm ein paar Testvideos auf.** Du musst sie nicht sofort veröffentlichen, aber sie helfen dir, die Angst zu verlieren.
- **Fokussiere dich auf den Inhalt.** Dein Publikum interessiert sich für dein Wissen, nicht für dein Haarstyling oder die optimale Kameraeinstellung.

Auf den Punkt gebracht

Niemand erwartet eine Hollywood-Produktion – aber deine Community möchte dich erleben, hören und in Bewegung sehen. Trau dich, dich zu zeigen. Du wirst überrascht sein, wie positiv die Reaktionen sein werden!

Merke: Deine Angst ist nicht zufällig da

Herzlichen Glückwunsch! Du kennst nun die neun häufigsten Ängste rund um Social Media. Vielleicht hat es dich geärgert oder herausgefordert, von einigen der Ängste zu lesen; vielleicht fühlst du dich aber auch erleichtert, weil du nun genau weißt, an welchen Stellen du ansetzen kannst.
Übrigens: Die Angst »Ich habe keine Zeit dafür« oder »Wann soll ich das denn alles tun?« habe ich bewusst weggelassen. Sie ist nicht Social-Media-spezifisch, sondern meiner Meinung nach schlicht eine lahme Ausrede. Wenn du und ich nur halbwegs ähnlich ticken, dann kommen wir beide zum gleichen Entschluss: Wenn uns etwas wichtig ist, dann schaffen wir den Raum dafür. Wir machen es einfach zur Priorität, gell ...?

Bevor wir uns weiter in den praktischen Teil stürzen, lass mich dir ein paar Hintergrundinfos mitgeben – direkt aus der psychologischen und kommunikationstheoretischen Schatzkiste. Warum? Weil viele deiner Blockaden gar nichts mit dir als Person zu tun haben, sondern mit den unsichtbaren Mechanismen, die IMMER wirken, sobald zwei Menschen (oder 1 Mensch + 1 Bildschirm) kommunizieren.

Du sendest immer – auch wenn du nichts sagst

Der Kommunikationswissenschaftler Paul Watzlawick hat mal gesagt: »Man kann nicht nicht kommunizieren.« Will heißen: Selbst wenn du keinen einzigen Post raushaust, sendest du ein Signal. Und das Signal lautet: *Ich bin nicht da. Ich habe (noch) keine Meinung. Ich beobachte nur.*

Klingt erst mal neutral – ist es aber nicht. Denn auf Social Media bedeutet Schweigen nicht: *Ich bin dezent*, sondern oft: *Du bist unsichtbar.* Und das ist keine Absage an deine Persönlichkeit, sondern eine Einladung, aktiv zu gestalten, wie du wahrgenommen werden möchtest. Du kannst dich entscheiden: Willst du »übersehen« werden oder möchtest du »überzeugen«?

Missverständnisse sind keine Ausnahme – sie sind die Regel

Sobald du einen Text postest, ein Video drehst oder eine Caption formulierst, passiert Folgendes: Du meinst etwas, du sagst etwas, und deine Community hört etwas. Dazwischen liegt eine ganze Welt voller Möglichkeiten für Missverständnisse. Laut dem Kommunikationsmodell von Friedemann Schulz von Thun besteht jede Nachricht aus vier Ebenen:

- Was ich sage (Sachebene)
- Was ich über mich preisgebe (Selbstoffenbarung)
- Wie ich zu dir stehe (Beziehungsebene)
- Was ich von dir will (Appell)

Die meisten Missverständnisse entstehen, wenn der Empfänger auf einer anderen Ebene hört, als der Sender gesendet hat. Beispiel: Du postest: »Ich bin gerade total müde, aber stolz auf meinen Workshop heute.« Du meinst: *Ich bin erschöpft, aber erfüllt.* Andere lesen: *Sie hat zu viel zu tun. Sie kann nicht gut planen.* Oder: *Ah, wieder so ein Angeberei-Post.*

Wichtig für dich: Du kannst nicht kontrollieren, wie du verstanden wirst, aber du kannst bewusst kommunizieren. Und das beginnt mit Klarheit: *Was will ich sagen? Was könnte dabei falsch verstanden werden?* Und: *Habe ich den Mut, trotzdem zu posten?*

Deine Angst hat Struktur – und einen Ursprung

Wenn du immer wieder die gleichen Blockaden spürst, dann kommt hier die gute Nachricht: Du bist nicht chaotisch oder undiszipliniert, du funktionierst einfach nach einem inneren Code, den du nur noch nicht bewusst kennst. Glaubenssätze. Diese kleinen fiesen Stimmen wie:

- *Ich darf nicht zu sehr auffallen.*

- *Wenn ich etwas poste, muss es perfekt sein.*
- *Ich bin nicht wichtig genug, dass andere das lesen wollen.*

Spoiler: Du bist damit nicht allein. Fast jede Unternehmerin, die ich begleiten durfte, hatte genau diese Gedanken. Sie wirken wie unsichtbare Regeln – und wurden oft in der Kindheit geprägt. Lehrer, Eltern, Kirche, alte Chefinnen oder Kollegen – irgendjemand hat mal gesagt, dass »zurückhaltend sein« oder »nicht auffallen« sicherer ist. Und dein Nervensystem hat das abgespeichert wie ein Gesetz.

Die gute Nachricht: Du kannst diese inneren Programme neu schreiben. Das ist keine »alternative Weltanschauung«, sondern Neurowissenschaft. Dein Gehirn liebt Wiederholung. Sage dir:

- *Ich darf sichtbar sein.*
- *Ich darf Fehler machen UND erfolgreich sein.*
- *Ich bin genau richtig – so, wie ich bin.*

Wenn du dir regelmäßig stärkende Gedanken wie diese erlaubst, dann verändert sich nicht nur deine Haltung, sondern auch deine Wirkung nach außen. Wir gehen später noch tiefer darauf ein.

Sichtbarkeit ist ein Spiegel – kein Scheinwerfer

Wenn du dich zeigst, siehst du dich selbst klarer. Social Media wirkt wie ein Spiegel: Es zeigt dir, wo du stehst – emotional, mental, strategisch. Wenn du dich noch nicht traust, liegt es oft nicht an der Technik oder der Plattform, sondern daran, was du in diesem Spiegel zu sehen glaubst. Denk mal drüber nach: Was, glaubst du, passiert, wenn du dich komplett zeigst? Wer wirst du, wenn du niemandem mehr gefallen musst? Und: Was, wenn genau das deine Superkraft ist?

DIE RADIKAL EHRLICHE ANTWORT: NUR SO KLAPPT'S MIT SOCIAL MEDIA

Kommen wir nun zu einem entscheidenden Punkt: Social Media kann nur funktionieren, wenn du bereit bist, einige grundlegende und mutige Entscheidungen zu treffen. Wenn du spürst, dass du dich in den folgenden Punkten (noch) nicht klar positionieren kannst oder willst, dann ist es völlig in Ordnung, dir selbst die Erlaubnis zu geben, Social Media vorerst ruhen zu lassen. Andernfalls könnte sich dieser Weg gerade eher schwer, zäh oder frustrierend anfühlen. Vielleicht ist ein späterer Zeitpunkt passender – in sechs bis neun Monaten kannst du erneut hineinspüren, ob sich etwas in dir verändert hat.

Mit den folgenden neun Entscheidungen schaffst du die Basis für nachhaltige Sichtbarkeit. Es geht nicht darum, makellos zu sein oder alles sofort zu meistern. Es geht darum, dranzubleiben. Echte Verbindung aufzubauen. Und dich selbst in diesem Prozess nicht zu verlieren – sondern immer mehr zu finden. Erfolgreiches Social Media braucht mehr als nur Strategien und Tools – es braucht dich. Deine Klarheit. Deinen Mut. Deine Entscheidung, dich zu zeigen, auch wenn's manchmal wackelt. Wenn du bereit bist, deine Angst als Wegweiser zu sehen, Perfektion loszulassen und deiner leisen, aber starken Stimme zu vertrauen, dann wird Social Media nicht länger nach Pflicht klingen, sondern nach Möglichkeit. Bist du bereit, dich zu entscheiden? Dann lass uns loslegen – und sichtbar werden. Auf deine Art. Mit deinem Tempo. Aber nicht mehr versteckt.

Entscheide dich, sichtbar zu werden – oder eben nicht

Es gibt keine halbe Schwangerschaft. Genauso wenig gibt es eine halbe Sichtbarkeit. Entweder du nutzt Social Media als digitalen Marketingkanal – oder du lässt es bleiben. Versuchen, beides gleichzeitig zu wollen – also einerseits Reichweite und Kunden zu gewinnen, aber andererseits bloß nicht zu sehr aufzufallen –, ist, als würdest du mit einem Fuß aufs Gaspedal treten und mit dem anderen auf der Bremse stehen. Das wäre schade, insbesondere bei einem schicken Sportwagen.

Social Media bedeutet Sichtbarkeit. Punkt. Es gibt keinen Umweg, kein Hintertürchen, kein »Ich mach das mal ein bisschen«. Wenn du hier erfolgreich sein willst, darfst du dich dieser Realität stellen: Sichtbarkeit funktioniert nicht ohne dich. Und das ist nicht nur metaphorisch gemeint – schau mal genau hin: Im Wort Sichtbarkeit steckt *ICH.* Deine Persönlichkeit. Deine Haltung. Deine Energie. Genau das ist es, was Resonanz erzeugt. Und falls du denkst, du könntest dich einfach hinter Technik, Ads oder SEO verstecken: Auch E-Mail-Marketing, Podcasts oder Google funktionieren nur dann richtig gut, wenn du sichtbar bist. Wenn du als Mensch mit Botschaft wahrgenommen wirst. Es führt also kein Weg daran vorbei: Sichtbarkeit beginnt mit ICH. Und ICH beginnt mit Entscheidung.

Ich verstehe deine Bedenken. Auch ich hatte anfangs Angst davor, mich zu zeigen – aus Sorge vor negativen Kommentaren, Kritik oder einfach der Möglichkeit, nicht gut genug zu sein. Einer meiner tiefsten, blockierenden Glaubenssätze war: *Wenn ich mich voll zeige, dann ziehen noch mehr Menschen an meiner Energie und fordern Dinge von mir, bis ich ausgelaugt bin.* Heute weiß ich, dass das nicht stimmt. Ich habe gelernt, klare Grenzen zu setzen – und vor allem zu erkennen, dass meine Angst ein Konstrukt war, das mich klein hielt. Wenn ich das überwinden konnte, kannst du das auch.

Einladung: Stelle dich deinen Sichtbarkeitsängsten. Entscheide dich bewusst dafür, gesehen zu werden. Nur so klappt's mit Social Media.

Selbstdarstellung ist keine Wahl – sie passiert sowieso

Menschen machen sich ein Bild von dir, egal, ob du es aktiv mitgestaltest oder nicht. Wenn du deine Sichtbarkeit nicht selbst in die Hand nimmst, überlässt du es anderen, deine Geschichte zu erzählen. Und das kann dazu führen, dass potenzielle Kundinnen und Geschäftspartner dich entweder gar nicht wahrnehmen oder dich nicht so sehen, wie du es dir eigentlich wünschen würdest.

Deshalb ist es sinnvoll, bewusst zu entscheiden, wie du wahrgenommen werden möchtest. Wer bist du? Wofür stehst du? Welche Botschaft möchtest du vermitteln? Diese Klarheit hilft dir nicht nur im Business, sondern macht dein Marketing auch viel leichter (mehr dazu in Kapitel 5).

Einladung: Akzeptiere, dass Selbstvermarktung und Selbstdarstellung keine Option ist, sondern eine Voraussetzung. Nur so klappt's mit Social Media.

Höre auf zu konsumieren – beginne zu kreieren

Wusstest du, dass weniger als fünf Prozent der LinkedIn-Nutzer regelmäßig eigenen Content erstellen? Die meisten konsumieren nur oder hinterlassen gelegentlich ein Like oder einen Kommentar. Das bedeutet: Wer aktiv Inhalte teilt, hat eine enorme Chance, sichtbar zu werden und sich als Expertin zu positionieren. Oder wie ein Mentor es einmal zu mir sagte: *»Autorität kommt von Autor.«* Wenn du als Autorität wahrgenommen werden möchtest, darfst du Inhalte erschaffen. Es geht nicht darum, sofort fünf Posts pro Woche zu veröffentlichen oder täglich live zu gehen. Aber du musst einen bewussten Schritt machen: Weg von der passiven Konsumentin hin zur aktiven Gestalterin.

Jede von uns ist kreativ, jede hat etwas zu erzählen, jede hat ganz besondere Talente und Gaben. Mit einem ermächtigten Mindset (siehe Kapitel 1) sowie den richtigen Werkzeugen und Prozessen ist Content Creation im

Jahr 2025 leichter, als es jemals war. Ich bin seit zehn Jahren dabei, ich weiß, wovon ich spreche.

Einladung: Entscheide dich, Inhalte zu veröffentlichen. Nur so klappt's mit Social Media.

Wähle deinen Kanal und setze den Fokus

Viele Solopreneurinnen glauben, sie müssten gleichzeitig auf LinkedIn, Facebook, Instagram, X, Youtube, TikTok und Pinterest aktiv sein – am besten mit maßgeschneiderten Inhalten für jede Plattform. Das ist nicht nur illusorisch, sondern auch vollkommen unnötig. Ich selbst habe mich anfangs an Social-Media-Ikonen wie Gary Vaynerchuk oder Grant Cardone orientiert. Sie predigen Omnipräsenz – und für ihr Business macht das auch Sinn. Aber der entscheidende Unterschied ist: Sie haben Teams, die sich um ihre Inhalte kümmern. Wir Solopreneurinnen am Anfang unserer Reise haben das meist (noch) nicht.

Deshalb lautet mein Rat: Starte mit *einem* Kanal. Meistere ihn. Wenn du so weit bist, hole dir Unterstützung und expandiere erst dann. Und wähle den Kanal strategisch: Wo sind deine idealen Kunden aktiv? Wo fühlst du dich wohl? Für mich war und ist es LinkedIn – für dich kann es eine andere Plattform sein.

Einladung: Setze klare Prioritäten und konzentriere dich auf einen Kanal. Nur so klappt's mit Social Media.

Optimiere deine Prozesse – in regelmäßigen Abständen

Erfolgreiches Social-Media-Marketing braucht Struktur. Während manche Unternehmerinnen »zu chaotisch« agieren und sich ohne klare Strategie verzetteln, sind andere so überstrukturiert, dass sie jegliche Inspiration und Kreativität verlieren. Der Schlüssel liegt darin, dein eigenes Gleichgewicht und eine für dich passende Lösung zu finden. Denn es gibt nicht *die* Methode oder *den* Ansatz, der alle deine Herausforderung und Bedürfnisse adressieren wird.

Du darfst dir deinen eigenen basteln. Auf diese Weise erhöhst du die Chancen, langfristig und nachhaltig Erfolg zu haben. Überprüfe deshalb regelmäßig Dinge wie:

- Funktionieren meine aktuellen Abläufe oder kosten sie mich zu viel Zeit und Energie?
- Brauche ich mehr oder weniger Struktur?
- Welche Prozesse und Tools erleichtern mir die Content-Erstellung?
- Darf mein Storytelling auf die nächste Ebene gebracht werden? Wenn ja, wie gewährleiste ich das?
- Welche (neuen) Tools und Skills können mich beim Community-Management unterstützen?

Ich selbst stelle mir diese Fragen, wenn ich merke, dass sich Social Media eher wie eine Last als wie eine Chance anfühlt. Mein Team schaut zudem regelmäßig, ob es neue Werkzeuge oder Methoden gibt, die unsere Arbeit effizienter machen. Das darfst du auch tun.

Einladung: Setze auf Prozesse, die dir dienen und dich unterstützen. Nur so klappt's mit Social Media.

Delegiere – mach dir verschiedene Talente und Tools zunutze

Viele Solopreneurinnen glauben, sie könnten – oder müssten – alles allein schaffen. Doch dieser Ansatz führt oft zu Überforderung und Stillstand. Nicht selten basiert diese Überzeugung auch auf der Angst vor Kontrollverlust oder einem Mangel an Vertrauen, insbesondere gegenüber anderen Frauen. Aber das ist eine limitierende Geschichte für ein anders Mal …

Ja, am Anfang kann es so wirken, als sei es schneller, alles selbst zu machen. Doch langfristig wirst du ohne Unterstützung nicht in dem Ausmaß wachsen können, wie du es dir wünschst. Du bist keine Maschine. Du bist ein Mensch. Und du bist auch nicht großartig in allem. Jede(r) von uns hat besondere Vorlieben, Talente und Gaben. Das nicht zu nutzen, ist weder effizient im Umgang mit Ressourcen noch nachhaltig.

Erfolgreiches Social-Media-Marketing braucht zudem Struktur. Und es braucht Systeme, die dich entlasten – statt dich zusätzlich zu belasten. Während manche Unternehmerinnen sich im kreativen Chaos verlieren, stecken andere in starren Prozessen fest, die jede Inspiration abwürgen. Der Schlüssel liegt dazwischen: in einer smarten Struktur, die sich dir anpasst. Und genau hier darfst du moderne Tools für dich arbeiten lassen – statt dich von ihnen überfordern zu lassen. Ob Contentplanung, Ideenorganisation oder Textentwürfe: KI-Tools wie ChatGPT können dir heute schon enorm viel abnehmen. Sie sind wie ein virtuelles Teammitglied – nennen wir es *Chattie* –, das dir Impulse liefert, mitdenkt, sortiert, formuliert.

Natürlich darfst du *Chattie* einarbeiten, mit deiner Tonalität füttern, Briefings geben – genau wie jedem neuen Teammitglied. Aber einmal integriert, wirst du dich wundern, wie viel Energie und Zeit du dadurch freisetzt. Kombiniere Intuition, Automatisierung und KI – und du erschaffst dir ein Content-System, das zu dir passt und mit dir wächst.

Einladung: Löse dich von der Illusion absoluter Unabhängigkeit und lerne zu delegieren. Nur so klappt's mit Social Media.

Begegne deiner Angst mit Neugier statt mit Widerstand

Angst gehört dazu. Sie ist ein Zeichen dafür, dass dir etwas wirklich wichtig ist. Und genau deshalb lohnt es sich, sie nicht länger als Feindin zu betrachten, sondern als stille Verbündete. Die Angst vor Sichtbarkeit, vor Bewertung oder Ablehnung ist nicht das Problem. Der wahre Schmerz entsteht erst, wenn du beginnst, dich selbst für deine Angst zu verurteilen.

Stattdessen lade ich dich ein, einen neuen Umgang mit deiner Angst zu finden. Frag sie, was sie dir zeigen will. Lausche, welche Bedürfnisse darunter liegen. Vielleicht sehnt sich ein Teil von dir einfach nach mehr Sicherheit, Verbindung oder Schutz? Wenn du neugierig wirst auf das, was deine Angst dir sagen möchte, verliert sie ihre Macht. Sie wird zur Tür – nicht zur Mauer.

Mut entsteht nicht in der Abwesenheit von Angst, sondern im bewussten Dazugehören. Wenn du lernst, deine Angst zu halten, statt sie zu bekämpfen, wirst du dich nicht kleiner machen müssen. Du wirst wachsen.

Einladung: Begegne deiner Angst mit Weichheit und innerer Führung. Nur so klappt's mit Social Media.

Lass Perfektion los – und tritt in echte Beziehung

Perfektion ist eine Illusion – und sie verhindert Verbindung. Viele denken, sie müssten erst »perfekt« sein, bevor sie sich zeigen dürfen: der perfekte Post. Der perfekte Auftritt. Der perfekte Expertenstatus. Doch während du noch feilst, polierst und zögerst, verpufft deine Energie in der Unsichtbarkeit.

Menschen folgen dir nicht wegen deiner Hochglanzfassade, sondern wegen deines echten Seins. Sie wollen spüren, dass du fühlst, dass du mit Herausforderungen ringst, dass du lachst, dass du lebst. Sie suchen keine Roboter. Sie suchen Resonanz.

Die stärkste Sichtbarkeit entsteht nicht durch Glanz, sondern durch Nähe. Und Nähe entsteht, wenn du dich traust, unperfekt zu sein. Wenn du zeigst, was dich bewegt. Wenn du sagst: »Ich bin nicht fertig, aber ich bin hier.«

Einladung: Lass Perfektion los – und öffne dich für Beziehung. Nur so klappt's mit Social Media.

Entscheide dich, deiner Stimme zu vertrauen – auch wenn sie leise ist

Du musst nicht laut sein, um gehört zu werden. Nicht extrovertiert, nicht überdreht, nicht marktschreierisch. Es reicht, wenn du du bist. Deine Stimme, so wie sie ist – klar oder zögerlich, leise oder bestimmt –, ist wertvoll. Gerade in einem digitalen Raum voller Lautstärke sind es oft die stilleren, ehrlichen Töne, die wirklich berühren.

Vielleicht denkst du manchmal: »Was soll ich schon sagen?« Oder: »Das wurde doch alles schon gesagt.« Doch genau hier liegt der Trugschluss. Denn *niemand* kann deine Gedanken so ausdrücken wie du. Niemand hat deinen Blickwinkel, deine Worte, deine Energie. Und gerade in dieser Einzigartigkeit liegt dein größter Schatz.

Vertraue darauf, dass deine Stimme Menschen erreichen wird – vielleicht nicht sofort in Zahlen sichtbar, aber spürbar in Herzen. Und das ist es, was bleibt.

Einladung: Steh zu deiner Stimme – sie ist genug. Nur so klappt's mit Social Media.

FÄLLE MUTIGE ENTSCHEIDUNGEN: DEIN PERSÖNLICHER SCHRITT ZUR SICHTBARKEIT

Vielleicht bist du bereits Coach, Psychologin oder Beraterin und verfügst über das notwendige Werkzeug, um falsche Glaubenssätze zu transformieren und loszulassen. Falls nicht, dann sind die folgenden Seiten für dich. Ich beginne mit einer Darstellung dessen, was Glaubenssätze sind, woher sie kommen und wie wir sie upgraden können. Anschließend teile ich zwei kraftvolle Ansätze mit dir, die dir helfen werden, deine Blockaden Schritt für Schritt zu lösen und neue Wege in deine Sichtbarkeit zu finden.

Vorbereitung: Deine verborgenen Spielregeln

Bevor wir in die Praxis einsteigen, lass uns innehalten. Nicht, um etwas »richtig« zu machen – sondern um zu erkennen, welchen Regeln du bisher unbewusst folgst.

Denn jede Entscheidung, sichtbar zu sein oder dich zurückzuhalten, folgt einem inneren System. Es ist nicht willkürlich. Oft handelt es sich dabei um tief verankerte Denk- und Verhaltensmuster, die du irgendwann übernommen hast – aus Familie, Schule, Gesellschaft.

Vielleicht fühlten sie sich einmal sicher an. Heute aber engen sie dich ein. Sie wirken im Hintergrund – wie ein innerer Autopilot.

Diese Vorbereitung dient dir als Standortbestimmung: Ein erstes, ehrliches Erkennen deiner inneren Spielregeln. Nicht, um dich zu bewerten, sondern um dich besser zu verstehen.

Denn erst wenn du weißt, was dich bisher gesteuert hat, kannst du neue Wege einschlagen – bewusst, klar, kraftvoll. Und genau dabei unterstützen dich die nächsten Seiten.

Übung: Reflexion – komm dir selbst auf die Spur

Hier kommen deine Reflexionsfragen – wie ein inneres Röntgengerät für deine Social-Media-Blockaden. Lies sie langsam, lass sie wirken. Schreib sie auf, sprich sie ein oder denk sie durch und notiere deine Antworten. Wichtig ist nicht das *wie*, sondern das *was*.

- Was ist die eigentliche Angst hinter meiner Sichtbarkeitsblockade?
- Wann in meinem Leben habe ich gelernt, dass »gesehen zu werden« gefährlich sein könnte?
- Welche Situationen haben mich in der Vergangenheit geprägt, wenn es um Bewertung, Ablehnung oder Fehler geht?
- Was vermeide ich durch mein Zögern eigentlich – und was kostet es mich langfristig?
- Was würde sich verändern, wenn ich mich heute entscheide, sichtbar zu werden – trotz Angst?

Lass uns nun einen Blick auf deine inneren Überzeugungen werfen. Denn Veränderung beginnt immer mit Bewusstheit:

- Was denke ich über mich und Social Media?
- Wie beeinflusst das meine Handlungen, meinen Erfolg?
- Dient mir diese Überzeugung noch – oder hält sie mich klein?
- Welche davon darf ich loslassen?

Und wer wäre ich, wenn ich diesen Gedanken nicht mehr glauben würde?

Wenn du diese Fragen für dich beantwortet hast – oder auch nur eine davon – hast du bereits den ersten mutigen Schritt getan. Du hast angefangen, deiner Wahrheit Raum zu geben. Und das ist keine Kleinigkeit. Es ist der Anfang von echter Sichtbarkeit. Oft merken wir gar nicht, wie tief diese alten Muster in uns verankert sind. Doch wenn du beginnst, sie aktiv zu hinterfragen, verlierst du nach und nach die Angst davor, dich zu zeigen.

Im nächsten Schritt zeige ich dir zwei kraftvolle Tools, mit denen du alte Denkmuster auflöst und durch stärkende Überzeugungen ersetzt. Du wirst lernen, wie du deine Ängste Schritt für Schritt überwindest – ohne dich dabei zu überfordern. Lass uns gemeinsam diesen Prozess starten!

Die »Angst zerlegen«-Methode

Das Ziel besteht hierbei darin, deine Ängste sichtbar zu machen, zu hinterfragen und in die richtige Perspektive zu rücken. Oftmals erscheinen Ängste riesig und überwältigend, weil wir sie nicht bewusst analysieren. Unser Gehirn ist darauf programmiert, Energie zu sparen, Schmerz zu vermeiden und uns vor möglichen Gefahren zu schützen – selbst wenn es sich nur um einen Social-Media-Post handelt. Diese Methode hilft dir, deine Angst Stück für Stück zu entkräften. Ich habe sie ursprünglich von Tim Ferris gelernt und dann erweitert.

Schritt 1: Angst konkret benennen

Setze dich hin und schreibe genau auf, wovor du Angst hast. Niemand muss oder wird das, was du zu Paper bringst, lesen. Du bist sicher und wirst nicht bewertet. Atme also ein paarmal tief ein und aus und sei so konkret wie möglich. Zum Beispiel:

- Ich habe Angst, dass niemand auf meinen Post reagiert und ich mich blamiere.
- Ich habe Angst, etwas Falsches zu sagen und mich dadurch angreifbar zu machen.
- Ich habe Angst, dass jemand merken könnte, dass ich inkompetent bin.

Je klarer du deine Angst benennen kannst, desto leichter kannst du sie im nächsten Schritt bearbeiten.

Schritt 2: Worst-Case-Szenario ausmalen

Erlaube dir, das schlimmste Szenario in deinem Kopf durchzuspielen. Was wäre das Allerschlimmste, das passieren könnte? Schreib es auf – ruhig in übertriebener, dramatischer Form. Tob dich aus. Gibt deiner inneren Drama-Queen die Bühne frei. Bei mir sah das damals so aus: »Ich poste etwas und niemand reagiert. Dann denken alle, dass ich inkompetent bin. Leute werden mich nicht buchen. Mein Business scheitert. Ich muss zurück in die Einstellung – niemals … das heißt, ich muss an meine Geldreserven ran. Wenn jene aufgebraucht sind, lande ich unter einer Brücke. Kalt, elendig, allein.«

Das klingt extrem? Genau darum geht es! Unser Gehirn neigt dazu, Ängste maßlos zu übertreiben. Sobald du das aufgeschrieben hast, wirst du merken, wie absurd manche Annahmen sind.

Schritt 3: Realitätscheck machen

Schau dein Worst-Case-Szenario an und bewerte jede Aussage auf einer Skala von 1 bis 10, wie realistisch sie ist. Zum Beispiel:

- Wird wirklich niemand reagieren? Eher unwahrscheinlich – maximal eine 3.
- Denken dann wirklich *alle* Menschen, dass du inkompetent bist? Voll nicht – 1.
- Wirst du durch einen missglückten Post dein Business verlieren? Sicher nicht – 2.

In den meisten Fällen liegt die Wahrscheinlichkeit bei 2 oder 3 von 10 – dein Kopf hat das Ganze also viel größer gemacht, als es ist. Und falls du etwas, aus welchen Gründen auch immer, als hoch einstufst, dann stell dir die Frage, was du in einer solchen Situation tun könntest.

Im hiesigen Beispiel würde mich keine meiner engsten Freundinnen unter der Brücke schlafen lassen. Ich könnte immer auf ihrem Sofa übernachten.

Und ich könnte zum Beispiel anfangen, mit Nachhilfeunterricht wieder Geld zu verdienen.

Schritt 4: Best-Case-Szenario überlegen

Dreh die Situation um: Was wäre das Beste, das passieren könnte? Schreib auch das detailliert auf! Denke hierbei an deine Ziele, Träume und Wünsche. Denke an den positiven Einfluss, den du auf die Welt haben wirst, und wie viel Freude es dir bereiten könnte, deine Geschenke und dein Wissen mit anderen zu teilen.

Schritt 5: Mini-Challenge setzen

Wähle eine kleine Handlung, um deine Angst zu testen. Statt gleich ein großes Live-Video zu machen, könntest du

- einen Post in einer geschlossenen Gruppe veröffentlichen oder
- eine Instagram-Story aufnehmen und erst mal nur für dich speichern.

Kleine (regelmäßige) Schritte machen große Ängste handhabbar. Du kannst auch eine Freundin darum bitten, deine Accountability-Partnerin bei der Challenge zu sein.

Die Zwei-Minuten-Mut-Challenge

Das Ziel dieser Challenge besteht darin, deinen Verstand auszutricksen und direkt ins Tun zu kommen, ohne lange nachzudenken. Denn unser Gehirn liebt es, uns mit Zweifeln zu sabotieren. Diese Methode nutzt eine einfache Regel: Wenn du nur zwei Minuten hast, bleibt keine Zeit für Angst.

Schritt 1: Mini-Aktion festlegen

Eine Mini-Aktion kann sein, eine Story-Idee zu notieren, die Kamera-App zu öffnen oder einen Entwurf für einen Post zu schreiben. Wir sprechen hier nicht von Heldinnentaten, sondern von Babyschritten.

Schritt 2: Timer auf zwei Minuten stellen

Setze dir eine knappe Zeitbegrenzung und starte sofort. Keine Vorbereitungen, kein Überlegen, kein Aber-Aber – einfach tun! »Einfach mal machen«, wie Jessi immer sagt.

Schritt 3: Speichern oder direkt veröffentlichen

Nun haben wir zwei Optionen und du darfst hier entschieden, was sich authentischer und in diesem Moment besser anfühlt:

- speichern als Entwurf → kein Druck, aber erste Handlung
- sofort veröffentlichen → mutiger Schritt zur Sichtbarkeit

Schritt 4: Erfolg bewusst wahrnehmen

Schreibe nach der Übung kurz auf, was du gemacht hast und wie es sich angefühlt hat. Feiere deinen (Mini-)Erfolg, auf deine Art und Weise.

Warum das funktioniert? Die Zwei-Minuten-Regel umgeht deine Angst, weil dein Gehirn keine Zeit hat, Panik aufzubauen. Je häufiger du diese Übung machst, desto leichter wird dir der Weg in die Sichtbarkeit fallen!

Fazit und weiterführende Gedanken

Mit diesen beiden Methoden kannst du Blockaden auflösen, ohne dich zu überfordern. Je regelmäßiger du diese Techniken anwendest, desto mehr wirst du spüren, wie sich deine Unsicherheiten verringern. Veränderung beginnt mit kleinen, mutigen Schritten – und genau diese bringen dich nachhaltig in die Sichtbarkeit.

In den meisten Fällen werden diese Ansätze ausreichen, um dich ins Handeln zu bringen. Doch wenn du bei bestimmten Social-Media-Themen regelrecht erstarrst, ungewöhnlich stark aufgebracht reagierst oder am liebsten fluchtartig den Raum verlassen würdest, steckt möglicherweise mehr dahinter als nur ein limitierender Glaubenssatz oder ein Mindset-Problem.

In solchen Momenten lohnt es sich, innezuhalten und zu prüfen, ob du die richtigen Kommunikationswerkzeuge hast, um dir selbst den nötigen Raum zu geben – besonders dann, wenn unangenehme Emotionen an die Oberfläche kommen. Vielleicht meldet sich eine innere Wunde oder ein (kleines) Trauma, das gesehen und integriert werden möchte.

Wenn du das Gefühl hast, hier tiefer eintauchen zu wollen, kann es hilfreich sein, dich an eine erfahrene und vertrauenswürdige Expertin wie Selina Näf (siehe Vorwort) zu wenden. Wenn du spürst, dass hinter deiner Angst vielleicht mehr steckt – alte Wunden, die gesehen werden wollen –, dann wirst du im nächsten Kapitel mit Jessi tief durchatmen. Sie nimmt dich mit an die Wurzel deiner Blockaden. Denn Sichtbarkeit ist keine Pflicht, sondern eine Entscheidung. Und jede Entscheidung beginnt mit dem ersten, mutigen Schritt. Bist du bereit?

Übung: Die Sichtbarkeits-Selbstverpflichtung

Diese Übung ist dein bewusster Abschluss für dieses Kapitel - und dein Einstieg ins mutige Handeln. Nimm dir 10 - 15 Minuten Zeit, um die folgenden Schritte auszuführen. Sie helfen dir, das Gelesene zu verkörpern - und erste sichtbare Spuren in der Außenwelt zu hinterlassen.

Schritt 1: Erstelle deine Anti-Ausreden-Liste
Notiere drei typische Gedanken oder Ausreden, mit denen du dich bisher von Sichtbarkeit abgehalten hast. Zum Beispiel:

- »Ich habe gerade keinen guten Tag.«
- »Das hat doch schon jemand gesagt.«
- »Ich bin noch nicht bereit.«

Jetzt formuliere zu jedem Gedanken eine kraftvolle Gegenaussage. Zum Beispiel:

- »Auch unperfekte Tage dürfen sichtbar sein.«
- »Meine Perspektive ist einzigartig.«
- »Ich bin bereit - jetzt.«

Schritt 2: Wähle ein Mikro-Versprechen
Überlege dir eine konkrete, umsetzbare Handlung, die du in den nächsten 48 Stunden umsetzen wirst - auch wenn sie klein ist. Zum Beispiel:

- Einen kurzen LinkedIn-Post schreiben.
- Eine Sprachnotiz mit einer Content-Idee aufnehmen.
- Ein Thema mit einer Freundin durchsprechen.

Formuliere dein Mikro-Versprechen in einem Satz:
Ich verpflichte mich, innerhalb der nächsten 48 Stunden ____________ zu tun.

Schritt 3: Siegel mit Herz
Unterschreibe diesen Satz mit deinem Namen - und füge ein Symbol deiner Wahl hinzu: ein Herz, ein Pfeil, eine Welle. Damit gibst du deinem Versprechen Gewicht - nicht im Außen, sondern in deinem Inneren.

Best-of Learnings aus Kapitel 2: Wie lässt du deine Ängste hinter dir?

- **Sichtbarkeit ist eine Entscheidung, kein Zufall.** Wer sichtbar sein will, darf sich zeigen – mit Haltung, Wiederholung und Mut zur Meinung. Halbherzigkeit bringt keine Ergebnisse. Sichtbarkeit beinhaltet ein *ICH* – im Wort und in der Wirkung.
- **Angst ist keine Ausrede, sondern ein Signal.** Blockaden wie *Ich habe nichts zu sagen*, *Ich will nicht aufdringlich sein* oder *Was, wenn niemand reagiert?* sind menschlich, aber entsprechen nicht der Wahrheit. Sie schützen dich nur vor Wachstum. Du kannst sie hinterfragen und auflösen.
- **Angst hat eine Struktur und eine Geschichte.** Kommunikation funktioniert nie ohne Interpretation. Lerne, klar und menschlich zu senden. Missverständnisse sind normal; hab den Mut, dich trotzdem zu zeigen. Deine Blockaden haben eine Geschichte, und du kannst sie neu schreiben. Und: Du bist nicht falsch, nur weil du Angst hast. Du bist auf dem Weg. Und das ist der mutigste Ort, den es gibt.
- **Wissen allein bringt dich nicht in die Umsetzung.** Du weißt längst genug über Social Media. Was dir fehlt, ist die Verbindung zwischen deinem Wissen und deinem Handeln. Die entsteht durch Mut, Klarheit und Kontinuität.
- **Content braucht System, nicht Perfektion.** Ein Post pro Woche reicht nicht. Sichtbarkeit entsteht durch Wiederholung und Präsenz. Deine Kernbotschaften dürfen in verschiedenen Formaten immer wieder auftauchen. Menschen erinnern sich durch Wiederholung.
- **Thought Leadership heißt: Führen, nicht nur posten.** Wenn du in die Sichtbarkeit gehst, wirst du kritisiert werden – und gefeiert. Beides gehört dazu. Leadership bedeutet, den Raum zu halten – auch wenn's unbequem wird. Deine Community wird dich mehr unterstützen, als du denkst.
- **Deine Stimme ist wertvoll – auch ohne Hollywood-Filter.** Ob Video, Live oder Story: Es geht nicht um Perfektion, sondern um Verbindung. Menschen folgen Menschen, nicht Marketing-Maschinen.
- **Es ist unterlassene Hilfeleistung, nicht sichtbar zu werden.** Wenn du eine Lösung hast, die anderen helfen kann, aber du dich nicht zeigst – dann ist das nicht Bescheidenheit. Es ist unterlassene Hilfeleistung. Verkaufen ist dienen – nicht drängen.
- **Tools und KI dürfen dich entlasten.** ChatGPT und Co. sind keine Ausreden mehr, sondern dein kreatives Sparring-Team. *Chattie* denkt mit, sortiert vor, formuliert mit dir. Du darfst ihn nur einarbeiten – wie jedes neue Teammitglied.
- **Klarheit entsteht durch Entscheidungen.** Wenn du Social Media nutzen willst, brauchst du neun klare Jas:
  1. Ja zur Sichtbarkeit
  2. Ja zur aktiven Selbstdarstellung

3. Ja zum Content-Creation-Mindset
4. Ja zum Fokus auf einen Kanal
5. Ja zu funktionierenden Prozessen
6. Ja zum Delegieren und Loslassen.
7. Ja zur Begegnung deiner Angst mit Neugier
8. Ja zur Moßartigkeit
9. Ja zum Vertrauen deiner Stimme

WAS JETZT ZÄHLT: DER BLICK NACH INNEN

Du hast verstanden, dass Sichtbarkeit eine Entscheidung ist – und dass deine Blockaden oft keine Marketingprobleme sind, sondern Mindset-Themen. Doch Erkenntnis allein reicht nicht. Jetzt beginnt die wahre Arbeit: der Weg vom Denken ins Fühlen, vom Wissen ins Verkörpern: Was hält dich wirklich zurück? Was passiert in deinem Inneren, wenn du nach außen treten willst?

Genau darum geht es im nächsten Kapitel. Jessica nimmt dich mit in die Tiefe deiner inneren Welt – dorthin, wo dein Mut entsteht, deine Stimme sich formt und dein Strahlen geboren wird. Bereit, dich selbst zu erkennen – nicht als Rolle, sondern als Kraft? Dann lies weiter.

Kapitel 3:

Mut statt Angst – wie du dein Inneres reflektierst und dein Außen veränderst

Jessica Lackner

Der Wecker klingelt um vier Uhr morgens. Während sich andere noch mal umdrehen, tapse ich im Halbschlaf in die Küche. Mein Kater Amadeus springt aus seinem Körbchen und wartet neben meinen Füßen – mit diesem Blick, der sagt: »Na endlich, Frühstück.« Ich trinke einen Liter lauwarmes Zitronenwasser, wie jeden Tag nach dem Aufstehen. Dann kommt der Kaffee. Leicht, schwarz, kompromisslos. So wie die Entscheidung, dieses Buch zu schreiben. Kein *Vielleicht,* kein *Ich schau mal,* kein *Ich drücke noch mal die Schlummertaste.* Ein klares: *jetzt oder nie.*

Ich klappe den Laptop auf. Der Cursor blinkt. Und mit ihm all die Gedanken, all die Erfahrungen, die ich in den letzten Jahren gesammelt habe.

Von Bühnen, auf denen ich sprach – und solchen, vor denen ich fast weggelaufen wäre.

Von Momenten, in denen ich sichtbar war – und jenen, in denen ich mich selbst zurückgenommen habe.

Von Frauen, die ich begleitet habe – **von der inneren Unklarheit zur äußeren Autorität. Vom zaghaften Start zur souveränen Marke.**

Dieses Buch entsteht nicht, weil ich mich als Expertin inszenieren will. Es entsteht, weil ich weiß, wie es sich anfühlt, wenn du etwas zu sagen hast, aber nicht weißt, *wie.* Wenn du dich zeigen willst, aber du dich nicht traust, weil die Angst schneller ist als der Mut. Wenn du davon träumst, endlich von deiner Leidenschaft leben zu können, aber jeden Tag in der Selbstzweifel-Schleife hängst.

Dieses Buch ist kein Ratgeber. Es ist kein weiteres Kapitel mit »Tu dies, dann passiert das«. Es ist eine Einladung zum mutig sein: zu deiner echten Stimme. Zu deinem Sichtbarwerden. Zu deiner Präsenz. Nicht perfekt. Aber kraftvoll.

Und ja – ich mache es anders. Natalia macht es anders. Wir machen es anders. Ich schreibe dieses Buch nicht auf Knopfdruck, mit Schreibretreat, Lektor und Latte Macchiato. Ich schreibe es frühmorgens, zwischen Zitronenwasser und Katzenfrühstück, bevor meine Tochter Paulina wach wird und mit mir Lotti Karotti vorm Kindergarten spielen will. Ehrlich. Echt. Roh. Weil Sichtbarkeit auch nicht immer glänzt. Manchmal ist sie leise. Manchmal unbequem. Aber immer befreiend – und Befreiung braucht Mut.

Dieses Buch ist nicht nur mein Projekt. Es ist unser Statement. Und wenn du es in den Händen hältst, sollst du dich darin erkennen. In deinen Zweifeln, die wir einst auch hatten. In deinem Mut, der in dir steckt. Und in deiner Stimme, die endlich raus will. Fühlst du dieses »Hell yes« in dir? Dann »Go for it«. Falls noch nicht, braucht es noch eine Geschichte für deinen inneren Shift.

WARUM INNERER WANDEL DER SCHLÜSSEL ZUR ÄUSSEREN SICHTBARKEIT IST

Als ich klein war, dachte ich oft, ich bin erst mutig, wenn ich keine Angst mehr habe. Wenn es einen Satz gibt, den ich meiner Tochter Paulina mitgeben möchte, meinem kleinen Ich oder dir, dann ist es der: *Mut ist keine Abwesenheit von Angst, sondern die Entscheidung, es trotzdem zu tun. Also mach es einfach.*

Das Leben, Erfolg, Business beginnt nicht mit einer perfekten Strategie, bei der wir 127 876-mal darüber nachdenken. Sichtbarkeit beginnt nicht mit einer durchdachten Social-Media-Strategie oder perfekt getimten Posts. Auch wenn das so gepredigt wird. Sie beginnt viel früher, nämlich in einem unsichtbaren Raum, den nur du betreten kannst: in deinem Kopf. In deinen Gedanken, die leise darüber entscheiden, ob du dich zeigen darfst und willst. In deinen Überzeugungen, die bestimmen, wie sehr du an dich glaubst. In deinen Gefühlen, die dich entweder vorantreiben oder zurückhalten.

Mit Sicherheit hast du bereits unzählige Tipps zu Personal Branding, Storytelling und Content-Strategien gehört. Doch wenn da in dir eine Stimme ist, die sagt: *Wer bin ich schon, um gehört zu werden?* oder *Andere machen das doch viel besser als ich …*, dann bleiben all diese Strategien bloßes Papier. Stimmt's?

Genau das ist der Moment, der uns zurückhält. Aber weißt du, wo wahre Sichtbarkeit entsteht? Jedenfalls nicht durch Algorithmen oder Reichweiten-Hacks. Sie entsteht in dem Moment, in dem du deine eigenen Schatten ansiehst – die Angst vor Kritik, die Sorge, nicht genug zu sein, die alten Muster, die dich kleinhalten. Erst wenn du den Mut findest, durch diese Barrieren zu

gehen, beginnt wahrhaftige Sichtbarkeit. Dann wird dein Content nicht nur konsumiert, sondern gefühlt. Dann ist Content-Erstellung nicht mehr schwer, sondern leicht. Dann wird deine Geschichte nicht nur gelesen, sondern sie berührt. Dann trittst du nicht nur nach außen, sondern endlich voll und ganz in deine eigene Größe. Bis dahin sind wir nur ein kleines flackerndes Teelicht unter Millionen anderen Teelichtern. Die zwar posten, aber an den Menschen vorbei schreiben. Die vielleicht Likes bekommen, aber keinen Impact erzielen. Das sollte auf keinen Fall so bleiben, denn in dir steckt etwas Großartiges.

Ich weiß, du hast einiges erlebt in deinem Leben. Vielleicht trägst du auch einen riesengroßen, schweren Rucksack auf deinen Schultern, mit Geheimnissen und Schmerzen, von denen die Welt noch nichts weiß. Mit vielen Erinnerungen und auch Erfolgen, die du gemeistert hast. Ich bin mir sicher, du wärst für viele da draußen eine Inspiration. Eine Mutmacherin. Ein Leuchtturm. Wenn du nur den ersten Schritt gehen würdest… Wenn du den Mut hättest.

Die Wahrheit ist: Deine Gedanken blockieren dich. Sie halten dich zurück. Dein Mindset formt deine Realität. Und dein Innenleben entscheidet, wie und ob du nach außen auftrittst. Lass uns dieses Kapitel gemeinsam durchgehen, um deine innere Transformation zu starten – damit du dein Licht endlich voll strahlen lassen kannst. Denn du bist nicht auf dieser Welt, um unsichtbar zu bleiben.

Sollte es einen Punkt geben, an dem bei dir Schmerz und Verzweiflung hochkommen, einen Punkt, an dem du nicht mehr weiterweißt, melde dich bitte bei uns. Entweder können wir dir helfen, oder kennen die richtige Person für dich. Es braucht dir auch nicht unangenehm sein, denn die gute Nachricht lautet: Wir sind da schon durch.

DIE WELT IST NUR EIN SPIEGEL

Was du im Außen erlebst, ist oft nichts anderes als das Echo deiner inneren Welt. Dein Erfolg. Deine Sichtbarkeit. Die Art, wie andere auf dich reagieren – alles beginnt in dir. Wenn du Angst hast, dich zu zeigen, liegt es nicht an fehlenden Strategien. Nicht an Social Media. Nicht am Algorithmus. Es liegt an dem, was tief in dir wirkt: deinen Überzeugungen über dich selbst. Als würdest du noch mit einem unsichtbaren Gummiband an der Vergangenheit festhängen – und jedes Mal, wenn du vorwärts willst, zieht es dich zurück. Es ist Zeit, es loszulassen. Hast du dich je gefragt:

> **Warum fürchte ich so sehr die Meinung anderer?** → Vielleicht, weil ein Teil von mir glaubt, dass sie recht haben könnten.

- **Warum denke ich, mein Content sei nicht gut genug?** → Vielleicht, weil ich mich selbst nicht für gut genug halte.
- **Warum vergleiche ich mich ständig – und verliere immer?** → Vielleicht, weil da tief in mir ein Gefühl sitzt, nicht zu genügen.
- **Warum will ich es allen recht machen, obwohl das unmöglich ist?** → Und was würde passieren, wenn ich damit aufhöre?

Die Wahrheit ist: Deine Glaubenssätze formen deine Realität. Wenn du glaubst, dass du nicht gut genug bist, wird dir genau das gespiegelt – durch ausbleibende Reaktionen, Unsicherheit oder Angst vor Ablehnung. Plötzlich fühlt sich jedes Schweigen wie Ablehnung an. Jede Meinung wie ein Urteil. Und ohne es zu merken, ziehst du dich zurück – in den Vergleich, den Zweifel, die Unsichtbarkeit.

Ich kenne diesen Moment gut. Anstatt meinen eigenen Weg zu gehen, begann ich zu beobachten: Wer liked? Wer nicht? Warum? Hat die eine Person, die sonst immer reagiert, diesmal nichts geliked? Habe ich etwas falsch gemacht? Und während ich all diese Fragen stellte, verlor ich den Fokus – auf meine Botschaft, meine Community, meine Mission. Ich hörte auf zu leuchten. Und das Schlimmste: Ich war es selbst, die das Licht dimmte.

Heute weiß ich: Sichtbarkeit bedeutet, den Fokus zurückzuholen. Ins Rampenlicht. Weg von den falschen Fragen. Hin zu der einen, die zählt: Diene ich meiner Angst – oder meiner Community? Solange du dich fragst, wer nicht liked oder ob du kritisiert wirst, dienst du nicht den Menschen, die dich brauchen. Du spielst nicht dein Spiel – du wirst gespielt. Von alten Mustern, von Zweifeln, von deiner Vergangenheit.

Echte Sichtbarkeit entsteht erst, wenn du dich entscheidest, weiterzumachen, loszulassen und nicht für alle da zu sein, sondern für die Richtigen. Du bist nicht mehr Mitspielerin. Du bestimmst jetzt die Regeln.

Denn was ist, wenn du gar nicht zu wenig weißt, nicht zu unerfahren, nicht zu gewöhnlich bist, sondern es einfach selbst noch nicht glaubst? Wenn du in dir trägst, dass deine Botschaft wertvoll ist, wirst du anders schreiben. Anders sprechen. Anders auftreten. Du wirst nicht länger ein leiser Name im Rauschen sein, sondern eine Stimme, die berührt. Weil du dich zeigst. Mit allem, was dich ausmacht. Und genau dadurch wirst du gehört.

Was ist Mindset überhaupt?

Mindset bedeutet deine innere Haltung, also wie du über dich, deine Fähigkeiten und die Welt denkst. Es gibt zwei grundlegende Arten:

- **Fixed Mindset:** Du glaubst, deine Fähigkeiten sind festgelegt. Fehler bedeuten Scheitern. Du vermeidest Herausforderungen.
- **Growth Mindset:** Du glaubst, du kannst lernen, wachsen und dich weiterentwickeln. Fehler sind Helfer, um neue Chancen zu erkennen. Du gehst mutig voran.

Es gibt unzählige Mindset-Blockaden – und sie sind alle Bullshit! Hier ein paar echte Aussagen, die mir in den letzten Jahren in meinen Seminaren und Coachings begegnet sind – und die mich jedes Mal fassungslos machen:

- *»Ich bin zu alt für LinkedIn.«* (Robert, Unternehmensberater, 60 Jahre)
- *»Instagram ist doch nur für Fitness-Coaches und Mode-Influencer.«* (Claudia, IT-Projektleiterin, 39 Jahre)
- *»TikTok ist doch nur für Teenager, die tanzen.«* (Andreas, CFO, 41 Jahre)
- *»Wir haben eine Praktikantin, die sich um unser Social Media kümmert.«* (Daniel, Start-up-Mitgründer, 34 Jahre)
- *»Ich bin gerade selbstständig, brauche dringend Kunden – aber meine Partnerin findet es peinlich, wenn ich abends auf Instagram und LinkedIn poste.«* (Marc, Marketing-Coach, 31 Jahre)
- *»Facebook ist doch tot. Da passiert eh nichts mehr.«* – (Julia, selbstständige Fotografin, 39 Jahre)

Die Liste könnte ich endlos weiterführen. Und genau hier trennt sich die Spreu vom Weizen. Denn die eigentliche Frage ist nicht, ob LinkedIn »funktioniert« oder ob TikTok »peinlich« ist. Die Frage ist: *Bist du jemand, der Ausreden sucht – oder jemand, der Ergebnisse liefert?*

Mindset ist kein Hokuspokus. Es ist das Fundament deines Erfolgs. Du kannst das perfekteste LinkedIn-Profil haben, deine Instagram-Ästhetik auf Hochglanz polieren und die neuesten TikTok-Trends studieren; wenn du innerlich denkst: *Ich habe doch nichts wirklich Relevantes zu sagen oder vorzuweisen ...*, dann wird genau das die Energie sein, die du ausstrahlst. Weil dir die Klarheit fehlt. Die Klarheit darüber, was du eigentlich sagen oder anbieten willst. (Die Klarheit bekommst du in Kapitel 5, lass uns hier jetzt erst mal das Fundament legen.) Und genau deshalb reagiert niemand. Genau deshalb bleiben die Kunden aus. Genau deshalb fühlt sich Social Media für dich nach Zeitverschwendung an.

Mindset ist nicht alles; aber ohne Mindset ist alles nichts. Klingt hart? Ist es auch. Du kannst die besten Strategien kennen. Du kannst dein Branding bis ins letzte Detail ausarbeiten. Aber wenn du innerlich noch auf der Bremse stehst, wirst du nie auf voller Strecke fahren. Du bekommst die PS nicht auf die Straße. Wenn du immer noch nach Ausreden suchst, warum »Social Media nichts für dich ist« – go ahead. Aber wundere dich nicht, wenn andere – in *deiner* Branche und mit *deinem* Wissen – die Kunden gewinnen, die längst *deine* sein könnten. Die Wahrheit ist: Sie sind nicht besser! Sie glauben nur mehr an sich als du gerade an dich.

»Denke einfach positiv!«, wird oft gesagt. Klingt nett, hilft aber selten. Denn sich morgens vor den Spiegel zu stellen und »Ich bin erfolgreich« zu sagen, bringt nichts, wenn du dich mittags wieder von deinen Ängsten kleinreden lässt. Es reicht nicht, positiv zu denken. Du musst es mit jeder Körperzelle fühlen und du darfst anfangen, anders zu handeln. Trotz Angst. Trotz Zweifel. Trotz innerem Widerstand. Oder gerade deswegen. Denn dein Mindset ist wie ein inneres Navigationssystem: Es diktiert deine Wahrnehmung der Realität. Es entscheidet, ob du Chancen siehst oder ob du sie dir selbst verbaust. Ob du nach Lösungen suchst oder nach Gründen, warum es »für dich nicht geht«. Und glaub mir, ich kenne diese Schleife: Da ist diese Stimme im Kopf, die flüstert: *Andere können das. Ich nicht.* Oder: *Ich bin noch nicht so weit.* Oder: *Was, wenn ich scheitere?* Und ehe du dich versiehst, hast du schon wieder auf »Zurück« gedrückt, bevor du überhaupt losgegangen bist.

Doch hier kommt's: Du brauchst keine hundert neuen Tools oder eine komplett überarbeitete Strategie. Was du brauchst, ist ein inneres Commitment. Eine Entscheidung. Für dich. Für deine Botschaft. Für deinen Weg. Du brauchst keine Erlaubnis von außen. Du musst dir selbst die Erlaubnis geben. Denn wenn du glaubst, dass du es schaffen kannst, wirst du Wege finden. Wenn du glaubst, dass du es nicht kannst, wirst du Ausreden finden. Dein Mindset und dein innerer Dialog geben die Richtung vor. Wenn du glasklar spürst, wofür du stehst, was du sagen willst und warum du es tust, wirst du plötzlich sichtbar. Nicht nur im Feed, sondern im Herzen der Menschen, die du wirklich erreichen willst. Und ja, das klingt simpel. Aber willst du die Wahrheit wissen? Es ist die härteste Arbeit überhaupt. Nicht am Laptop. Nicht in Canva. Nicht in deiner Caption. Sondern *in* dir. Social Media ist Persönlichkeitsentwicklung – in Echtzeit. Du brauchst keinen Coach, kein teures Seminar, keine neue App. Was du brauchst, ist den Mut, dich zu zeigen. Ehrlich. Roh. Echt. Nicht perfekt, sondern präsent. Nun fragst du dich vielleicht: Wie mache ich das jetzt? Dann kommt hier eine kraftvolle Übung für dich.

Übung: Deine Mindset-Transformation in 5 Schritten

Diese Übung ist kein Journaling – sie ist ein Realitätscheck. Kein Schönreden. Keine Affirmationen. Sondern eine ehrliche Konfrontation mit deinem inneren Status quo.

1. **Was genau hält dich gerade zurück?**
   Schreibe einen Satz, der die Stimme beschreibt, die dich zurückzieht. Nicht schönreden. Authentisch. Roh. Beispiel: »Ich glaube, dass ich nicht gut genug bin, um sichtbar zu sein.«
2. **Woher kennst du diese Stimme?**
   Klingt sie wie du – oder wie jemand aus deiner Vergangenheit? (Lehrerin, Eltern, Ex-Chef?) Erkenne: Die Stimme in dir ist oft nicht deine eigene. Aber sie steuert dich trotzdem.
3. **Was kostet dich dieser Glaubenssatz?**
   Was hast du schon alles *nicht getan*, weil du dieser Stimme geglaubt hast? Was hast du verpasst? Keine Antwort ist keine Option. Schreib es radikal ehrlich auf.
4. **Was wäre möglich, wenn du diese Bremse löst?**
   Nicht theoretisch – konkret. Wen würdest du anziehen? Was würdest du verkaufen? Welche Bühne würdest du betreten?
5. **Dein neuer Befehl an dich selbst:**
   Formuliere einen einzigen, klaren Satz – kein Wunsch, kein Vielleicht. Etwas wie: »Ich zeige mich, weil meine Botschaft größer ist als meine Angst.«

Bonus: Lies diesen Satz jeden Morgen laut vor dem Spiegel – **nicht wie ein Mantra, sondern wie einen Startschuss.**

F*ck-up Story: Der Moment, der alles veränderte

Genau davon – dem Nichthandeln – handelt eine meiner liebsten F*ck-up Stories, die ich hier mit dir teilen werde. Im Anschluss daran findest du zwei mutigere Geschichten, die mich im Inneren um Meilen haben wachsen lassen. Und wenn ich das kann, kannst du das auch.

2014 war ich gerade zwei Jahre als Gastroberaterin am Start und von uns Praktikern gab es nicht viele. Ich war also eine rare Spezies, das machte mich auffindbar. Damals war Xing noch das große Ding und LinkedIn für mich so neu wie Sushi für einen Dorfmetzger. Eines Tages machte mein Handy PING! – eine Nachricht auf Xing war eingegangen. Es war eine dieser Anfragen, bei denen dein Bauch sofort sagt: Oh, das könnte groß werden! Der Text? Unverfänglich nett, aber mit Sprengstoff drin: »Liebe Jessica, wir haben gesehen, du bist in der Gastronomie erfolgreich unterwegs und auch im Coaching. Kannst du am … einen Vortrag halten?«

Ich erst mal: Klar, lass uns telefonieren. Heute würden wir ja zoomen, aber damals war ein Telefonat noch die heilige Pflicht, bevor man sich auf irgendwas einließ. In dem Gespräch klärte sich dann die Dimension der Anfrage: 40 Minuten Vortrag. 1000 Leute im Publikum. Ich? Jessi? Die von der Fritteuse? Vor 1000 Menschen sprechen? Mein Gehirn so: Hahahaha! Auf gar keinen Fall! Mein Herz so: BOOM, BOOM, BOOM – Alarmstufe Rot! Mein Mund? Der sagte einfach: »Nee, da kann ich nicht.« Ohne nachzudenken, lehnte ich ab. Ich ließ eine goldene Chance ziehen, weil ich voller Angst war.

Hattest du schon mal eine Chance, die du aus Angst sausen lassen hast? Weil du dachtest: Ich bin noch nicht bereit? Wenn ich die Zeit zurückdrehen könnte, würde ich meinem früheren Ich ins Gesicht sagen: Bist du bescheuert! MACH ES EINFACH.

Was dich meine F*ck-up Story lehrt: Zögern vermindert nur den Erfolg. Der Schlüssel zur persönlichen und beruflichen Sichtbarkeit ist, trotz Angst, trotz Unvorbereitetheit zu handeln. Fortschritt beginnt auf dem Weg. Nicht an deinem Schreibtisch. Denn hier ist die bittere Wahrheit: Der Moment, in dem du dich zu 100 Prozent bereit fühlst, wird nie kommen. Was aber passieren kann, ist, dass du dich entscheidest, trotz der Angst ins Handeln zu kommen. Denn Mut bedeutet wie gesagt nicht, keine Angst zu haben. Mut bedeutet, es trotzdem zu tun. Durch die Angst zu gehen – und zu gewinnen.

Der verpasste Vortrag hallte noch lange in mir nach. Vor ein paar Jahren habe ich daher eine Entscheidung getroffen: Ich gehe durch die Angst. Ich habe mir eine Liste gemacht mit Dingen, vor denen ich Angst hatte: vor Menschen reden, Fallschirmspringen, meine Wahrheit sprechen. Okay, und vor Spinnen. Und dann? Ich habe es einfach gemacht.

Mutmach-Story: Von Angst zu Adrenalin

Trotz meiner Angst vorm Fallschirmspringen wusste ich immer: Irgendwann springe ich aus einem Flugzeug. 2022 war es dann so weit. Ich lag in Dubai morgens auf dem Balkon, genoss den Sonnenaufgang – und was sah ich? Fallschirmspringer, die an meinem Fenster vorbeizogen wie mutige kleine Vögel. Dieses Schauspiel wiederholte sich Tag um Tag. Nach etwa einer Woche dachte ich: *Jessi, das ist ein Zeichen!* Ich recherchierte Skydive Dubai, las Bewertungen, wollte ein weiteres Zeichen – und BÄM! Nachmittags, mitten in einer Shoppingmall, prangte direkt am Eingang ein RIESENPLAKAT von Dubai Skydiving. Okay, Universum, ich hab's verstanden. Abends buchte ich den Sprung. Kosten? 1000 Euro. Mein Mann so: »Bist du sicher? Was, wenn dir was passiert?« Ich so: »Ich habe schon gebucht.«

Einen Tag vor dem Rückflug bin ich gesprungen. Morgens bereitete ich mich mit einer Meditation vor, visualisierte das Gefühl des Erfolgs nach dem Sprung. Und dann ging alles RASEND schnell. Flugzeug. Film ansehen. Tandempartner kennenlernen. Tür auf. Und dann: freier Fall. Meine Haut flatterte wie eine lose Plane im Wind, meine Ohren wackelten wie Dumbo, als er durch die Manege flog – und dann: Freiheit. Der Blick? Unglaublich. Wüste, Wolkenkratzer, Meer – pure Weite. Ich fühlte mich unaufhaltbar.

Nach zwei, drei Minuten hatte ich wieder festen Boden unter den Füßen – und Millionen Glücksgefühle. Die Angst? War sofort weg gewesen.

Mein Fazit: Wenn die Gefahr größer wird, wird die Angst immer kleiner. Angst ist nur eine Illusion in unserem Kopf.

Eine letzte Story: Vom Schlotterhuhn zur Bühnen-Powerfrau

Ich wusste: Wenn ich beruflich weiterkommen will, brauche ich Kommunikation und Rhetorik-Skills. So was wie 2014 sollte mir nie wieder passieren. NIE. WIEDER. Also ließ ich mich ab 2017 mehrere Jahre lang von unterschiedlichen Trainern zur Speakerin ausbilden. Am Anfang war es eine reine Katastrophe. Ich hatte mehr Angst als ein Huhn, das merkt, dass es zum Sonntagsbraten auserkoren wurde. (Sorry an alle Veganer und Vegetarier, aber ihr wisst, was ich meine.)

Da stand ich, mein Kopf rot wie eine Tomate, mein Puls schneller als ein Techno-Beat. Mein Hirn? Leer. Meine Knie? Wackeliger als ein Pudding auf einer Achterbahnfahrt. Ich war unsicher, weil ich keine Klarheit über mein Thema hatte. Worüber zur Hölle sollte ich überhaupt reden? Mir fehlten Struktur, Inhalt und Übung. Aber anstatt mich in der *Ich bin nicht gut genug*-Höhle zu verkriechen, habe ich mir gesagt: *Jessi, jetzt wird jede Bühne genutzt, die sich bietet!* Seminare? Ja! Social Media? Aber hallo! Fernsehen? Warum nicht! Uni-Vorträge? Her damit! Podcast-Interviews? Let's go! Events, Toastmasters, Marketingclubs? Hier bin ich!

Ich habe jede Gelegenheit genutzt, um zu üben. Ich wurde immer sicherer, probierte Neues aus und entdeckte meine Stimme. Ich entfachte meine Freude. Und die Angst? Sie hat sich verabschiedet. Nicht einfach so – nein. Aber ich habe ihr den Mittelfinger gezeigt und gesagt: »Ich mach es trotzdem.« Und dann hat sie sich verwandelt: in Aufregung. Diese Energie ist mittlerweile mein Brandbeschleuniger. Mein Turbo. Mein Power-Boost.

Powerteam Herz, Verstand und Hand

Was dich diese Geschichte lehrt? Mindset ist nicht alles; erst die Synchronisation von Kopf, Herz und Hand bringt echte Kraft. Viele denken: Wenn ich nur positiv denke und ein gutes Mindset habe, wird alles gut. Aber das ist nur ein Teil des Puzzles. Egal wie positiv dein Mindset ist, es reicht allein nicht. Erfolg entsteht, wenn dein Denken (Verstand), dein Fühlen (Herz) und dein Handeln (Hand) im Einklang sind. Dein Kopf analysiert. Dein Herz träumt. Deine Hand setzt um. Wenn du nur im Kopf bist, bleibst du im Zweifel. Wenn du nur im Herzen bist, bleibst du im Wunsch. Wenn du nur handelst, ohne innere Ausrichtung, verlierst du dich im blinden Aktionismus.

Warum so viele scheitern? Weil Kopf und Herz gegeneinander arbeiten:

Herz: *Ich will sichtbar sein.*

Kopf: *Aber was, wenn ich abgelehnt werde?*

Herz: *Ich bin gut.*

Kopf: *Aber was, wenn mich keiner bucht?*

Diese innere Blockade hält dich zurück – trotz all deines Wissens. Der Schlüssel lautet: Synchronisiere deine Gedanken mit deinen Gefühlen und handle dann aus dieser Einheit heraus. Mit anderen Worten, die drei Elemente für echte Disziplin und Umsetzungskraft sind:

- **Herz – dein Warum:** Leidenschaft ist der Treibstoff. Ohne Herz fehlt die Ausdauer.
- **Verstand – dein Fokus:** klare Ziele, klare Prioritäten. Dein Verstand bringt Struktur.
- **Hand – dein Tun:** Warte nicht. Handle. Tun bringt Klarheit – nicht das Grübeln.

Frage dich deswegen nicht nur: *Was denke ich?* oder *Was fühle ich?*. Frage dich: *Bin ich im Einklang mit mir selbst – im Kopf, im Herz und in der Handlung?* Denn das unterscheidet Träumende von Umsetzenden. Die Magie liegt in der Verbindung. Die folgende Übung zeigt dir, wie du da hinkommst:

Übung: Verstand, Herz und Hand verbinden

- **Schritt 1: Visualisiere deine erfolgreichste Version.**
  Schließe für einen Moment die Augen. Sieh dich selbst – selbstbewusst, klar, kraftvoll. Stell dir vor, wie du deine Traumkundinnen und -kunden begeisterst. Wie du auf einer Bühne stehst oder deine Story postest, während Menschen

dich feiern und sagen: »Genau das habe ich gebraucht.« Spürst du es? Dieses Gefühl von Durchbruch, Präsenz, Freiheit? Verankere dieses Gefühl. Lass es real werden. Denn dein Unterbewusstsein kennt keinen Unterschied zwischen Vorstellung und Wirklichkeit – also nutze das zu deinem Vorteil. Verstärke es, indem du mit dieser Energie zu deinem Lieblingssong tanzt.

- **Schritt 2: Lade Affirmationen mit Emotion auf.**
  Ein Satz wie *Ich bin erfolgreich* bringt wenig, wenn du ihn leblos dahinmurmelst. Aber wenn du ihn *fühlst, atmest, verkörperst*, wird er zu deinem Antrieb. Atme tief ein. Stell dich aufrecht hin. Sag mit voller Überzeugung: *Ich erlaube mir, sichtbar zu sein. Meine Botschaft verändert Leben. Ich bin ein Menschenmagnet.* Je öfter du das sagst – mit Emotion, mit Körper, mit Tiefe –, desto mehr programmierst du dich auf das, was möglich ist.
- **Schritt 3: Verkörpere es durch Handlungen.**
  Du musst nicht gleich ein riesiges Live-Webinar geben. Manchmal beginnt alles mit einem einzigen Schritt: Poste deine Meinung – auch wenn deine Stimme zittert. Geh live – auch wenn du noch nicht »perfekt« vorbereitet bist. Teile deine Vision – auch wenn du Angst vor Ablehnung hast. Denn je öfter du handelst, desto natürlicher wird es. Dein Mut wächst mit jeder Entscheidung, trotz deiner Angst zu handeln.

VIER KERNPRINZIPIEN, DIE DICH ZURÜCKHALTEN – UND WIE DU SIE ÜBERWINDEST

Jetzt hast du schon so oft gelesen, dass es darum geht, sichtbar zu werden. Vielleicht fühlst du dich auch schon bereit, dennoch spürst du eine Mauer zwischen deiner inneren und äußeren Sichtbarkeit. Eines ist klar: Du willst mit deiner Stimme etwas bewegen. Du hast eine Botschaft, die raus in die Welt will. Und doch – jedes Mal, wenn du kurz davor bist, den nächsten Schritt zu machen, passiert es: Du willst einen Post schreiben, doch plötzlich erscheint dir alles banal. *Das gibt es doch schon tausendmal ...*, flüstert die innere Stimme. Du spielst mit dem Gedanken, ein Buch zu schreiben, doch dann denkst du: *Wer bin ich, um darüber zu schreiben? Es gibt so viele, die das schon getan haben.* Du planst ein Live-Video, aber die Angst vor Kritik meldet sich: *Was, wenn niemand zusieht? Oder noch schlimmer – was, wenn jemand zusieht und mich peinlich findet?* Du möchtest endlich dein Angebot verkünden, doch kurz bevor du auf »Veröffentlichen« klickst, schießt dir durch den Kopf: *Bin ich überhaupt gut genug? Und wer soll das überhaupt kaufen?*

Diese Muster sind kein Zufall. Sie sind das Ergebnis tief verankerter Überzeugungen, die dich unbewusst kleinhalten. Stell dir vor, du läufst einen Marathon. 42 Kilometer. Du hast trainiert, du hast dich vorbereitet, und doch ist jeder Schritt mühsam. Warum? Weil du ein fest gespanntes Gummiband zwischen deinen Beinen hast. Mit jedem Schritt nach vorn zieht es dich zurück. Es kostet dich unfassbar viel Energie, weiterzukommen. Jeder Meter wird zur Qual. Genau das passiert, wenn deine inneren Blockaden dich zurückhalten. Deine negativen Gedanken sind dieses unsichtbare Gummiband. Die Angst vor Kritik, die Zweifel an deinem Wert, die Frage, ob du gut genug bist – all das bremst dich aus. Und weißt du, was das Schlimmste daran ist? Es ist nicht die Strecke, die dich erschöpft. Es sind die Widerstände, die du selbst in dir trägst.

Was wäre, wenn dieses Gummiband gar nicht real ist? Was wäre, wenn du es durchtrennen kannst? Wenn du endlich in deinen vollen Laufmodus kommst – ohne Bremse, ohne Zweifel, ohne Rückhalt? Genau das machen wir jetzt. Wir entlarven die vier Kernprinzipien, die dich unsichtbar halten, und zeigen dir, wie du sie endgültig shiften kannst. Denn dein Platz ist nicht am Rand – dein Platz ist auf der Social-Media-Bühne.

Bewertungsangst – warum dich nicht jeder mögen muss

Die Furcht vor der Beurteilung durch andere ist ein tief verwurzeltes Phänomen, das viele Menschen daran hindert, sich authentisch zu zeigen und ihre Stimme zu erheben. Diese Angst kann ihren Ursprung in verschiedenen Lebensphasen und Erfahrungen haben, insbesondere in der Schulzeit. Sie kann auch durch traumatische[6] Erlebnisse entstehen, wie meine persönliche Geschichte zeigt.

Als Kind erlebte ich über mehrere Jahre sexuellen Missbrauch. Als ich versuchte, darüber zu sprechen, wurde mir nicht geglaubt. Dieses traumatische Erlebnis führte dazu, dass ich mich zurückzog und meine Stimme verlor. Ich

---

6 Ein seelischer Zustand, der entsteht, wenn das emotionale Verarbeitungsvermögen überfordert ist. Laut Gabor Maté kann Trauma nicht nur durch das entstehen, was passiert ist, sondern auch durch das, was *nicht* passiert ist – etwa fehlende Sicherheit, Nähe oder Fürsorge.

dachte: *Mir glaubt ja niemand, was ich sage.* In der Folge bekam ich dann oft zu hören: »Du bist immer so ruhig.«

Dieses Muster setzte sich auch in meiner Schulzeit fort: Ich hatte stets das Gefühl, nicht gut genug zu sein. Das ständige Gefühl der Bewertung verstärkte meine Angst, meine Meinung zu äußern. Also meldete ich mich nicht mehr und traute mich kaum, vor der Klasse zu sprechen. Ich war einfach ruhig, machte nur das Nötigste und achtete darauf, dass ich keine Angriffspunkte bot.

Diese Bewertungsangst begleitete mich bis ins Erwachsenenalter. Ich hatte große Angst davor, vor Menschen zu sprechen. Das alte Muster griff nach wie vor: *Warum sollten mir andere glauben, was ich erzähle?* Ebenso zögerte ich auf Social-Media-Plattformen, meine Gedanken zu teilen, aus Furcht vor negativer Beurteilung.

Ein häufiges Phänomen bei traumatisierten Personen ist die Verdrängung, ein Abwehrmechanismus[7], der dazu dient, schmerzhafte Erinnerungen aus dem Bewusstsein fernzuhalten. So war es auch bei mir. Ich glaubte einfach jahrelang, dass ich Angst vor dem Sprechen vor Menschen habe. Wie du an dieser Stelle bereits weißt, stellte ich mich dieser Angst irgendwann, indem ich mich ausbilden ließ. Mit der Zeit – so ist es bei allem – gewinnt man an Übung und wird besser. Doch mir fehlte der Tiefgang, das Storytelling. Meine Wahrhaftigkeit. Ich trug lange eine Maske, weil ich nicht zu meinem tiefsten Kern vordringen wollte.

Dies geschah erst viel später und nicht aus freien Stücken. Erst als ich Co-Trainerin in einem Seminar war, brachen alle Erinnerungen und Gefühle in einer Nachtübung mit den Teilnehmenden wieder hervor. Stell dir vor, es brodelt in einem Vulkan, und plötzlich bricht dieser aus – voller Wut und Tränen. Es kostete mich zwei Jahre emotionale Achterbahnfahrt. Das war der Moment, in dem mir plötzlich alles egal war und ich auf Social Media tat, was ich wollte. Ich war wie ein Samurai, der mit seinem Schwert durch Social Media fegte, während alle sich fragten, was ich da jetzt machte. Doch es führte mich zu meinem wahren Selbst.

Heute weiß ich, traumatische Erlebnisse sind nichts, was wir allein bewältigen müssen. Um Menschen mit solchen Erfahrungen besser zu helfen,

---

7 Ein psychologischer Schutzmechanismus, mit dem unser Unterbewusstsein versucht, unangenehme Gefühle, Konflikte oder innere Spannungen abzumildern. Diese Reaktionen laufen oft automatisch ab – zum Beispiel durch Verdrängung, Projektion oder Rationalisierung – und dienen dazu, unser Selbstbild und emotionales Gleichgewicht zu bewahren.

mache ich dazu eine Ausbildung. Falls es dir ähnlich geht wie mir, empfehle ich dir von Herzen: Hol dir Hilfe. Es gibt Menschen, die dich begleiten und unterstützen können. Niemand sollte diesen Weg alleine gehen.

So überwindest du deine Bewertungsangst

Akzeptiere, dass du nicht für alle da bist, sondern nur für die, denen du helfen kannst. Nicht jeder wird dich mögen – und das ist vollkommen in Ordnung. Deine Inhalte sind für die Menschen, die von deiner Botschaft profitieren. Fokussiere dich auf sie, nicht auf die, die dich sowieso nicht verstehen wollen. Lass los, was du nicht kontrollieren kannst. Du kannst nicht steuern, wie andere dich wahrnehmen oder was sie über dich denken. Aber du kannst steuern, wie du darauf reagierst. Erinnere dich: Die Meinung anderer definiert nicht deinen Wert.

Erinnerst du dich an die Angst-zerlegen-Methode aus Kapitel 2? Nimm dem Worst-Case-Szenario die Dramatik und frage dich: *Was ist das Schlimmste, was passieren kann? Ist es e*in blöder Kommentar? Ist es, dass jemand nicht deiner Meinung ist? Oder dass ein Beitrag wenig Reaktionen bekommt?

Und dann frage dich: *Würde ich daran zerbrechen? Wahrscheinlich lautet deine Antwort auf diese Frage Nein. In den meisten Fällen sind die Ängste, die uns zurückhalten,* viel größer in unserem Kopf als in der Realität.

Eine weitere Strategie, um die Bewertungsangst zu überwinden, besteht darin, dich bewusst kleinen Bewertungen auszusetzen. Trainiere dein Nervensystem, mit (konstruktiver) Kritik umzugehen: Poste eine Meinung, auch wenn sie polarisieren könnte. Stelle eine These in den Raum, auch wenn sie hinterfragt wird. Erzähle eine persönliche Geschichte, auch wenn sie dich angreifbar macht.

Jede bewältigte Bewertung stärkt deine innere Widerstandskraft. Feiere deinen Mut – nicht nur das Ergebnis. Nicht die Likes oder Kommentare zählen, sondern dass du dich gezeigt hast. Jedes Mal, wenn du dich trotz Angst sichtbar machst, wächst du. Feiere das, egal, ob es große oder kleine Schritte sind.

Merke

Bewertungsangst ist ein Muskel, den du trainieren kannst. Je öfter du dich zeigst, desto weniger Macht hat diese Angst über dich. Also: Drück auf »Posten« – und dann geh raus und leb dein Leben.

Perfektionismus – warum gut genug besser ist als perfekt

Perfektionismus ist die schickste Ausrede, um nicht loszulegen. *Ich bin noch nicht bereit. Ich brauche noch ein besseres Mikro. Ich sollte erst einen Kurs belegen. Ich brauche erst eine Website. Ich brauche erst eine Landingpage, um verkaufen zu können. Ich brauche erst Visitenkarten und Logo.* – STOPP! Das ist nichts anderes als Angst in einem eleganten Mantel.

Hast du schon mal einen makellosen Instagram-Post gesehen, der null Reaktionen bekommen hat? Oder ein »unperfektes« Video, das viral ging? Genau das passiert täglich. Menschen lieben Authentizität, nicht Perfektion. Perfektion erschafft Distanz – Echtheit verbindet.

Perfektionismus ist in der Realität nur eine Falle, die Zeit frisst. Ich erinnere mich noch genau an meine Anfänge, als es noch keine KI gab, die Rechtschreibfehler ausbessern konnte. Und es gab tatsächlich Leute, die sich nur darauf konzentrierten, Fehler zu finden. Ich bekam Nachrichten wie: »Da fehlt ein Komma in Satz 2.« »Grammatikalisch ist das nicht korrekt.« »In Satz 3, Wort 6 hast du dich vertippt.« Und während sie ihre Zeit mit Fehlersuche verbrachten, baute ich eine Reichweite auf, verband mich mit Menschen und wurde sichtbar.

Kennst du diese Menschen, die ewig mit Vorbereitungen beschäftigt sind, anstatt einfach loszulegen? Erst eine Website bauen. Dann Visitenkarten drucken lassen. Ein Logo entwerfen, Farbdesign wählen, professionelle Fotos machen ... Und während sie sich monatelang mit diesen Details aufhalten, haben andere längst ihre Community aufgebaut und verkaufen bereits. Denn Erfolg kommt nicht von Perfektion, sondern von Umsetzung.

So überwindest du Perfektionismus

Verstehe, dass Perfektion nicht existiert. Es gibt immer etwas zu verbessern. Aber wenn du wartest, bis alles perfekt ist, wirst du nie starten. Poste bewusst einen unperfekten Beitrag. Mach ein Foto ohne Filter. Schreib einen Post, ohne ihn zehnmal umzuschreiben. Lasse auch den Fehler stehen, und verbessere ihn nicht, wenn du schon gepostet hast. (Mag der Algorithmus gar nicht.) Beobachte, was passiert. Spoiler: Die Welt dreht sich weiter.

Zudem kannst du die 80/20-Regel nutzen. 80 Prozent deiner Ergebnisse kommen von 20 Prozent deiner Bemühungen. Konzentriere dich auf das Wesentliche. Mach es gut, aber verschwende keine Wochen an Details, die niemand bemerkt. Sag dir: *Fertig ist besser als* perfekt. Erfolg kommt von Handeln, nicht von Warten. Während du noch feilst, gehen andere raus und machen es einfach. Und genau die gewinnen am Ende. Besser unperfekt gestartet, als perfekt gewartet. Also, was wirst du heute tun? Warten – oder einfach machen?

Vergleiche – wie du dich von anderen inspirieren lässt, anstatt dich verunsichern zu lassen

Ein Fehler, den viele machen, ist folgender: Sie öffnen Social Media, um zu posten – doch ehe sie sichs versehen, landen sie in der Vergleichsfalle. Plötzlich tauchen unzählige Beiträge auf: Wow, tolles Bild! Krasser Erfolg – schon wieder eine Auszeichnung! Wie professionell die sich präsentieren! Und anstatt dich zu zeigen, fühlst du dich kleiner. Du fragst dich, warum du überhaupt posten solltest, wenn andere es scheinbar besser machen.

Hier kommt die unbequeme Wahrheit: Du vergleichst dich nicht mit echten Lebenswegen, sondern mit der Hochglanzversion anderer. Mit gefilterten Erfolgsstorys. Mit perfekt inszenierten Bildern. Aber weißt du, was du nicht siehst? Die Nächte voller Selbstzweifel. Die gescheiterten Launches. Die Tränen hinter geschlossenen Türen. Die Momente, in denen sie aufgeben wollten.

Und ja, wir sagen es, wie es ist. Und nein, wir machen es nicht so: Viele »Auszeichnungen« und »Experten«-Titel? Kann man kaufen. Presseartikel? Gekauft. Follower und Reichweite? Auch oft: gekauft. Doch das erzählt dir niemand. Denn die Illusion vom »mühelosen Erfolg« verkauft sich besser als die echte Reise.

Vergleichen ist nicht das Problem. Das tun wir alle. Aber wie du vergleichst, ist entscheidend. Wenn du dich mit der polierten Außenwelt misst, während du deine eigene innere Baustelle betrachtest, verlierst du immer. Vergleiche dich nicht mit dem Endprodukt anderer, sondern mit deiner eigenen Entwicklung. Wo standest du vor einem Jahr? Was hast du überstanden, was andere nie sehen werden? Die Wahrheit ist: Echtheit hat Tiefe. Und Tiefe gewinnt auf Dauer.

Nutze Vergleiche nicht, um dich runterziehen zu lassen, sondern um einen Gang höher zu schalten. Blicke von nun an mit einem neuen Blickwinkel auf diese Posts. Ganz ehrlich? Das machen alle Großen. Sie scrollen durch die Inhalte – meist von kleineren Accounts –, ziehen sich dort Ideen und Inspirationen heraus, blasen das einfach mehr auf, polieren es, bringen ein bisschen persönliches Storytelling rein … und schon ist es ihr Post. Also statt dich kleinzumachen, frage dich: Was kann ich von diesem Beitrag lernen? Wie kann ich ihn auf meine Weise interpretieren? Wie kann ich daraus eine eigene Story kreieren? Das ist der Unterschied zwischen den Erfolgreichen und denen, die in der Vergleichsfalle stecken bleiben.

So nutzt du Vergleiche als Inspiration

Erinnere dich daran, dass jeder mal bei null angefangen hat. Auch die »Großen« hatten ihre ersten wackeligen Posts. Du siehst heute ihre Perfektion, aber nicht die Jahre harter Arbeit dahinter.

Fokussiere dich auf dich. Vergleiche lenken dich von deinem eigenen Weg ab. Frage dich stattdessen: *Was kann ich heute tun, um weiterzukommen?*

Lass dich inspirieren. Anstatt dich von anderen runterziehen zu lassen, analysiere, was sie gut machen – und lerne daraus.

Setze Grenzen für deinen Social-Media-Konsum. Mach eine Social-Media-Detox-Woche oder setze feste Zeiten für dein Scrollen. Manchmal brauchst du Abstand, um dich wieder auf deinen eigenen Weg zu konzentrieren.

Erfolg kommt nicht vom Vergleichen – sondern vom Machen. Also hör auf, dich klein zu denken, und fang an, deine eigene Geschichte zu schreiben.

Mikrotipp für den Alltag

Finde einen Post, der dich richtig catcht – sei es wegen des Aufbaus, des Flows oder der Wortwahl. Dann sag einfach zu ChatGPT: »Hey Chattie, kannst du bitte mein Thema [hier dein Thema und Text] in folgendem Stil schreiben? [kopiere den Beitrag rein, der dir gefällt.] Und zack – du bekommst deinen eigenen Text, in genau diesem Vibe, nur mit deiner Message. Empfehlung: Poste ihn nicht 1:1, sondern gehe nochmal in die feine Justierung, damit es wirklich »dein« Text ist.

Selbstzweifel – wie du deine innere Kritikerin besiegst

Stell dir vor: Auf deiner linken Schulter sitzt ein zartes, liebevolles, blondes Engelchen. Leise, aber bestimmt flüstert es dir zu: »Zeig dich. Mach es. Deine Idee ist gut. Du bist bereit.«

Doch auf deiner rechten Schulter hockt ein breitschultriger, energiegeladener Teufel mit verschränkten Armen. Seine Stimme? Laut, überzeugend, bestimmend: »Heute ist nicht der richtige Tag. Du bist nicht vorbereitet. Du hast Wichtigeres zu tun – Rechnungen, Haushalt, Familie. Und überhaupt:

Nach 18 Uhr brauchst du nichts mehr posten – da ist doch Family-Time! Setz dich lieber aufs Sofa, gönn dir Netflix und scroll durchs Leben der anderen. Posten? Kreieren? Mach's morgen.«

Kennst du diesen inneren Zwiespalt? Willkommen in der Daily Soap deines Kopfes: *Engelchen vs. Teufel – Staffel 358, Folge 947.* Spoiler: Der Teufel hat leider oft die lautere Stimme. Aber hier kommt die Wahrheit: Dieser Teufel ist kein Feind. Er ist ein uralter Schutzmechanismus deines Gehirns – dein innerer Kritiker, der dich davor bewahren will, aufzufallen. Sein Job: Sicherheit. Dein Ziel: Freiheit. Und dazwischen liegt der Gamechanger: Bewusstsein. Denn Wachstum findet niemals in der Komfortzone statt. Schon gar nicht mit Chips auf der Couch – und dem Teufel im Ohr.

Der Schlüssel liegt nicht im Kampf, sondern in der Erkenntnis: Du bist nicht diese Stimme. Du bist die, die entscheidet, wem sie zuhört. Je öfter du dem Engel zuhörst – dieser leisen, aber wahrhaftigen Stimme –, desto stärker wird er. Bis er eines Tages laut genug ist, um dich daran zu erinnern: »Du bist bereit. Du bist gut genug. Jetzt ist deine Zeit.«

Es gibt übrigens diverse Studien und Erkenntnisse zum Thema Selbstzweifel. Vielleicht kennst du das Impostor-Syndrom: Viele Menschen – besonders Frauen – glauben, ihre Erfolge seien reiner Zufall. Statt Kompetenz sehen sie Glück. Und auch in der Chefetage sind Selbstzweifel verbreitet: Rund 30 Prozent der Führungskräfte in Deutschland zweifeln regelmäßig an sich und ihrer Rolle. Du siehst also: Du bist nicht allein.

So überwindest du deine Selbstzweifel

Hier kommen ein paar Tipps, wie du deine Selbstzweifel überwindest:

- **Dokumentiere deine Erfolge.** Führe ein Erfolgsjournal. Schreib dir täglich drei Dinge auf, die du gut gemacht hast. Dein Gehirn braucht Beweise. Gib sie ihm!
- **Enttarne deine Zweifel.** Frage dich ehrlich: *Beruhen meine Zweifel auf Fakten – oder sind sie bloß ein alter Glaubenssatz, den ich übernommen habe?*
- **Handele trotz deiner Angst.** Noch einmal: Mut heißt nicht, keine Angst zu haben. Mut heißt, es trotzdem zu tun.
- **Sprich mit dir wie mit deiner besten Freundin.** Würdest du zu ihr sagen: »Du kannst das nicht«? Eben.

Mini-Übung: Wie du den Teufel auf deiner Schulter entwaffnest

Du brauchst dafür kein Schwert. Nur drei ehrliche Schritte:
Schritt 1: Erkenne ihn. Schließ die Augen. Spür in dich rein. Welche Sätze flüstert dein innerer Teufel? Notiere sie. Ungefiltert. Zum Beispiel:

- »Du bist noch nicht bereit.«
- »Du wirst ausgelacht.«
- »Du bist nicht gut genug.«

Schritt 2: Kontere mit Wahrheit. Jetzt hol deinen Engel auf die Bühne. Was würde dein zukünftiges Ich sagen? Oder deine beste Freundin? Zum Beispiel:

- »Ich bin bereit genug, um anzufangen.«
- »Ich muss nicht perfekt sein, um wirksam zu sein.«
- »Meine Wahrheit hat Kraft, gerade weil sie echt ist.«

Schritt 3: Handle – sofort! Ein Reel. Ein Post. Eine Story. Egal, wie klein – geh los. Jetzt. Denn jede Handlung gegen deinen Zweifel ist ein Schlaglicht auf deine Stärke.

WENN DEIN THEMA SICH ÄNDERT – ABER DEIN WERT BLEIBT

Nach meiner intensiven Traumareise war klar: Ich konnte nicht mehr zurück. Nicht in mein altes Thema. Nicht in meine alte Rolle. Nicht in die Energie, die mich einst stark gemacht hat – und jetzt nur noch lähmte.

Mitarbeitende zu Fans machen? Ein Satz, der früher mein Markenzeichen war, fühlte sich plötzlich fremd an. Jeder Vortrag darüber war wie ein innerer Krampf. Ich stand auf der Bühne – äußerlich souverän, innerlich taub.

Und dann kam er: **mein Teufel.** Der innere Kritiker, der flüsterte: »Jessi, du kannst doch jetzt nicht einfach aufhören! Das ist dein Signature-Thema. Das erwarten die Leute. Und Social Media? Sichtbarkeit? Du bist doch selbst erst am Anfang. Wer soll dir das abkaufen?«

Ich war gefangen zwischen äußerem Erfolg und innerer Wahrheit. Und das Schlimmste? Das Engelchen auf der anderen Schulter – war viel zu leise.

Was mir in diesem Moment gefehlt hat, war keine Strategie. Es war jemand, der mich erinnert. An meinen Wert. An meine Essenz.

Natalia war dieser Mensch. Sie sagte nicht einfach: »Mach was Neues.« Sie fragte mich: »Was bleibt, wenn du alles loslässt, was dir nicht mehr dient?«

Und ich wusste: Ich bleibe.

Ich musste nicht alles niederbrennen – nur die Schaufenster-Deko austauschen. Ich durfte neu sortieren. Ehrlicher. Klarer. Mehr ich.

Natalia hat mich ermutigt, mich auf die Frauen zu fokussieren, die ich sowieso schon am liebsten begleite: selbstständige Unternehmerinnen. Ich hatte an den Führungskräften festgehalten – aus Sicherheit, aus Angst, aus Gewohnheit.

Und ja, damit kamen auch **Selbstzweifel.**

Was, wenn ich nicht mehr gebucht werde?

Was, wenn mein Thema nicht mehr reicht?

Was, wenn ich einfach nicht mehr gut genug bin?

Und genau hier liegt einer der größten Denkfehler: **Nur weil du etwas loslässt, heißt das nicht, dass du jemanden ausschließt.** Wir denken oft, wir müssten alle ansprechen – um niemanden zu verlieren. Doch das Gegenteil ist wahr: Seitdem ich klar bin in meiner Ausrichtung, kommen **trotzdem** Führungskräfte, Männer, große Teams.

Warum?

Weil sie sich gesehen fühlen. Weil Klarheit anzieht.

Durch Human Design habe ich verstanden, warum ich nicht für ein einziges Lebensthema hier bin.

Ich bin ein **Manifesting Generator (Profil 4/6)** – mein Design ist Wandel. Bewegung. Transformation und Netzwerken, bzw. Community.

Ich darf mich neu erfinden. Ich **muss** mich neu erfinden, wenn ich nicht stagnieren will.

Und genau das ist heute mein Business:

Ich verkaufe kein Thema – **ich verkaufe Bewegung. Echte Transformation.**

Menschen folgen mir nicht, weil ich mich festlege. Sie folgen mir, weil ich loslasse, **bevor etwas mich festhält.**

Und dann kam der Beweis.

Matthias. Gastro-Profi. Verzweifelt. Ausgebrannt. Kein Team. Keine Bewerbungen – trotz 4-stelligem Ad-Budget.

Er schrieb mir auf Instagram. Irgendwas in meinen Worten hatte ihn getriggert – positiv. Er fühlte: »Die kennt meinen Schmerz.«

Er wollte sofort loslegen. Ich fragte:

»Kannst du dich zeigen? Videos machen? Authentisch sein?«

Seine Antwort: »Keine Zeit. Kein Plan. Kein Selbstvertrauen.«

Meine Antwort:

»Dann mach es einfach – oder lass es bleiben. Aber dann kann ich dir nicht helfen.«

Er entschied sich fürs Machen.

- 14 Tage später: 4 Bewerbungen
- 3 Monate später: 12 neue Mitarbeiter
- 10 Monate später: Urlaub mit Frau und Kind – während sein Team den Laden rockt
- Live in meinem Podcast sagte er: **»Du hast mir geholfen, die richtigen Menschen zu finden – und endlich wieder zu atmen.«**

Und wenn du jetzt denkst, das war der letzte innere Saboteur – nope. Wir sind noch nicht am Kern.

Selbstzweifel sind nur die Oberfläche. Darunter liegt eine viel perfidere Angst: **die Angst, dass du nicht genug bist. Als Mensch. Nicht als Marke.**

Und genau da geht's jetzt weiter.

Und wenn du nun denkst, das war's mit den inneren Saboteuren – nope. Wir sind noch nicht am Kern. Selbstzweifel sind oft nur die Oberfläche. Darunter liegt etwas, das noch viel perfider wirkt: die Angst, dich zu zeigen – wirklich. So, wie du bist. Ohne Filter. Ohne Perfektion. Ohne Strategie. Es ist die Angst, dich lächerlich zu machen. Die Angst, dass jemand über dich lacht, dich belächelt, dich nicht ernst nimmt. Vielleicht sogar dich ablehnt – nicht wegen deiner Message, sondern wegen deiner Person.

Und genau das führt uns zum nächsten Punkt. Denn bevor du dich wirklich frei zeigen kannst, musst du eine ganz bestimmte Frage ehrlich beantworten: *Was glaubst du eigentlich wirklich über dich?* Denn der innere Teufel kann nur so laut sein, wie du es zulässt. Und der Schlüssel, um ihn endgültig zu entmachten, liegt in deinem Selbstbild.

WIE DU WIRKLICH ÜBER DICH DENKST UND FÜHLST

Wenn Selbstzweifel die Tür blockieren, ist dein Selbstbild der Schlüssel. Vielleicht denkst du jetzt: *Okay, ich hab's verstanden. Der innere Teufel ist laut – aber ich bin stärker. Ich darf losgehen.* Doch kaum hast du diesen Entschluss gefasst, klopft sie wieder an – diese eine Angst, die fast jeder kennt, aber kaum jemand zugibt: *Was, wenn andere mich auslachen – nicht für das, was ich sage, sondern einfach, weil ich es sage?*

Diese Angst sitzt tiefer. Sie geht nicht nur gegen deine Idee – sie geht gegen dein Sein. Und genau deswegen ist jetzt der richtige Moment für den nächsten Schritt. Denn bevor du rausgehst, bevor du dich zeigst, bevor du sichtbar wirst, darfst du dich fragen: *Was glaube ich eigentlich wirklich über mich selbst?* Denn Sichtbarkeit beginnt nicht beim ersten Post, sondern beim ersten Gedanken. Und das ist der Punkt, an dem sich entscheidet, wie du dich selbst siehst. Und was du dir zutraust.

Angst vor Lächerlichkeit – der unsichtbare Traumkiller

Weißt du, was die meisten Menschen wirklich aufhält? Es ist nicht mangelndes Talent. Es sind auch nicht fehlende Ressourcen. Es ist die Angst, sich lächerlich zu machen. Auf dem Weg zum Erfolg führt fast kein Weg an der »Lächerlichkeit« vorbei. Wenn du aus deiner Komfortzone trittst, kommst du in Situationen, die sich unangenehm anfühlen. Unbeholfen. Wackelig. Und genau hier geben viele auf. Nicht, weil sie es nicht könnten, sondern weil sie denken: *Was, wenn das jemand sieht? Was, wenn ich mich blamiere? Was, wenn ich nicht souverän wirke?* Also zögern sie. Tasten sich vorsichtig vor. Stoppen. Gehen zurück. Und genau dadurch wirken sie erst recht unsicher. Denn wer sich klein macht, fällt mehr auf als jemand, der mutig geht.

Die Lösung? Mut ist lauter als Angst. Entschlossenheit überstrahlt Unsicherheit. Augen zu und durch. Denn am Ende zählt nicht, was andere denken. Es zählt, dass du gehst. Kein Satz hat mehr Träume zerstört als *Was sollen die Leute denken?*

Realitäts-Check: Was glaubst du über dich?

Stell dir vor, dein Mindset ist wie ein Haus. Ein schönes, großes Anwesen, mit Platz für all deine Ideen, Visionen und Träume. Aber jemand hat dir alte, kaputte Möbel reingestellt. Wackelige Sessel voller Selbstzweifel. Regale mit dem Ballast anderer Meinungen. Und mitten im Raum ein Tisch, bedeckt mit Zetteln: »Ich bin nicht gut genug.« »Ich weiß zu wenig.« »Ich bin noch nicht bereit.« Und genau in diesem Chaos versuchst du, sichtbar zu werden. Ein Business aufzubauen. Erfolg zu leben. Hier kommt die Wahrheit: Du kannst kein kraftvolles Leben auf einem Fundament aus Zweifeln errichten.

Jeder Mensch hat Gedanken, die immer wiederkehren. Einige davon pushen dich, etwa: *Ich finde immer einen Weg. Ich darf groß denken. Ich darf sichtbar sein.* Andere sabotieren dich – leise, aber konstant: *Ich bin nicht gut genug. Ich muss erst mehr lernen. Was, wenn ich versage? Ich bin nicht interessant genug.* Diese Stimmen sind wie Sand im Getriebe. Hier kommt die gute Nachricht: Sie sind nicht wahr. Es sind nur alte Geschichten, die du dir selbst erzählst.

Mini-Übung: Der Spiegel-Trick

Stell dich vor den Spiegel. Sieh dich an – wirklich. Und dann frage dich: *Was würde ich meiner besten Freundin sagen, wenn sie diese Gedanken hätte? Würde ich mit ihr genauso hart umgehen wie mit mir selbst? Gibt es überhaupt Beweise für meinen Zweifel?*

Spoiler: Meistens gibt es die nicht. Du warst schon oft mutig. Hast Krisen gemeistert. Menschen berührt. Du bist längst weiter, als du selbst glaubst. Dein Kopf ist nur manchmal langsamer als dein Herz.

Gedanken sind übrigens nicht nur im Kopf – sie schreiben sich in deinen Körper. Stress lässt deine Schultern sinken. Selbstzweifel senken deinen Blick. Angst macht deinen Atem flach. Doch du kannst das umdrehen. Und damit deine Gedanken beeinflussen: Richte dich auf. Atme tief. Stell dich wie ein Superheld hin. Sage laut: »Ich bin bereit. Ich bin stark. Ich hab Bock!« Klingt verrückt? Funktioniert.

Dein tägliches Ritual: Werde die Version von dir, die du verdienst

Starkes Mindset ist keine Glückssache. Es ist ein tägliches Training – wie Zähneputzen für dein Selbstwertgefühl. Und so kannst du es trainieren.
Schritt 1: Klarheit am Morgen. Schreib dir jeden Morgen Folgendes auf:

- drei Dinge, die du an dir magst
- einen Moment, in dem du mutig warst
- ein Ziel, das du heute erreichen wirst

Schritt 2: Fake it until you feel it. Setze dich hin wie die Version von dir, die du sein willst. Atme wie sie. Denke wie sie. Handle wie sie. Trainiere dein Gehirn auf das, was möglich ist – nicht auf das, was war.
Schritt 3: Mutige Mikro-Aktionen. Integriere in jeden Tag eine kleine Handlung außerhalb deiner Komfortzone, sei es ein mutiger Post, ein klares Nein oder eine ehrliche Meinung. Warum? Weil Selbstbewusstsein durch Erfahrung wächst, nicht durch Nachdenken.

Du musst nicht warten, bis du »bereit« bist. Denn bereit wirst du durch das Gehen. Durch das Tun. Durch die Entscheidung. Raus mit den alten Möbeln. Rein mit Klarheit, Selbstannahme, Haltung. Du bist bereit. Jetzt ist deine Zeit. Mach es echt. Mach es groß. Mach's einfach, oder lass es bleiben.

UPGRADE AUF DEIN NÄCHSTES LEVEL

Okay. Du hast es geschafft. Du hast dich durch deine inneren Dämonen geboxt, dem Teufel auf der Schulter den Stecker gezogen und deinen Mut wieder laut gestellt. Jetzt kommt das nächste Woman-Level. Denn während du gerade angefangen hast, dich zu zeigen, fangen andere an, sich von Maschinen Content schreiben zu lassen. Die Welt verändert sich rasant. KI-Tools wie ChatGPT, Midjourney oder Notion AI übernehmen heute schon Aufgaben, für die wir früher Stunden gebraucht haben: Posts schreiben, Designs gestalten, Newsletter erstellen. Manche fragen sich sogar: *Warum noch selbst posten, wenn's die KI doch für mich erledigt?* Willkommen in der neuen Welt: KI hier, KI da, Content auf Knopfdruck. Perfekt, glattgebügelt, emotionslos. Genau deshalb braucht es jetzt *dich* mehr denn je. Nicht die nächste Content-Kopie. Sondern eine Stimme mit Haltung. Eine Persönlichkeit mit Ecken. Eine Meinung, die mehr ist als ein Algorithmus. Denn hier kommt der Deal: In einer Welt, in der jeder theoretisch perfekten Content produzieren kann, zählt nicht Perfektion, sondern Persönlichkeit. KI kann Texte schreiben. Aber sie kann deine Geschichte nicht fühlen. KI kann Informationen liefern. Aber sie kann keine echte Verbindung aufbauen. KI kann helfen. Aber du bist die, die berührt.

Bist du bereit für die nächste Stufe? Dann kommt hier dein Sichtbarkeits-Update für die Ära der künstlichen Intelligenz. Vielleicht denkst du jetzt: *Alles schön und gut – aber wie soll ich das alles auch noch umsetzen? Ich bin kein Technik-Nerd!* Keine Sorge, musst du auch nicht sein. Denn hier ist die gute Nachricht: Wir leben in einer Zeit, in der künstliche Intelligenz nicht nur irgendein Buzzword ist, sondern dein neuer Superassistent auf dem Weg zur Sichtbarkeit. Mit den richtigen KI-Tools kannst du sichtbar werden, ohne deine Stimme zu verlieren. Ohne Bullshit. Ohne Blender. Sondern mit echtem Impact – und deiner Persönlichkeit als Leuchtturm. Denn KI kann dir Arbeit abnehmen. Aber die Energie? Die Emotion? Die Botschaft? Die kommen immer noch von dir. Und das bleibt auch so.

Die Zukunft gehört denen, die KI als Tool nutzen, ohne ihre Stimme zu verlieren. Es geht nicht darum, mit Maschinen zu konkurrieren. Es geht darum, das zu zeigen, was dich unersetzlich macht: deine Haltung. Deine Perspektive. Deine Erfahrung. Deine Energie.

Während viele sich also in der KI-Perfektion verlieren, kannst du durch Echtheit herausstechen. Denn deine Community spürt, ob ein Text von Herzen kommt – oder aus der Konserve. Also: Nutze KI als Unterstützung. Als Sparringspartner. Als Ideenquelle. Aber bitte bleib dabei du. Echt. Unverwechselbar. Nahbar. Und wenn du mal wieder zweifelst, ob du genug Content-Ideen hast – here we go.

Übung: Reflexionsfragen für echten Impact-Content

So trainierst du Content, der verkauft – ohne Contentplan
Kein Plan. Kein Canva. Kein Content?
Dann fang genau hier an. 10 Fragen, mit denen du jederzeit Content kreierst, der emotional andockt & sichtbar macht.

1. Was hat mich diese Woche zum Nachdenken gebracht – und warum?
2. Wovor hatte ich kürzlich Angst – und wie bin ich damit umgegangen?
3. Welche drei Dinge würden meine Kundinnen und Kunden gerne von mir wissen, fragen aber nicht?
4. Welche Mythen oder Irrtümer höre ich in meiner Branche ständig – und was denke ich wirklich dazu?
5. Welche Erkenntnis hat mein Denken oder Handeln nachhaltig verändert?
6. Worüber rege ich mich regelmäßig auf – und warum?
7. Was denke ich über Dinge, die andere als »normal« ansehen – und was sehe ich anders?
8. Welche Geschichte erzähle ich immer wieder – und warum?
9. Welche Werte sind mir wichtig – und wie lebe ich sie in meinem Alltag?
10. Was würde ich meinem früheren Ich sagen, wenn ich noch mal starten könnte?

Die meisten machen Content aus Zwang.
Weil »man posten muss«.
Weil der Plan voll werden muss.
Weil der Algorithmus sonst »schläft«.
Ergebnis?
Leere Worte. Null Wirkung. Kein Sale.
Die Wahrheit?
Starke Posts entstehen nicht in Tools.
Sie entstehen in dir.
In deiner Klarheit. Deiner Haltung. Deiner Geschichte.
Stell dir jeden Tag EINE dieser Fragen – und antworte roh:

- Was hat mich emotional bewegt – und warum?
- Wovor hatte ich Angst – und was habe ich trotzdem getan?
- Welche Geschichte erzähle ich immer wieder – und was steckt wirklich dahinter?
- Was denkt meine Zielgruppe – und was will ich, das sie neu denkt?

Sprich deine Antwort als Sprachnachricht.
Mach eine Story. Ein Reel. Oder poste Klartext.
So trainierst du Sichtbarkeit aus dem Moment.
Du brauchst keinen Contentplan.
Du brauchst eine Stimme.
Und den Mut, sie zu benutzen.
Ready to speak up? Dann starte genau hier – und poste deinen ersten Klartext heute.

Hook-Tipp: Der Satz, der alles triggert – oder niemanden interessiert
Wenn du mit deinem ersten Satz niemanden triffst, liest niemand den zweiten. Deshalb: Hör auf mit »3 Tipps für...« oder »So funktioniert xy«. **Das ist Google, kein Gamechanger.**
Menschen kaufen keine Tipps. Sie kaufen **Wiedererkennung.** Das passiert nicht durch Wissen – sondern durch Haltung.
Bessere Hook-Formate für deine Posts:

- »Ich dachte, ich müsste [XY] tun – bis ich verstanden habe, dass...«
- »Was du über [dein Thema] denkst, hält dich genau da fest, wo du nicht mehr sein willst.«
- »Der Moment, in dem ich realisiert habe, dass [limitierender Glaubenssatz] kompletter Bullshit ist.«
- »Du glaubst, du brauchst mehr Sichtbarkeit – aber was du wirklich brauchst, ist...«

Faustregel: **Der Hook muss dein Publikum innerlich nicken lassen oder wütend machen. Alles dazwischen ist nett – aber nicht sichtbar.**

10 Hook-Formeln für Content mit Wirkung

1. **»Ich dachte, ich müsste erst XY – bis ich gemerkt habe: Genau das blockiert alles.«**
   → Ideal für: Mindset-Shifts, unerwartete Erkenntnisse
2. **»Was niemand sagt, wenn du [Thema deiner Zielkundin] wirklich ernst meinst...«**
   → Ideal für: Klartext-Posts, Autoritätsaufbau
3. **»Die größte Lüge in meiner Branche ist... und du glaubst sie bestimmt auch.«**
   → Ideal für: Reels oder polarisierten Einstieg in ein Thema
4. **»Du willst [Wunsch deiner Kundin]? Dann hör auf mit [typisches Verhalten].«**
   → Ideal für: Klarheit durch Konfrontation
5. **»Wenn du das fühlst, bist du näher an deiner Transformation, als du denkst...«**
   → Ideal für: Storytelling & Sogwirkung

6. **»Ich bin nicht hier, um nett zu sein. Ich bin hier, um [Veränderung].«**
   → Ideal für: Edgy Leadership Statements
7. **»Das hier klingt hart – aber vielleicht musst du es genau jetzt hören:«**
   → Ideal für: Punchy Reels, Calls ohne Schleife
8. **»Wäre ich damals still geblieben, hätte ich heute…«**
   → Ideal für: Autoritätsstorys & persönliche Wendepunkte
9. **»[Ziel deiner Kundin] ist kein Zufall. Es ist eine Entscheidung. Und die fängt hier an:«**
   → Ideal für: CTA-Posts mit Ownership-Fokus
10. **»Die Frage ist nicht: Bist du gut genug? Die Frage ist: Bist du sichtbar genug?«**
   → Ideal für: Content, der aus Selbstzweifeln in Handlung überführt

Best-of Learnings aus Kapitel 3

- **Mut beginnt nicht auf der Bühne, sondern in deinem Kopf.** Du musst nicht angstfrei sein. Du darfst lernen, mit der Angst zu gehen.
- **Dein Mindset ist kein Nebenschauplatz, es ist dein Fundament.** Solange dein inneres Haus voller Zweifel steht, wird dich kein noch so gutes Tool tragen.
- **Sichtbarkeit ist kein Toolset. Es ist Persönlichkeitsentwicklung in Echtzeit.** Wer sich draußen zeigen will, muss sich zuerst innen erkennen.
- **Vergleiche, Perfektionismus und Bewertungsangst sind nicht dein Problem.** Sie sind nur das Symptom; die Wurzel liegt tiefer: in deinem Selbstbild.
- **Du bist nicht zu leise, du bist nur noch nicht synchron.** Erst wenn Kopf, Herz und Hand im Einklang sind, wird deine Ausstrahlung magnetisch.
- **Jede Handlung trotz Angst ist ein Mikro-Statement für deinen Mut.** Transformation passiert nicht im Denken, sie beginnt im Tun.
- **Menschen folgen nicht deiner Expertise, sie folgen deinem Weg.** Zeige dich nicht perfekt. Zeige dich echt. Genau so, wie du bist.

Jetzt hast du verstanden, wie sehr dein Innen dein Außen bestimmt. Doch Sichtbarkeit entsteht nicht nur im Denken, sondern im Sprechen. Denn Reden ist der Schlüssel zur Sichtbarkeit. Deine Stimme entscheidet über deinen Impact. Aber bevor du laut wirst, darfst du wissen, wie du reden und wirken willst. Wie du mit deinen Worten führst, statt nur zu informieren. Wie du durch Sprache magnetisch wirst, nicht austauschbar. Genau das schauen wir uns in Kapitel 4 an. Let's go – denn deine Stimme verdient Bühne, Wirkung und Business.

Kapitel 4:

CEO Identity – vom Teuren Hobby zum echten Business

Jessica Lackner

So. Jetzt geben wir in Kapitel 4 noch mal richtig Gas. Denn Kommunikation ist die Zukunft. Punkt. Wie du mit dir selbst redest, aber auch wie du nach außen kommunizierst, entscheidet über deinen Erfolg. Werde nicht nur gesehen, werde zur einzigen Wahl in deiner Liga. Die Zeiten, in denen wir über High Impact und Ideen im stillen Kämmerlein sinniert haben, sind vorbei. Die Businesswelt dreht sich schneller denn je. Deshalb ist jetzt nicht die Zeit zu grübeln. Jetzt ist die Zeit zu verkörpern. Denn da draußen gibt es mindestens diese eine Person, die denkt: *Wo ist sie denn? Wo ist sie denn?* Diese eine Person, die spürt, dass da jemand kommen muss, der anders ist. Der nicht einfach mitläuft, sondern leuchtet.

Vorausgesetzt, dein Energiecontainer ist voll.

In meinen Coachings und Keynotes erzähle ich gern die Geschichte mit dem Honigtopf: Deine Energie ist wie kostbarer Honig. Jeden Morgen stehst du auf – und gibst davon ab. An dein Team. An deine Kund:innen. An dein Umfeld.

Und mit jedem Gespräch, jeder Entscheidung, jeder Erwartung leert sich das Glas. Langsam, aber stetig.

Wenn du nicht aufpasst, kratzt du bald jeden Tag den letzten Rest vom Boden zusammen. Denn ja – über Nacht fließt ein bisschen Energie zurück. Aber oft nicht genug, um dich wirklich zu füllen.

Deshalb: Triff Entscheidungen, die deinen Honigtopf wieder auffüllen. Umgib dich mit Menschen, die nicht nur nehmen, sondern geben. Und tu Dinge, die dich innerlich nähren – nicht nur äußerlich erfüllen.

Denn dein Ziel ist nicht: *überleben.*

Dein Ziel ist: überlaufen.

Gerade in Momenten, in denen du erschöpft bist und denkst, es bewegt sich nichts – genau dann ist der Moment gekommen, deine Energie wieder aufzuladen. Denn wenn du in der Erschöpfung versuchst, noch mehr zu machen – härter zu kämpfen, perfekteren Content zu posten –, fällst du zurück. Zurück in alte Muster. In Strategien, die dich kleinhalten. Statt High Impact erzeugst du dann Noise. Und Noise verkauft nicht.

High Impact funktioniert nur mit den richtigen Menschen. Nicht mit denen, die dich aussaugen, sondern mit denen, die mit dir brennen. Also, schnapp dir jetzt ein Post-it und schreib drauf: »Ich mach's einfach. Mit der richtigen Energie.« Kleb es an deinen Bildschirm. Oder poste es in deiner Story. Markiere mich und Natalia – wir feiern dich. Reposten dich. Weil du dich entschieden hast, aufzutauchen.

Denn so zu tun, als wäre nichts gewesen, ist kein Zeichen von Stärke. Es ist ein Symptom von alten Wunden. Kommunikation bedeutet auch, Verantwortung zu übernehmen. Für deine Stimme. Für deine Präsenz. Für dein Licht. Bau dir ein Momentum auf. Ein echtes Sogfeld. Werde zur Vordenkerin, zur Thought Leaderin. Zum Leuchtturm. Nicht, weil du alles richtig machst, sondern weil du einfach machst. Gerade wenn du fühlst, dass du eine neue Resonanzebene oder eine neue Message brauchst, heißt es: Los. Rein in die Verantwortung.

Wenn du das Gefühl hast, deine bisherigen Businessstrategien bringen dich nicht mehr weiter, und wenn du keine Lust mehr hast auf endlose Zoom Calls, die sich wie Kaugummi ziehen, dann ist das kein Businessproblem. Es ist ein Klarheitsproblem. Dann kommt dieser Moment – der, in dem du nicht mehr Spielfigur bist, sondern Schiedsrichterin wirst. Der Moment, in dem du Verantwortung übernimmst und den inneren Saboteur in dir zum Schweigen bringst. Ja, Kommunikation ist das Wichtigste. Und trotzdem vernachlässigen wir sie. Warum? Weil sie Triggerpunkte trifft. Weil hinter der Kommunikation alte Wunden stecken. Erfahrungen, in denen du nicht gehört wurdest. In denen du gelernt hast, dich klein zu machen. All das wirkt noch. Aber all das darf jetzt gehen. Denn jetzt ist die Zeit, dich abzuheben. In einer Welt voller Einheitsbrei, KI-Texten, generischen Coachings und beliebigem Blabla wirst du gehört, wenn du echt bist. Wenn du deine Stimme erhebst. Wenn du klare Kante zeigst. Du wirst nur sichtbar, wenn du aufhörst, dich zu verstecken. Sag ganz klar Nein zu allem, was dir nicht dient. Denn ein Nein nach außen ist immer ein Ja zu dir selbst.

Ich habe das in meinem eigenen Rebranding-Prozess stark gespürt: Es sind die Beobachter, die zuerst still sind, dann liken – und plötzlich kaufen. Die, die dich testen. Die schauen, wie du dich entwickelst. Und genau in dieser Phase habe ich erkannt, mit welchen Menschen ich künftig noch arbeiten will – und mit wem nicht. Das ist Leadership. Und das ist Zukunft.

Also: Es ist Zeit für deinen Frühjahrsputz. Zeit für Klarheit. Zeit für Sichtbarkeit mit Haltung.

Mini-Übung: Lass los!

Poste heute eine Liste mit Dingen, für die du keine Kapazität mehr hast – und sage damit Ja zu Dingen, für die du wirklich stehst. Hier ein Beispiel für deine Caption: »Ich sage Nein zu ständigen Rabattaktionen, um Kunden anzulocken. Ich sage Nein zu Content-Overkill ohne Substanz. Ich sage Nein zu Hustle, zu Pseudo-Authentizität,

**die niemandem hilft, und zu ständiger Verfügbarkeit, die meine Energie aussaugt.«[8]
Ergänze gern deine eigenen Punkte.
Tagge mich und Natalia – wir teilen deine Liste in unserer Community. Denn Klarheit ist ansteckend. Und gähnen leider auch.**

Und jetzt? Jetzt wird's ernst. Jetzt wird's echt. Kapitel 4 ist nicht einfach das nächste Kapitel – es ist dein Call to Rise. Dein Moment, vom inneren Chaos in die äußere Klarheit zu gehen. Vom Mitläufer zum Leuchtturm. Von der Zauderin zur CEO deiner Zukunft. Denn genau da beginnt der Unterschied: Nicht mehr nur zu *funktionieren*, sondern zu führen. Nicht mehr zu hoffen, dass jemand dich entdeckt, sondern zu entscheiden, sichtbar zu sein. Nicht mehr in alten Strategien zu hängen, sondern dein Business so zu leben, wie du wirklich bist. Zyklisch. Echt. Mächtig. Unübersehbar.

Es gibt diesen Moment, der alles verändert. Nicht laut. Nicht dramatisch. Sondern leise. Klar. Unaufhaltsam. Ein Moment, in dem du plötzlich weißt: *So geht's nicht weiter.* Du merkst, dass du nicht mehr nur selbstständig bist – du bist erschöpft. Du liebst, was du tust. Du gibst alles. Aber trotzdem fühlt sich dein Business manchmal an wie ein Laufband, das schneller wird, je mehr du rennst. Und während du anderen hilfst, ihr Leben zu transformieren, fragst du dich heimlich: *Wann kümmere ich mich eigentlich um meine eigene Vision?* Denn deine Selbstständigkeit ist kein Hobby, sie ist ein Vehikel für deinen Impact.

Und du? Du bist nicht nur »Coach«, »Mentorin« oder »Expertin«. Du bist die CEO deines Lebens. Aber – und das ist der Unterschied – nicht im klassischen Sinn. Nicht im Sinne von Ellenbogen und 24/7 Hustle, sondern im Sinne von Präsenz, Klarheit, Verantwortung, Tiefe. Denn echte Unternehmerinnen planen nicht nur To-do-Listen. Sie führen. Sie entscheiden. Sie verkörpern. Und sie hören auf den wichtigsten Business-Kompass, den sie besitzen: ihren Körper.

Ja, wir reden hier auch über deinen Zyklus. Denn was, wenn dein natürlicher Rhythmus dir mehr Fokus, Leichtigkeit und Wirkung bringen kann als

---

8 Wenn du wissen willst, wie du das umsetzt – mit KI-Tools, echter Stimme und klarer Präsenz –dann komm in meinen FAN-omenalen Workshop oder den FAN-Circle. Der FAN-Circle ist dein Sichtbarkeits-Booster, der dir hilft, mit Klarheit, Content und KI zur unverwechselbaren Marke zu werden – ohne dich zu verbiegen. Vom Overload zur Marke. Nicht mehr posten, um zu posten – sondern, um dich zu positionieren.

jeder Produktivitäts-Hack? Was, wenn du dein Business nicht länger gegen dich führen musst – sondern mit dir?

Dieses Kapitel wird unbequem. Ehrlich. Und gleichzeitig empowernd. Du wirst lachen, zweifeln, nicken. Und vielleicht ein paar alte Regeln über Bord werfen. Denn genau darum geht's hier: Du bestimmst ab jetzt, wie Erfolg für dich aussieht. Bereit? Dann steig ein. Du bist nicht länger Passagierin. Du bist Kapitänin. Und dieses Kapitel ist dein Wendepunkt.

ROUTINEN, GRUNDLAGEN UND AHA-MOMENTE, UM WIE EINE UNTERNEHMERIN ZU DENKEN

Stell dir vor, du sitzt auf einem Kreuzfahrtschiff. Unten: die Passagierdecks. Sonnenliegen, Cocktails, Animation. Alle warten darauf, dass *jemand* ihnen sagt, was als Nächstes passiert. Ob die Route stimmt. Ob's regnet. Ob heute überhaupt noch was los ist. Sie konsumieren. Reagieren. Warten. Oben: die Brücke. Da steht sie – die Kapitänin. Mit Fernrohr, Kursplan und klarer Haltung. Sie entscheidet. Navigiert. Reagiert nicht auf jeden Windstoß, sondern hält das Steuer in der Hand – mit einem Ziel vor Augen.

Jetzt mal ehrlich: Wo stehst du gerade? Unten mit Sonnenhut oder oben mit Verantwortung?

Viele nennen sich »selbstständig«, aber führen eigentlich ein teures Hobby. Sie arbeiten rund um die Uhr, verdienen »okay«, haben Kundinnen und Kunden hier und da, aber treffen keine klaren Entscheidungen. Sie reagieren auf den Markt, statt ihn zu gestalten. Sie funktionieren, statt zu führen. Und das fühlt sich irgendwann genauso an wie: *Ich mach alles, aber irgendwie kommt nix zurück. Ich will mehr, aber ich trau mich nicht, größer zu denken. Ich bin sichtbar, aber nicht spürbar.*

Die Wahrheit? Du bist nicht angestellt in deinem eigenen Business. Du bist die Chefin. Also hör auf, dich wie deine eigene Praktikantin zu behandeln. Angestellten-Mindset klingt so:

- *Ich darf nur Feierabend machen, wenn ich genügend Stunden gearbeitet habe.*
- *Ich muss erst beweisen, was ich kann, ehe ich mehr Geld verlangen kann.*
- *Ich darf keine Aufträge ablehnen, sonst verdiene ich nichts.*
- *Nur wenn ich mehr arbeite, verdiene ich mehr.*
- *Ich muss immer erreichbar sein, das gehört zum Service.*

Unternehmerinnen-Mindset dagegen klingt so:

- *Ich verkaufe Transformation, nicht meine Zeit, das heißt, ich messe Erfolg an Wirkung, nicht an Stunden.*

- *Ich darf wachsen, während ich sichtbar bin.*
- *Mein Angebot wird im Prozess geschärft – durch Feedback, nicht durch Stillstand.*
- *Ich arbeite mit Menschen, die zu mir und meinem Angebot passen.*
- *Ich setze klare Kommunikationszeiten, denn mein Fokus ist wertvoll.*

Und genau das ist der Shift. Nicht mehr: Ich muss mich beweisen. Sondern: Ich bin da, um zu wirken. Ich selbst hatte viele, viele Aha-Momente auf meiner Business-Reise, die sowohl aus Stolpersteinen als auch aus wertvollen Erfahrungen hervorgingen. Diese Aha-Momente möchte ich nun mit dir teilen, um dir einen Shortcut zu ermöglichen und deinem Shift einen Boost zu geben.

Aha-Moment #1: Geld-Glaubenssätze sind wie unsichtbare Staudämme

Lass uns kurz über Geld sprechen. Nicht schamvoll oder rational, sondern ehrlich. Viele Selbstständige arbeiten sich den Allerwertesten ab, aber wundern sich, warum nichts übrig bleibt. Warum? Weil tief in ihnen Sätze wirken wie: *Ich darf erst viel verdienen, wenn ich genug gearbeitet habe. Ich will nicht zu teuer wirken. Geld ist oberflächlich.*

Weißt du, wie ich früher gedacht habe? *Ich will niemanden abschrecken mit meinem Preis.* Also machte ich Rabatte. Extraschleifen. Gratis-Calls. Bis ich irgendwann da saß, müde, frustriert – und mein Konto sagte: »Du bist nett. Aber pleite.« Heute weiß ich: Preis ist Energie. Und wie du über Geld denkst, entscheidet, wie es zu dir fließt.

Aha-Moment #2: Geld ist wie Wasser

Du kannst Geld aufhalten (aus Angst). Du kannst es verschwenden (aus Chaos). Oder du kannst lernen, es bewusst zu lenken, und zwar indem du dein Mindset und damit deine Geldenergie veränderst. Folgende Gedanken helfen dir dabei:

- **Geld ist neutral.** Es ist ein Werkzeug, kein Werturteil.
- **Wert entsteht im Innen.** Wenn du an dein Angebot glaubst, tun es andere auch.
- **Deine Preise sind ein Filter.** Sie ziehen die Menschen an, die es ernst meinen.

- **Investieren ist Leadership.** Du wächst schneller, wenn du nicht alles allein stemmen willst.

Schreibe dir diese Aussagen auf ein Post-it und lies sie dir täglich mindestens dreimal bewusst durch.

Aha-Moment #3: Du brauchst eine neue Identität

Wenn *du* nicht rausgehst mit deiner Energie, dann geht jemand anders mit seiner raus. Punkt. High Impact entsteht nicht im stillen Kämmerlein bei Kerzenschein und Canva-Vorlagen. Du kannst das geilste Angebot der Welt haben – wenn es keiner sieht, bleibt es ein gut gehütetes Geheimnis. Und Geheimnisse buchen keine Programme.

Du brauchst keine Millionenreichweite. Du brauchst Resonanz. Die richtigen Menschen kaufen nicht, weil du laut bist, sondern weil sie spüren: *Die meint das ernst. Die ist echt. Die steht für was.*

Aber dein Business wächst nur so stark, wie deine Identität es erlaubt. Wenn du dich innerlich noch wie eine »kleine Selbstständige« fühlst, dann wird dein Außen nie größer als dein inneres Bild. Doch sobald du beginnst, zu denken wie eine Unternehmerin, zu handeln wie eine Leaderin und aufzutreten wie eine Brand, ändert sich alles. Frage dich also:

- *Würde mein CEO-Ich in Panik verfallen – oder strategisch handeln?*
- *Würde mein CEO-Ich warten, bis alles perfekt ist – oder einfach machen?*
- *Würde mein CEO-Ich sich ducken – oder sichtbar sein, auch wenn's unbequem wird?*

Du kennst die Antwort. Und ich sag's dir, wie's ist: Du brauchst keinen neuen Funnel. Keinen neuen Feed. Kein neues Freebie. Du brauchst *dich.* In Präsenz. In Klarheit. In voller Größe. Also: Zieh dir nicht nur auf deiner Website den schicken Business-Blazer an – setz dir innerlich die Krone auf. Mach Schluss mit dem »Ich hoffe, sie sehen mich«-Modus. Steig ein in den »Hier bin ich, und ich führe«-Modus. Denn du bist nicht hier, um nett zu wirken. Du bist hier, um Wirkung zu erzielen.

Übung: Was würdest du tun?

Nimm dir zehn Minuten und schreib dir die folgende Frage fett in dein Journal: *Was würde ich tun, wenn ich mich ab heute wie eine echte Unternehmerin sehe?* Nicht morgen. Nicht »wenn ich mehr Zeit habe«. Sondern jetzt. Heute. Mit dem, was ich habe. Was würdest du tun? Schreib es auf, so detailliert wie möglich.

Vielleicht hilft dir folgende Visualisierung: Stell dir vor, es ist ein warmer Sommerabend. Die Sonne küsst das Meer, als wäre es ihr letzter Wunsch. Du sitzt auf der Terrasse eines eleganten Restaurants direkt an der Küste. Salzige Meeresluft trifft auf Rosmarin-Duft. Du hältst ein feines Glas stilles Wasser mit Zitronenscheiben in deiner Hand. Oder einen cremigen, dunklen Kakao – samtig, süß, voller Tiefe. Ein Piano spielt im Hintergrund leise Jazz-Akkorde.

Und dann – tritt sie ein. Dein zukünftiges Ich. Deine innere Schöpferin. Elegant, entspannt, kraftvoll. Sie setzt sich dir gegenüber. Lächelt. Und sagt nur einen Satz: »Endlich. Ich habe auf dich gewartet.«

Also, was würdest du tun, wenn du sie wärst?

Aha-Moment #4: Deine Zukunft ist eine Entscheidung

Die Begegnung aus dem Aha-Moment #3 ist kein Traum. Sie ist ein Spiegel. Denn alles, was du in ihr siehst, ist bereits in dir. Die Frage ist nur: Hörst du ihr zu? Oder bist du noch zu beschäftigt mit deiner To-do-Liste, deinem Perfektionsdrang, deinen »Ich bin doch noch nicht bereit«-Gedanken? Deine Schöpferin wartet nicht auf den perfekten Moment. Sie erschafft ihn. Jetzt. Hier. Mit dir.

Auch deine finanziellen Ziele sollten keine Wünsche, sondern klare Wünschelruten sein. Ich frage meine Kundinnen oft: »Was willst du verdienen?« Und fast immer kommt erst mal: »Hmm ... also ... schon so, dass ich gut leben kann ...« STOPP!

Das Universum liefert nicht auf vage Bestellungen. Wenn du nicht weißt, wo du hinwillst, landest du irgendwo. Oder schlimmer: im Kreisverkehr. Also, schreib dir auf: Was ist dein Jahresumsatzziel? Wie viel willst du pro Monat auf deinem Konto sehen – nach Steuern? Wie fühlt es sich an, wenn das Realität ist?

Geld ist kein Selbstzweck. Es ist ein Mittel für Freiheit, Sicherheit und großes Wirken. Also hör auf, klein zu träumen – wenn du für Großes gemacht bist.

Übung: Mach es konkret

- Schritt 1: Schreib dir jetzt dein Wunscheinkommen pro Jahr auf. Dann rechne runter: Was bedeutet das pro Monat? Was pro Woche? Wie viele Kundinnen und Kunden, Angebote, Verkäufe brauchst du?
- Schritt 2: Visualisiere. Was machst du mit diesem Geld? Investierst du in ein Team? In dein Traum-Office? In entspannte Wochen mit deinen Kids? Dein Geldziel wird real – sobald du ihm ein Bild gibst.

Aha-Moment #5: Dein »Purpose« ist dein innerer Leuchtturm

Gehen wir noch einmal zurück auf die Terrasse des eleganten Restaurants an der Küste. Deine Schöpferin lehnt sich zurück. Sie sieht dich an, direkt, tief. »Sag mir«, flüstert sie, »Warum machst du das alles?«

Wie lautet deine Antwort auf diese Frage? Und nein, es geht nicht um mehr Umsatz oder um Reichweite. Es geht um das, was du tun würdest, wenn niemand klatscht, niemand likt, niemand fragt. Weil es einfach durch dich fließen *muss.*

Frage dich:

1. *Was würde ich tun, wenn Geld keine Rolle spielt?*
2. *Welche Veränderung möchte ich wirklich in der Welt bewirken?*
3. *Was ist die größte Transformation, die ich anderen ermögliche?*
4. *Warum ist mir das so verdammt wichtig?*

Bonus: Frag dich zu jeder Antwort erneut: *Warum?* Mindestens fünfmal. So kommst du nicht zur Marketing-Antwort, sondern zu deinem echten Kern.

Übung: Dein Zukunfts-Manifest

Schnapp dir ein Blatt Papier oder dein schönstes Journal und schreibe einen Brief. Nicht an irgendwen, sondern von deinem Zukunfts-Ich an dich. Beginne so: *»Hey, ich bin dein zukünftiges Ich. Ich bin stolz auf dich. Weißt du, warum? Weil du heute entschieden hast, nicht länger zu zweifeln – sondern zu erschaffen. Ich sitze gerade [beschreibe deinen Wunschort so detailliert wie möglich].«*

Beschreibe nun: *Wie sieht dein perfekter Tag aus? Welche Menschen begleitest du? Welche Summen fließen ganz natürlich auf dein Konto? Wie fühlt sich Erfolg für dich an – in deinem Körper, deinem Herz, deinem Alltag?* Schreib alles in diesen Brief. Und lies diesen Brief. Immer wieder. Bis du merkst: Das bin ich. Nicht »irgendwann«, sondern jetzt.

Aha-Moment #6: Du bist längst deine Schöpferin

Du brauchst keine Zertifikate, keine Berechtigung von außen, keine 1000 oder 10 000 Follower. Alles, was du brauchst, ist die Entscheidung: *Ab heute lebe ich aus meiner Vision. Nicht aus meiner Angst.*

Merke dir: Du warst nie »zu viel«. Nie »zu emotional«. Nie »zu idealistisch«. Du warst einfach zu nah an deiner Wahrheit – für eine Welt, die sich oft mit halben Sachen begnügt. Aber nicht du. Du bist hier, um ganz zu gehen. Mit Herz. Mit Klarheit. Mit Haltung. Und mit deiner inneren Schöpferin an der Seite, die heute sagt: *»Jetzt fängt es an. Und ich bin bei dir.«* Mach's einfach!

Aha-Moment #7: Klarheit ist eine Erlaubnis

Viele denken: Wenn ich meine Vision kenne, muss ich sofort alles umsetzen. Aber Klarheit ist nicht der Startschuss zum Stress. Sie ist dein inneres GPS. Du darfst jederzeit neu wählen. Klarheit zeigt dir die Richtung, gehen darfst du in deinem Tempo. Denn genau darum geht's in deinem nächsten Schritt: Nicht mehr vom Teelicht träumen, sondern bewusst das Licht einschalten. Für dich. Für dein Business. Für deine CEO-Identity.

Aha-Moment #8: Vergiss »klassische Millionärsroutinen« – Was brauchst DU?

Eine heilige Morgenroutine ist kein Garant für Erfolg. Aber dein Umgang mit dir selbst ist es. Du brauchst keine zehn Schritte zum Millionärsmindset. Du brauchst *deinen* Rhythmus. *Deine* Energie. *Deine* Wahrheit. Und das Commitment, jeden Tag eine kleine Entscheidung zu treffen, die dich zu deiner nächsten Version bringt.

Lass uns daher einen Tabubruch begehen: Du musst *nicht* um 5 Uhr aufstehen, den Himalaya rückwärts besteigen, grüne Säfte pressen oder täglich 90 Minuten meditieren, um ein erfolgreiches Business zu führen. Du *kannst* all das natürlich machen, doch wenn du lieber mit Matcha-Tee, Wärmflasche und deinem Lieblings-Podcast bei einer Schale Knuspermüsli aufstehst, während draußen der Selbstoptimierungszirkus tobt, dann tu das. Instagram schreit: *5 Uhr Club!* Youtube flüstert: *Eisbäder, Journaling und 14 Ziele vorm Frühstück!* Aber die Wahrheit? Was dich wirklich auflädt und voranbringt, ist keine Copy-Paste-Morgenroutine, sondern dein persönlicher Rhythmus. Und ja – damit kommen wir zurück zu deinem Zyklus.

Aha-Moment #9: Nutze deinen Zyklus, um in deine Schöpferkraft zu kommen

Jede von uns kennt diese Tage: Du wachst auf. Der Wecker klingelt. Du drückst ihn weg. Dreimal. Dein Körper fühlt sich an wie Kaugummi. Dein Kopf ist ein Wattebausch in Slow Motion. Und ganz ehrlich? Das Einzige, was du gerade willst: zurück ins Bett, Schokopudding löffeln und *Sex and the City*-Re-Runs schauen – am liebsten die Folge, wo Carrie in der Jogginghose aus Frust mit einem Schuh spricht. Du fühlst sie. Früher dachtest du: *Ich bin halt faul.* Heute weißt du: *Ich bin nicht faul. Ich bin im Zyklus.*

Und jetzt stell dir vor – wirklich stell es dir mal kurz vor –, dein Business würde nicht dann florieren, wenn du 30 Tage im Monat performst wie ein Roboter, sondern wenn du deiner zyklischen Natur folgst. Wenn du nicht gegen dich arbeitest – sondern *mit dir.* Nicht im Kampfmodus, sondern in bewusster Schöpferkraft. Was wäre dann möglich? Was, wenn dein Rückzugstag genauso wertvoll ist wie dein Pitch-Moment? Was, wenn deine Tage der Stille die Grundlage sind für den lautesten Impact? Was, wenn »heute nicht« kein Scheitern, sondern gelebte Weisheit ist?

Dieser Aha-Moment zeigt dir, wie du genau das leben kannst. Zyklisch. Authentisch. Mächtig. Ohne dich zu zwingen. Ohne dich zu verlieren. Mit allem, was du bist. Und so könnte es aussehen:

- **Tag 1–2:** Rückzug. Wärmflasche. Journaling. CEO-Planung statt Sichtbarkeitszwang.
- **Tag 3–7:** Struktur kommt zurück. Klarheit. Du planst, organisierst, entwickelst.
- **Tag 8–14 (Eisprung):** BÄM! Lives, Reels, Präsentationen, Sales. Deine Supernova-Zeit.
- **Tag 15–28:** Tiefe, Reflexion, Storytelling. Du schreibst Texte, baust Vertrauen auf, gehst in Verbindung.

Dein Zyklus und alles, was mit ihm einhergeht, ist keine Schwäche. Er ist deine Superpower. Wenn du gegen den eigenen Rhythmus arbeitest, läufst du einen Marathon – mit angezogener Handbremse. Wenn du *mit* ihm gehst, wirst du magnetisch. Unaufhaltbar. Ganz du selbst.

Übung: CEO-Realitätscheck

Setz dich heute Abend hin und beantworte dir folgende Fragen:

- *Welche drei Routinen bringen mich wirklich voran – energetisch und strategisch?*
- *Wo sabotiere ich mich selbst mit Overthinking und Vergleichen?*
- *Wie kann ich meinen Zyklus diese Woche aktiv in meine Planung integrieren?*

Aha-Moment #10: Klarheit bringt mehr Umsatz als jede Meditation

Was brauchst du wirklich? Fokus. Klarheit. Energiefluss – angepasst an deinen echten Alltag. Und damit du auch nicht in der »Ich meditier mir den Erfolg herbei«-Falle hängenbleibst, hier ein radikal ehrlicher Talk, welche drei CEO-Routinen wirklich realistisch sind:

- **Tägliche Sichtbarkeit:** Zeige dich. Nein, nicht perfekt. Echt. In deiner Energie. Mit deiner Stimme. Ein Post, eine Story, ein Kommentar – das reicht.
- **Wöchentlicher Umsatzfokus:** Klarheit gewinnt, daher darfst du deinen Fokus regelmäßig nachjustieren. Frage dich: Wer sind potenzielle Kundinnen und Kunden? Was braucht deine Community gerade wirklich? Welche Angebote kannst du aktiv verkaufen?
- **Monatliche Reflexion:** Wer immer im Hustle ist, übersieht mitunter Dinge. Reflexion ist wichtig. Frage dich daher regelmäßig: Was lief gut? Was war Bullshit und darf gehen? Wo kannst du mit weniger Aufwand mehr Wirkung erzeugen?

Aha-Moment #11: Kreativität ist ein Produkt deiner Präsenz

Du glaubst, du brauchst ständig neue Ideen? Falsch. Du brauchst: Raum. Körperbewusstsein. Rhythmus. Ideen kommen nicht, wenn du sie zwingst. Sie kommen, wenn du atmest. Wenn du spazieren gehst. Wenn du auf dem Klo sitzt oder unter der Dusche stehst (no joke). Oder wenn du einfach mal nichts tust. *Die besten Ideen kommen mir, wenn ich aufhöre, sie zu suchen.* Das sagt deine Schöpferin. Also, lass los und stell deine Antennen auf Empfang.

Aha-Moment #12: Systeme sind sexy und Chaos macht broke

Okay, Bosslady, jetzt mal Butter bei die Fische: Du kannst das geilste Visionboard haben, die schönsten Canva-Templates und die durchmeditierteste Morgenroutine – aber wenn du keine Systeme hast, die dich entlasten, bleibst du in der Selbst-und-ständig-Falle hängen wie Spaghetti im Sieb. Was dir wirklich fehlt? Kein Mindset-Mantra. Kein schicker Funnel. Sondern Struktur, System, Skalierung.

Wenn du morgens in deinen Laptop starrst und denkst: *Was poste ich heute?, Welche Kundin hat nochmal diese Frage gestellt? oder Wie komm ich hier jemals raus?!,* dann fehlt dir kein Mut. Dir fehlt ein System. Systeme sind wie ein Navigationsgerät für dein Business. Du musst nicht bei jeder Entscheidung von Null an denken. Du folgst einem Plan. Du baust dir dein eigenes Spielfeld. Und du hörst endlich auf, jede Woche das Rad neu zu erfinden. Es ist ein Irrglaube, Systeme würden dich unspontan machen; sie geben dir vielmehr Freiraum für echte Kreativität!

Aha-Moment #13: Deine Zahlen sind dein Spiegel

Viele Unternehmerinnen haben Schiss vor Excel. Oder dem Steuerberater. Oder beidem. Aber guess what? Wenn du nicht weißt, wo dein Geld bleibt, wird es sich auch nicht bei dir wohlfühlen. Deine Zahlen zu kennen ist kein Kontrollzwang, es ist deine Klarsichtbrille. Frage dich regelmäßig und zahlenorientiert: Was bringst du pro Stunde wirklich ein? Welche Angebote laufen, welche nicht? Wo verplemperst du Energie für null Wirkung? Nur wenn du weißt, wo du stehst, kannst du entscheiden, wohin du gehst.

Aha-Moment #14: Dein Team trägt dich

Wenn du in deinem Business auf Dauer wachsen willst, brauchst du Menschen, die mit dir brennen, statt dich auszubrennen. Viele glauben, sie müssten alles selbst machen. *Niemand kann das so gut wie ich,* ist ein oft ausgesprochener Satz von Business Ownern. Ich entgegne darauf: *Doch, das kann jemand. Wenn du ihn oder sie dazu befähigst. Wenn du Führung übernimmst.*[9]

Und ganz ehrlich? Du kannst nur dann High Impact erzeugen, wenn du dein Business nicht mehr allein schleppst, sondern gemeinsam trägst. Team heißt nicht *Ich hab jetzt zehn Leute auf der Payroll*, sondern: *Ich führe. Ich befähige. Ich kreiere ein Sogfeld.* Verinnerliche: Systeme entlasten dich. Zahlen empowern dich. Dein Team trägt dich – wenn du weißt, wie. Also mach Schluss mit dem Solo-Hustle und steig ein in den CEO-Modus, der skaliert wie ein Boss, wirkt wie ein Leuchtturm und führt wie eine Königin. Und dann? Hinsetzen. Umsetzen. Verkörpern.

WAS PASSIERT, WENN DU DEIN BUSINESS WIRKLICH WÄHLST

Manchmal sind es nicht das laute YES, der große Durchbruch oder das Glamour-Selfie mit Champagnerglas. Manchmal ist es nur ein Flüstern. Ein Moment der Stille zwischen zwei Tränen. Ein leises, aber glasklares: *So. Jetzt reicht's.* Vielleicht erinnerst du dich. Vielleicht bist du *jetzt* genau an diesem Punkt. Ich war's auch. Und zwar an einem Dienstag. Kein magischer Vollmond. Kein inspirierendes Event. Nur ich. Auf dem Boden. In Jogginghose. Zwischen Hoffnung und Bankkonto.

F*ck-up Story: Eine Geschichte, die wehtat und alles verändert hat

Ich sitze da. Auf dem Boden meines Homeoffice. Der Kaffee ist längst kalt. Mein Herz brennt vor Enttäuschung. Gerade ist wieder eine Absage reingekommen. Nicht die erste. Nicht die letzte. Wieder ein Launch, der verpufft ist wie ein Wunderkerzenfunke im Sturm. Und dann kommt der Gedanke, der sich anfühlt wie ein Schlag in die Magengrube: *Vielleicht bin ich nicht dafür gemacht.* Ich habe investiert. So richtig. Ich habe mein Herz auf den Tisch ge-

9 Wenn du lernen willst, wie du ein Team aufbaust, das deine Werte lebt und deine Vision mitträgt, wenn du echte Markenbotschafterinnen finden möchtest, dann hol dir Jessis erstes Buch *Fachkräftemangel oder Machkräftemangel?* (GABAL Verlag, 2021). Es ist ein Muss für alle, die nicht nur ein Business führen, sondern Bewegung starten wollen.

legt – und 40 000 Euro in ein Coaching gesteckt. Bei einer Frau, die aussah, als hätte sie's geschafft. Sie war perfekt inszeniert. Glitzernd. Überzeugend. Sie versprach Leichtigkeit. Erfolg ohne Schweiß: »Alles ist Energie. Money is easy.« Und ich wollte es glauben. So sehr.

Doch hinter der Politur war wenig Substanz. Mehr Show als Wahrheit. Mehr Verkaufspsychologie als echter Halt. Ich fühlte mich benutzt. Beschämt. Und am Ende: allein. Aber weißt du, was am meisten wehgetan hat? Dass ich mich selbst verkauft hatte. Dass ich geglaubt hatte, jemand anders hätte den Schlüssel zu meinem Erfolg. Und während ich da sitze, mit Laptop auf den Knien und Tränen, die ich schon nicht mehr wegwische, passiert etwas. Es macht *Klick*. In mir. Ich atme. Tief. Und frage mich zum ersten Mal: *Was, wenn ich mein Business nicht mehr wie einen Notfall behandeln muss, wie ein ständiges Rennen gegen mich selbst? Was, wenn ich es so behandeln muss, wie eine Königin ihren Thron behandelt?*

Und dann fällt die Entscheidung. Kein neues Tool. Kein weiteres Freebie. Keine neue Strategie. Stattdessen: Klarheit. Fokus. Umsetzung.

Am nächsten Morgen liegt ein weißes Blatt Papier auf dem Schreibtisch. Darauf steht: Was soll wirklich gesagt werden? Was darf bleiben – und was geht?

Zwei Kooperationen enden, weil sie nicht mehr zur eigenen Energie passen. Die Preise steigen – ohne Rabattcode. Drei Content-Formate verschwinden, weil sie auslaugen statt verkaufen. Zwei Business-Freundschaften lösen sich, weil sie sich längst wie Pflicht anfühlten. Ein Gefühl von Freiheit kehrt ein. Noch nicht leicht – aber echt.

Hier beginnt die CEO-Identität. Nicht über Nacht - sondern in dem Moment, in dem das Gefallen endet und Verkörperung beginnt.

Verkörperung bedeutet: Worte und Energie stimmen überein. Ein Nein ist ein Nein. Ein Ja ist ein Ja. Die Preise spiegeln die eigene Identität. Keine weichgespülte Version mehr. Kein Rabatt. Kein Verbiegen. Kein Drama. Das Warten hört auf – auf Erlaubnis, auf Bestätigung, auf den perfekten Moment. Dafür beginnt etwas Neues: Ernsthaftigkeit sich selbst gegenüber.

Und ab da? Verändert sich alles. Während sich das Business neu ausrichtet, verändert sich auch das Leben. Die Tochter wird älter – und der Alltag voller. Nicht abrupt. Aber spürbar. Kein großer Knall. Aber viele kleine Momente. Momente, in denen der Kalender überquillt – und das Kind leer wirkt. Momente, in denen sich die Frage stellt: Bin ich wirklich da? Oder nur körperlich anwesend?

Ein Morgen bleibt besonders. Die Sonne scheint, die Fahrt zum Kindergarten beginnt. Fenster unten, Musik an. Zwei Stimmen, die laut singen, zwei Herzen, die lachen. Hände tanzen im Fahrtwind. Ein goldener Moment. Nur wir zwei. Für 30 Sekunden steht die Welt still. Dann wird es leise. Ein kleiner Kopf lehnt sich an den Arm. Ein Flüstern: »Mama, ich will heute nicht in den Kindergarten.«

Ich spüre, wie es in mir zieht. Alles in mir will sagen: »Okay, wir machen heute einen Mama-Tag.« Doch diesmal geht es nicht. Die letzten zwei Wochen war ich voll bei ihr. Und heute? Heute ist ein Tag, an dem ich für *beides* losgehen darf. Die Mutter in mir will beschützen. Die Unternehmerin in mir will führen. Und ich sage: »Schatz, ich weiß, dass du heute nicht willst. Aber ich gehe jetzt los, damit ich später noch mehr für dich da sein kann. Wir machen das zusammen, okay?« Und in dem Moment fühle ich's: Ich bin beides. Nicht entweder Mama *oder* CEO. Ich bin beides. Gleichzeitig. Und das ist verdammt noch mal okay.

Das ist High Impact Leadership. Es trotzdem zu machen. Mit Herz. Und Haltung. Mit Kind auf dem Rücksitz – und Vision im Blick. Weil genau das zählt: Dass wir uns nicht entscheiden müssen zwischen Liebe und Leadership. Zwischen Intuition und Impact. Zwischen Familie und Freiheit. Sondern dass wir lernen, beides zu halten – mit offenen Armen. Und dass wir genau dadurch zu der Frau werden, die wir gemeint sind zu sein. Nicht weil es plötzlich easy war, sondern weil wir endlich aufgetaucht sind.

Falls auch du dich manchmal zerrissen fühlst, habe ich hier ein Mini-Mantra to go: »Ich darf fühlen – und führen. Ich darf lieben – und losgehen. Ich bin nicht zu viel. Ich bin ganz. Genau richtig.«

Übung: Reflexion – Sei CEO deines Lebens und Business

Die folgenden Fragen sind kein nettes Journal-Add-on. Sie sind der Beginn deines neuen Kapitels. Nimm dir jetzt zehn Minuten. Ehrlich. Roh. Ohne Maske. Schnapp dir dein Journal und einen Stift und beantworte die Fragen ganz spontan, ohne allzu lange darüber nachzugrübeln:

- Wann hast du dich das letzte Mal wirklich für dich entschieden – nicht für dein Image?
- Was bedeutet es für dich, CEO deines Lebens und Business zu sein – in deiner Wahrheit, nicht in der Illusion?
- Welche Enttäuschung darf heilen, damit du wieder vertrauen kannst?
- Welche Angst darf heute gehen, damit deine Größe Platz hat?

Wenn du bis hierhin gelesen hast, dann bist du längst losgegangen. Dann bist du kein Teelicht mehr, das zittert, wenn der Wind weht, sondern bist bereits ein Leuchtturm, der auch bei Sturm den Kurs hält. Vielleicht tust du das noch nicht perfekt und sicher manchmal mit wackligen Knien. Aber du stehst. Du strahlst. Du entscheidest.

Vom Teelicht zum Leuchtturm ist kein Sprung, es ist eine Wahl. Jeden Tag. Und dieser Moment, in dem du dich nicht länger versteckst, in dem du dein Licht nicht mehr dimmst, nur damit sich andere wohlfühlen – dieser Moment verändert alles. Also: Mach dich nicht kleiner. Dein Kapitel 4 ist mehr als eine Entscheidung, es ist ein Bekenntnis. Zu dir. Zu deinem Weg. Zu deiner Wirkung. Jetzt ist nicht die Zeit für Zweifel. Jetzt ist die Zeit für Sichtbarkeit. Die Bühne gehört dir.

Best-of Learnings aus Kapitel 4

- **Du bist nicht nur Coach, du bist CEO.** Dein Business braucht keine »Nettigkeit«, sondern Leadership. *Du* steuerst, nicht der Algorithmus oder der Markt. DU.
- **Sichtbarkeit ist kein Trend, sie ist ein Akt der Selbstachtung.** Es geht nicht um Aufmerksamkeit. Es geht darum, dich selbst ernst zu nehmen und anderen zu zeigen, dass du es bist, die führt.
- **Dein Zyklus ist kein Störfaktor, er ist dein Erfolgstaktgeber.** Du bist nicht jeden Tag gleich, also warum sollte dein Business es sein? Zyklisch zu sein, bedeutet weiblich zu sein; es bedeutet, wirksam zu sein.
- **Identität schlägt Strategie.** Du brauchst keinen neuen Kurs. Du brauchst ein neues Selbstbild. Werde erst innerlich CEO, und der Erfolg folgt dir nach draußen.
- **Geld folgt Klarheit, nicht Hektik.** Wenn du nicht weißt, wofür du stehst, wird auch dein Bankkonto verwirrt sein. Klarheit bringt Cash. Punkt.
- **Dein Warum ist kein Marketing-Claim, es ist dein innerer Leuchtturm.** Wenn du weißt, wofür du losgehst, brauchst du keine Bestätigung mehr von außen. Purpose first. Planung folgt.
- **Dein Rhythmus schlägt jede Routine.** Du brauchst keinen 5-Uhr-Club, du brauchst dich selbst im Takt mit dir. Wenn du deinen Flow findest, kommt der Erfolg ins Fließen.
- **Entscheidung ist Transformation.** Der Gamechanger ist nie ein neues Tool, sondern ein klares: »Ich wähle mich.« Kein Vielleicht. Kein später. Sondern jetzt.

Deine Identität ist gewählt, dein Rhythmus gefunden. Aber was passiert, wenn du jetzt nicht auch *sichtbar sprichst*? Wenn deine Botschaft in dir bleibt – wie ein Lied, das niemand hört? Es ist daher an der Zeit, dein Inneres nach außen zu tragen – kraftvoll, klar und sichtbar. Damit du nicht nur »da bist«, sondern gebucht wirst. Reden ist nicht nur ein Tool, es ist dein Transformator. Deshalb ist dein nächster Schritt kein Canva-Post. Er ist deine Bühne. Dein Pitch. Deine klare Kommunikation. Genau da setzt Kapitel 5 an, denn reden ist nicht nett. Reden ist Wirkung. Let's go – von unsichtbar zu unverkennbar.

Kapitel 5:

Authentizität und Personal Branding – die Essenz deiner Sichtbarkeit

Natalia Wiechowski

Was du inzwischen sicherlich erkannt hast: Dies ist kein klassisches Business-Buch. Es ist ein Spiegel, und zwar einer, der dir nicht nur zeigt, wer du gerade bist, sondern wer du sein könntest, wenn du dich traust. Und jetzt? Jetzt sind wir mittendrin. Kapitel 5 lädt dich ein, noch tiefer zu tauchen.

Nun, da Jessi dir ein solides Business-Fundament, das »richtige« Mindset und bewährte Routinen für nachhaltigen Erfolg als Unternehmerin mitgegeben hat, möchte ich mit dir die essenziellen Themen Authentizität und Personal Branding betrachten. Vielleicht fragst du dich: *Authentizität, schon wieder? Ich hab doch schon 27-mal gehört, dass ich ich selbst sein soll.* Das stimmt. Und ich frage dich: Was heißt das eigentlich konkret, du sollst du selbst sein? Dieses Kapitel ist für dich, wenn du noch gar nicht genau weißt, wer du wirklich bist.

EINE BEGRIFFSERKLÄRUNG

Die Begriffe Authentizität und Personal Branding begegnen uns heute überall: in Marketing-Slogans, auf Social Media und in zahllosen Business-Coachings. Sie begegnen uns so oft, dass sie für viele schon zu leeren Schlagwörtern verkommen sind. Vielleicht hast du selbst schon erlebt, wie sie gepredigt, aber nicht gelebt werden – und wie sie dadurch ihre wahre Kraft verlieren. Doch in ihrer ursprünglichen Bedeutung sind sie mächtige Werkzeuge, die über deine Sichtbarkeit und deinen Erfolg entscheiden. Lass uns in diesem Kapitel also Authentizität und Personal Branding neu definieren und schauen, was sie wirklich bedeuten – und vor allem, wie du sie für dich nutzen kannst.

Authentizität: Der Mut, du selbst zu sein

Authentizität heißt, im Einklang mit deinem wahren Selbst zu leben und zu handeln. Es heißt, dass deine Worte, Taten und Werte übereinstimmen – ohne Masken und ohne die Anpassung an Erwartungen, die nicht deine eigenen sind. Im Business-Kontext bedeutet Authentizität, dass du dich so zeigst, wie du wirklich bist, anstatt eine Rolle zu spielen oder einer vermeintlich perfekten Strategie zu folgen. Es geht darum, deine Stärken anzunehmen, deine Schwächen nicht zu verstecken und mit deiner echten Persönlichkeit sichtbar zu werden. Authentizität schafft Vertrauen, macht dich einzigartig und sorgt dafür, dass du die richtigen Menschen – deine idealen Kundinnen und Kunden – anziehst.

Personal Branding: Deine Einzigartigkeit sichtbar machen

Personal Branding bedeutet, dich selbst bewusst als Marke aufzubauen – nicht durch aufgesetzte Strategien oder glatte Fassaden, sondern indem du deine wahre Essenz nach außen trägst. Es geht darum, deine Werte, deine Persönlichkeit und deine Expertise so zu kommunizieren, dass du nicht nur sichtbar wirst, sondern auch die richtigen Menschen anziehst. Eine starke Personal Brand entsteht nicht über Nacht, sie wächst mit deiner Klarheit, deiner Konsistenz und vor allem mit deiner Bereitschaft, dich moßartig zu zeigen.

Authentizität ist folglich das Fundament deines Personal Brandings; ohne sie bleibt jede Marke oberflächlich und kann nicht langfristig aufrechterhalten werden. Ich kann ein Lied davon singen, wenn ich an meine erste Brand *Think Natalia* zurückdenke (mehr dazu gleich). Deine *wahre* Identität gibt deiner Marke Tiefe, während der strategische Prozess des Brandings deiner Authentizität Sichtbarkeit verleiht. Beide sind untrennbar miteinander verbunden.

DEINE DNA ALS MARKE: WAS DICH EINZIGARTIG UND UNVERWECHSELBAR MACHT

Viele der Ängste, die wir in Kapitel 2 besprochen haben, würden gar nicht erst entstehen, wenn du glasklare Klarheit über dich selbst und dein Personal Branding hättest. Und genau hier liegt der Knackpunkt: Jessi und ich erleben immer wieder, dass großartige Frauen, die auf uns zukommen, entscheidende Aspekte ihres Personal Brandings entweder völlig ignoriert oder bewusst weggeschoben haben – oft, weil es sich überwältigend anfühlt. Oder aber sie stellen sich bestimmte, essenzielle Fragen erst gar nicht. Und wie immer gilt: Das ist okay, menschlich und eine liebevolle Beobachtung, keine Bewertung.

Lass uns deshalb an diesem Fundament arbeiten, denn es ist die Basis deiner Sichtbarkeit. In diesem Kapitel wirst du lernen und erarbeiten, wer du bist, für wen und womit du da bist und wie du dich sichtbar machst. Wir werden tief eintauchen in deine Identität als Personal Brand, dein Angebot, deine Zielgruppe und deine Story als Verbindungselement. Dieser erste Abschnitt legt die Grundlage für den Rest des Kapitels. Es geht nicht nur darum, wie du wahrgenommen werden willst; vielmehr konzentrieren wir uns darauf, wer du wirklich bist, warum du das tust, was du tust, und wie du das in deinem

Business verkörperst. Anschließend wird's strategisch: Wir fragen nicht nur, wer deine Zielgruppe ist, sondern auch, wie du eine starke energetische und inhaltliche Verbindung zu genau den richtigen Menschen aufbaust. Mit dieser soliden Struktur bekommst du letztendlich mehr »Umpf«, das heißt, deine Story wird emotional packend und taktisch klug eingesetzt, um Vertrauen, Verbindung und Sichtbarkeit aufzubauen.

Ich muss immer wieder schmunzeln, wenn Menschen an ihrer Personal Brand arbeiten wollen und überrascht sind, wenn ich ihnen sage: Wir starten nicht mit deinen Skills oder der Außenwirkung, sondern mit deiner inneren Klarheit. Wer bist du wirklich? Wofür stehst du?

Wie Jessi bereits in Kapitel 3 erörtert hat: Die Welt ist ein Spiegel. Oder anders gesagt: wie im Innen, so im Außen. Wenn du innerlich unklar, chaotisch oder unsicher bist, wird sich das in deiner Außenwirkung widerspiegeln. Struktur, Inspiration und echte Strahlkraft entstehen erst, wenn du dein Inneres geklärt hast. Also lass uns tiefer tauchen: in deine Essenz, deine Werte, Überzeugungen und inneren Antriebe.

F*ck-up Story: Wenn es der Brand an Verkörperung und Tiefe fehlt

Um dir zu zeigen, wie wichtig die innere Arbeit ist, teile ich mit dir eine meiner größten F*ck-up-Storys. Mein Ziel? Dich dazu einzuladen, wirklich hinzusehen und in dich hineinzufühlen. Denn wenn du das tust, wirst du dir über die Jahre eine Menge Zeit, Energie und Umwege ersparen und schneller deine wahren Ziele erreichen, anstatt glänzenden Ablenkungen hinterherzulaufen. Um das Ganze etwas aufzulockern, dachte ich mir, ich lade dich auf einen kurzen, imaginären Dialog zwischen der alten, stark verkopften Natalia (NA) aus dem Jahr 2014 und der heutigen, verkörperten Natalia (NH), Standpunkt 2025, ein. Vielleicht erkennst du dich in Teilen wieder und nimmst mit einem Schmunzeln etwas für dich mit.

NH: Natalia, warum tust du, was du tust? Was treibt dich wirklich an – jenseits von Geld und Erfolg?

NA: Ehrlich gesagt? Ich will einfach raus aus der Festanstellung. Ich kann nicht für Menschen arbeiten, die mich nicht inspirieren oder zu denen ich nicht aufschauen kann. Das macht mich wahnsinnig. Deshalb probiere ich jetzt, nach meiner Kündigung und in meinem ersten Sabbatical, einfach mal Freelancing aus. Vielleicht gründe ich dann meine eigene Firma. Social Media fasziniert mich, vor allem, wie die Amis es nutzen, um Erfolg zu haben. Vielleicht funktioniert das ja auch für mich.

Denn was ist die Alternative? Arbeitslosengeld beantragen? Heiraten und mich »absichern«? Das passt nicht zu mir. Ich mag es zu arbeiten. Ich liebe es, Dinge zu erschaffen. Und ganz ehrlich? Ich finde Geld und Status geil. Offiziell würde ich das wahrscheinlich nie so sagen, aber es ist nun mal die Wahrheit.

NH: Spannend. Danke für deine Ehrlichkeit. Lass uns noch tiefer gehen: Welche Werte sind dir so wichtig, dass du sie niemals aufgeben würdest?

NA: Puh, schwierige Frage. Was genau sind Werte überhaupt? Ich habe mich damit nie bewusst beschäftigt. Aber das Erste, was mir in den Sinn kommt: Erfolg, Status, Geld und Abenteuer. Ich brauche diesen gewissen Nervenkitzel. Etwas Großes, an dem ich arbeiten kann. Dieses Gefühl, wenn ich aus dem Nichts etwas Tolles erschaffe – das gibt mir eine Art innere Ruhe. Ganz kurz ist mein Kopf still, es herrscht endlich Frieden. Krass, das habe ich so noch nie reflektiert. Und das, obwohl ich seit Jahren Tagebuch schreibe!

Ja, ich weiß – die große 30 rückt näher. Die meisten um mich herum denken an Familie, Hauskauf, Hochzeit. Aber ich? Ich fühle mich so gar nicht bereit dafür. Keine Ahnung, ob ich es jemals sein werde. Irgendetwas an diesem Konzept passt für mich einfach nicht. Und da ist noch etwas. Es ist mir ein bisschen peinlich, aber ich sag's dir trotzdem: Es gibt da dieses Brennen in meiner Brust, eine Stimme, die mir manchmal für den Bruchteil einer Sekunde Dinge klarmacht, die ich eigentlich gar nicht wissen kann. Und in genau diesen Momenten fühlt sich plötzlich alles Materielle um mich herum bedeutungslos und das, was übrig bleibt, magisch an. Dann ist da diese Klarheit, diese Freiheit – fast wie bei Mel

Gibson in *Braveheart,* wenn er »Freeeeedom!« schreit. Klingt verrückt, oder? Ich kann's nicht besser beschreiben. Verstehst du, was ich meine?

NH: Absolut. Und weißt du, was ich sehe? Du hast gerade einfach noch nicht die Lebenserfahrung und emotionale Reife, um diese innere Stimme vollständig anzunehmen. Aber das ist okay. Genieße die Reise; in zehn Jahren sprechen wir noch mal darüber. Ich bin gespannt, was du dann sagst. Lass uns jetzt noch eine Ebene tiefer gehen. Das ist meine letzte Frage für heute: Welche Mission verfolgst du mit deinem Business? Welche Vision hast du?

NA: Mission, Vision – das verwirrt mich total. Muss ich beides wirklich haben? Gefühlt redet jeder darüber. Aber okay, ich versuche es mal. Gerade sehe ich mich nicht mal als Business. Und ich glaube, ich will das auch noch nicht. Ich brauche eine Pause, will testen, lernen, experimentieren. Ich will einfach anfangen, dokumentieren und dann schauen, wohin es sich entwickelt. Ich habe genug Geld gespart, um mir diese Freiheit zu leisten. Und ich kenne mich – mir wird schnell langweilig, wenn ich keine Herausforderung habe. Aber sobald ich das Richtige gefunden habe, werde ich es definitiv zu einem Business machen.

Mein altes Ich konnte keine langfristig erfolgreiche, internationale Brand aufbauen, weil ihm die innere Klarheit über seine wahren Werte, seine Identität und seine Mission fehlte. Ich war stark nach außen orientiert – an Status, Geld und Trends –, statt authentisch ausgerichtet zu sein. Ohne eine klare Positionierung[10] und echtes Vertrauen in meine innere Stimme (zu der ich damals noch keinen wirklichen Zugang hatte) fehlte die Substanz, die eine starke, erfüllende Personal Brand trägt.

Anfangs traf ich meine Entscheidungen aus einem Gefühl des Experimentierens und Reagierens heraus, ohne eine bewusste, strategische Gestaltung zu verfolgen. Später, als meine Marke gewachsen war und ich mir Topberater zur Skalierung holte, entstand ein Konzept, das mich in meiner damals noch unklaren Identität und »klassischen Positionierung im Außen« bestärkte. Doch genau das führte mich in eine Sackgasse. Ich arbeitete und arbeitete und verlor mich dabei selbst. Nach sieben Jahren »Hustle and Grind«, also des unermüdlichen Schuftens, musste ich den Stoppknopf drücken. Wie das konkret aussah, darauf komme ich später noch einmal zurück. Für jetzt ist wichtig, zu wissen, dass all das nötig war, auch wenn es sich damals wie ein »F*ck-up« angefühlt hat. Denn erst mit mehr Ichbewusstsein, innerer Verbundenheit, emotionaler Reife und ra-

10 Positionierung bezeichnet die klare Festlegung, wie sich ein Business oder eine Marke von anderen abhebt und in den Köpfen der Zielgruppe wahrgenommen werden soll.

dikaler Ehrlichkeit konnte ich eine (zweite) Personenmarke aufbauen, die nicht nur sichtbar und wirksam ist, sondern sich auch wirklich nach mir anfühlt. Dafür brauchte es ein zweites Sabbatical, eine neue Art von Mut und Mentorinnen, die den Weg zur wahren Essenz kannten – weil sie ihn selbst gegangen waren.

Exkurs: Klassische Positionierung im Außen vs. Wesenskern-basierte Positionierung

Falls du über den Begriff »klassische Positionierung im Außen« gestolpert bist, hier eine kurze Erklärung: Ich möchte damit eine Positionierung beschreiben, wie sie uns häufig in Business Schools, durch Bücher, Kurse und Mentoren beigebracht wird. Diese Strategie fokussiert sich – zumindest war das meine Erfahrung – auf den Markt, die Konkurrenz, die Schmerzpunkte der Kunden und den Aufbau eines lukrativen Angebots. Sie ist rational, linear, denkt in Boxen und konzentriert sich auf materiellen Erfolg, höhere Umsätze und digitale Marketingtrends – was an sich nicht schlecht ist.

Dieser Ansatz eignet sich hervorragend für Unternehmerinnen und Unternehmer, die ein Business aufbauen, wachsen, skalieren und es schließlich für viel Geld verkaufen wollen. Doch er baut (vielleicht bewusst?) keine tiefe emotionale Bindung auf, was Vor- und Nachteile hat. Vorteile? Er hat mir zu sensationellen Umsätzen, hohem Ansehen, Thought-Leader-Status und vielen Followern verholfen, wofür ich dankbar bin.

Zehn Jahre Unternehmertum lehrten mich jedoch: Die klassische Positionierung im Außen ist suboptimal für Menschen, die ihr Herzensbusiness aufbauen möchten und ihr Business als eine Möglichkeit sehen, sich authentisch auszudrücken und ihre Geschenke mit der Welt zu teilen. Natürlich wollen auch wir gutes Geld verdienen und einen schönen Lebensstil genießen. Materielle Erfolge und Status sind großartig. Doch wir wissen, dass wir heutzutage anders und natürlicher arbeiten können – vielleicht sogar »müssen« –, wenn uns unsere emotionale, mentale und kollektive Gesundheit sowie nachhaltiger Erfolg wichtig sind.

Und hier kommt der Knackpunkt: Die klassische Positionierung im Außen wird oft von denen unterrichtet, die eine »Hustle & Grind«-Kultur feiern. Diese wird meiner Wahrnehmung nach in sozialen Medien und Hollywood-Filmen als cool, stark und erstrebenswert dargestellt. »Sei keine Sissi.« – »Auf die Zähne beißen. Augen zu und durch.« – »Nur die Harten kommen in den Garten.« Es hat fast etwas Kriegsartiges. Auch hier, keine Kritik, lediglich eine Beobachtung. Ich – als ehemalige Leistungssportlerin – verstehe den Sog, den Charme und den Reiz. Jahrelanges »Hustle & Grind« ist jedoch unmenschlich und nicht langfristig aufrechtzuerhalten. Es verlangt von uns, Teile unseres wahren Selbst und unserer Intuition zu ignorieren und zu unterdrücken – was früher oder später zu Verbitterung, Frustration und Wut führen wird. In einem solchen starren Gerüst bleibt kein Raum, um zu hinterfragen, ob wir noch integer mit uns selbst sind. Kein Wunder, dass wir uns irgendwann wie früher als Angestellte fühlen. Um uns herum glänzt das Gold, aber wir merken nicht, dass wir uns einen goldenen Käfig gebaut haben. Ups.

Deshalb fordere ich heute mehr Inspiration und weniger Verkopftheit. Mehr Kollaboration und weniger Ellenbogenmentalität. Mehr Flow und weniger starre Strukturen. Schmerz gehört zum Leben dazu, aber Leiden ist optional. Deshalb weg mit dem Hustlen und Grinden! Hallo zu mehr Effizienz und weisem Arbeiten. Ich bin überzeugt, dass wir erfolgreich, erfüllt, integer und gesund sein können, während wir unsere Arbeit genießen und unser Business floriert.

Wenn ich heute bei Null anfangen würde,[11] würde ich mir eine holistische Business-Mentorin suchen, die sich nicht mit meinen semitiefen Antworten bezüglich meiner Werte, Mission und meines »Warums« zufriedengegeben hätte. Eine Frau, die mich in meiner Skalierungsabsicht herausgefordert und mir gezeigt hätte, dass ich erst mal meine Hausaufgaben in Bezug auf mein wahres Selbst machen sollte. Wozu ein Business skalieren, das auf einer flachen, unwahren Basis aufbaut?

Idealerweise würde sie mir dann bei einer wesenskernbasierten Positionierung helfen – einer Repositionierung, die mein wahres Selbst herauskitzelt und mir beim Aufbau von Arbeitsroutinen und -prozessen hilft, die sich wirklich richtig anfühlen. Anstatt – und ja, ich übertreibe bewusst ein wenig – »nur« zu schauen, was der Markt will, wie ich meinen Umsatz verfünffachen kann, welche Themen gerade trendy sind und wie Algorithmen gehackt werden können, wäre eine Erinnerung daran, wonach sich meine Seele sehnt, was mir im tiefsten Herzen Freude bereitet und welche Gaben, Talente und Geschenke ich mitgebracht habe, wirklich hilfreich.

Und ja, du kannst es bereits erraten: Genau das mache ich heute bei meinen 1:1-Kundinnen. Ich lade zu einer Kollaboration aus Logik und Intuition, aus Struktur und Flow, aus Außen und Innen ein. Denn eine gesunde Kombination macht uns unschlagbar und langfristig erfolgreich – sowohl materiell als auch in unserem Herzen.

---

[11] Bitte nicht falsch verstehen, ich beanstande oder verurteile weder mein altes Selbst noch die Menschen, mit denen ich in der Vergangenheit gearbeitet habe. Was war, das war, und ich bin in Frieden damit.

Übung: Reflexion – deine Essenz in Worte fassen

In Kapitel 4 hast du bereits an deinem Warum gearbeitet. Die folgende kurze Übung kann interessante neue Nuancen hochbringen. Nimm dir 10 bis 15 Minuten Zeit, um in dich hineinzufühlen, und beantworte die folgenden Fragen schriftlich. Sei dabei radikal ehrlich – es gibt keine richtigen oder falschen Antworten.

- **Warum tust du, was du tust?** Was treibt dich an, wenn Geld und Erfolg keine Rolle spielen würden? Wonach sehnt sich dein Herz, nicht nur dein Ego?
- **Welche Werte sind für dich nicht verhandelbar?** Was ist dir so wichtig, dass du es nicht aufgeben würdest? Denk nicht nur ans Business, sondern auch an damit verbundene Lebensbereiche.
- **Welche Mission steckt hinter deinem Business?** Was möchtest du bewirken – für dich selbst und in der Welt?

Lies dir deine Antworten laut vor. Spürst du eine stimmige Klarheit oder eher Unsicherheit? Falls Letzteres der Fall ist, stelle dir eine letzte Frage: **Was würde sich wirklich wahr anfühlen?** Lass die Antwort in dir aufsteigen – sie ist bereits da.

Deine Erfahrungen unterscheiden dich von anderen

Deine Einzigartigkeit wird im Business oft als USP (Unique Selling Proposition) bezeichnet. Doch dein USP ist weit mehr als nur dein Angebot: Er entsteht aus deiner Persönlichkeit, deinen Erfahrungen und deiner Art zu denken. All das macht dich unverwechselbar. Wenn du genau diese Einzigartigkeit in deiner Markenkommunikation nutzt, hast du keine Konkurrenz, denn niemand kann du sein – außer du selbst. Das heißt, du bist deine USP – nutze sie!

Natürlich mag es Menschen geben, die dich in der Zukunft kopieren oder imitieren. Doch sie werden niemals erfolgreich sein, weil deine Energie, deine Essenz und dein innerer Wesenskern nicht nachzuahmen sind. Angeblich soll Oscar Wilde einmal gesagt haben: »Be yourself; everyone else is already taken.« Ob er es wirklich war? Wer weiß. Wahr bleibt es trotzdem. Wie kraftvoll diese Wahrheit ist, zeigt die folgende Geschichte einer meiner Kundinnen. Sie wuchs in Nordeuropa auf, hatte jedoch arabische Wurzeln. Sie war eine beeindruckende Frau mit umfassendem Wissen, doch sie stand sich selbst im Weg, und das wusste sie. Von Anfang an fiel mir auf, dass sie kaum über ihre Vergangenheit oder ihre Herkunft sprach. Später stellte sich heraus, dass dies mit einer unverarbeiteten Wunde aus ihrer Kindheit zusammenhing.

Dieser innere Widerstand verhinderte, dass sie ihre einzigartigen Perspektiven, Erfahrungen und ihr wertvolles Wissen in ihr Coaching und ihren Content integrierte. Die Folge? Trotz regelmäßiger, wertvoller Posts, zahlreicher beantworteter Nachrichten auf LinkedIn und Instagram blieben die Kundinnen aus. Ihre Energie war nicht vollständig da. Doch zu diesem Zeitpunkt war sie noch nicht bereit, sich ihrem Schmerz zu stellen, und das war völlig in Ordnung.

Einige Monate später, gegen Ende unseres Mentorings, traf ich sie erneut in einem Zoom-Call – und war sprachlos. Etwas hatte sich verändert. Sie strahlte, eine spürbare Leichtigkeit umgab sie, als würde sie von innen heraus leuchten. Und ja, du ahnst es: Sie hatte sich ihren Schatten gestellt, ihre Geschichte angenommen, vergeben und all ihre Anteile in diesem Zusammenhang integriert.

Das Resultat? Ihr Business begann, mühelos zu fließen. Ihre Arbeit gewann an Tiefe, ihre Coachings wurden kraftvoller, ihr Verständnis für ihre Kundinnen wuchs. Sie musste nicht mehr kämpfen, nicht mehr überzeugen. Sie zog an und war einfach sie selbst – und genau das machte sie konkurrenzlos.

Übung: Reflexion – Entdecke deine Einzigartigkeit

Deine Einzigartigkeit ist der Kern deiner Marke; sie ist das, was dich von anderen unterscheidet und deine Konkurrenz irrelevant macht. Doch oft sind genau diese Besonderheiten für uns selbst schwer zu erkennen. Nimm dir jetzt einen Moment Zeit, um tiefer zu schauen, und beantworte die folgenden Fragen in deinem Journal. Schreibe deine Antworten intuitiv auf, ohne zu filtern. Denn genau dort liegt deine wahre USP.

- **Welche ungewöhnlichen Kombinationen aus Erfahrungen, Wissen oder Perspektiven bringst du mit?** Vielleicht hast du einen ungewöhnlichen Karriereweg, kulturelle Einflüsse oder einzigartige Interessen, die dein Business bereichern.
- **Gibt es Dinge, die du radikal anders machst als andere?** Welche Prinzipien oder Ansätze verfolgst du, die von der Norm abweichen?
- **Welche prägenden Erlebnisse haben dich zu der Person gemacht, die du heute bist – und wie spiegeln sie sich in deinem Business wider?** Gibt es Herausforderungen, die du gemeistert hast und die deine Arbeit heute beeinflussen?

Sichtbar werden, ohne dich zu verbiegen

Viele versuchen, eine Marke zu sein, die sie gar nicht sind – und scheitern daran. Doch eine erfolgreiche Personal Brand entsteht nicht durch Perfektion, sondern durch Echtheit. In diesem Abschnitt lade ich dich ein, dein wahres Ich zu entdecken und sichtbar zu machen – ohne Masken, ohne Rollen. Aber warum tragen wir eigentlich Masken?

Wir kommen als neugierige, authentische Wesen auf die Welt. Doch im Laufe unseres Lebens lernen wir, uns anzupassen. Schon als Kinder merken wir: Bestimmtes Verhalten bringt uns Liebe und Anerkennung. Also lächeln wir mehr, sind brav oder übernehmen Rollen, die uns Zuwendung sichern. Später im Leben setzen sich diese Muster fort. Wir verhalten uns so, wie wir glauben, sein zu müssen, um gemocht, respektiert oder erfolgreich zu sein. Doch je weiter wir uns von unserem wahren Selbst entfernen, desto anstrengender wird es, diese Fassade aufrechtzuerhalten.

Es ist wichtig, zu verstehen, dass nicht immer tiefgreifende Traumata der Grund für diese Masken sind. Manchmal entstehen sie aus dem Wunsch, sich in der Welt zurechtzufinden und in bestimmten sozialen oder beruflichen Kontexten akzeptiert zu werden. Die Gesellschaft erwartet von uns, dass wir bestimmte Rollen einnehmen oder Normen erfüllen, und wir glauben, dass wir nur dann Erfolg oder Zugehörigkeit erfahren, wenn wir uns anpassen. Es kann auch der Wunsch nach Bestätigung oder Sicherheit sein, der uns dazu bringt, Masken zu tragen – sei es in Beziehungen, in unserem Berufsleben oder in der Öffentlichkeit.

Die Gründe, warum wir Masken tragen, sind also oft vielschichtig und hängen nicht immer mit tiefen emotionalen Verletzungen zusammen. Sie können genauso gut aus dem Bedürfnis entstehen, uns zu schützen, unseren Platz zu finden oder uns vor den Erwartungen anderer zu wappnen. Doch unabhängig vom Ursprung der Masken bleibt die Herausforderung, uns wieder mit unserem wahren Selbst zu verbinden und den Mut zu finden, diese Fassaden loszulassen.

Eine meiner alten Masken war die der Overachieverin. Noch heute höre ich in Podcast-Interviews immer wieder Sätze wie: »Aber ich habe zu dir aufgeschaut, Natalia. Und war beeindruckt. Du warst immer positiv, immer hilfsbereit und freundlich. Vorbereitet. Witzig. Ich meine, du rennst im Einhornkostüm durch die LinkedIn Learning[12]-Büros. Wenn das nicht authentisch ist, was dann?« (Zum Einhornkostüm komme ich gleich noch.)

---

[12] Zum Zeitpunkt der Fertigstellung dieses Buches haben bereits über 200 000 Teilnehmende meine LinkedIn-Kurse durchlaufen – darunter mehr

Ja, diese Dinge klingen auf dem Höhepunkt meiner damaligen Karriere großartig. Aber hinter den Kulissen habe ich mich elendig – beziehungsweise leer – gefühlt. Eine meiner tiefsten emotionalen Wunden in Bezug auf meinen Selbstwert war an den falschen Glaubenssatz gebunden: *Ich werde nur geliebt, wenn ich performe. Sobald ich keine Topleistung erbringe, wird mir Liebe und Aufmerksamkeit entzogen.* Frag mich nicht, wie oder wo dieses Muster entstanden ist. Vielleicht, weil eines meiner Elternteile leistungsorientiert war? Oder weil meine Eltern in den 1980er-Jahren mit fast nichts in ihren Koffern nach Deutschland einwanderten und als Zugezogene ihre Zugehörigkeit durch ihre Leistung beweisen mussten? Ist auch egal. Aber nimm dieses Muster und kombiniere es mit der mangelnden Fähigkeit, sich selbst wertzuschätzen, und schwups, der People-Pleaser und Hyperperformer ist geboren. Eine Maske, die meinem Ego diente, meiner Seele jedoch schadete und meinen Körper fast ausbrannte. Natürlich war mir das zu jenem Zeitpunkt absolut nicht bewusst. Ich dachte, das sei einfach mein Weg und der Preis für meinen Erfolg.

Dann kam der Moment der Veränderung. Ich erinnere mich noch an eine Szene, fünf Minuten vor einer Rede, die ich zugesagt hatte, vor einem großen Publikum zu halten. Ich hatte absolut keine Lust, auf die Bühne zu gehen und die Masse zu entertainen. Ich war erschöpft von all den LinkedIn Lives, Gruppen-Coachings, Content schreiben, neue Produkte launchen, Kollaborationen hier, Awards da, Corporate Trainings in Dubai, Online-Kurs-Aufnahmen in den USA, Reden in Polen. Es war zu viel und es fühlte sich alles so flach an. Null erfüllend.

Ich hatte einen Punkt erreicht, an dem ich vor meinem geistigen Auge sah, dass ich jemandem an die Gurgel gehen würde, wenn er mich noch fragte, wie man Hashtags auf LinkedIn nutzt. In meinem Kopf rumorte es. Ich fragte mich: Immer mehr Ehen zerbrechen, Menschen fühlen sich allein, unsere mentale Gesundheit als Gesellschaft geht den Bach runter – und ich verbringe meine Zeit damit, Individuen Employer Branding beziehungsweise Personal Branding auf LinkedIn beizubringen? Wirklich?! Was für eine Lebensverschwendung! Ich brodelte nur so vor Zorn und Wut.

Und dann tauchte eine innere Stimme auf – ein Teil von mir, der mir unmissverständlich klarmachte, dass er mich auf der Bühne bloßstellen würde, wenn ich ihm nicht endlich beweise, dass dies nicht meine letzte Rede ist. Dieser Teil schwor mir, radikal ehrlich zu sein und meine wahren Gedanken

als 72 000 den Kurs »*Dein optimales LinkedIn Profil*« und über 63 000 den Kurs »*Personal Branding mit LinkedIn*«. Eine Entwicklung, die mich zutiefst freut und dankbar macht. #HumbleBrag und Gefühle mit meinem Publikum zu teilen. Damit setzte ich meiner LinkedIn-Einhorn-Karriere[13] einen Schlussstrich. Ich machte einen Deal mit diesem Teil von mir und wusste danach ganz klar: Am Ende dieses Jahres ist Schluss mit all diesem Theater. Und so war es dann auch. Ich nahm keine neuen Aufträge und Kunden mehr an und ging in mein zweites Sabbatical.

Übung: Leg die Masken ab

Hier kommt deine Schritt-für-Schritt-Anleitung für echte Transformation.
Schritt 1: Masken erkennen und ablegen. Echte Transformation beginnt mit Bewusstwerdung. Wenn wir eins zu eins arbeiten würden, würde ich dich jetzt in eine kurze Meditation führen, um dein authentisches Selbst zu spüren. Da das hier nicht live geht, lade ich dich zu einer Reflexion ein. Nimm dir Stift und Papier und beantworte die folgenden Fragen:

---

[13] Warum »LinkedIn-Einhorn«? 2018 wurde ich in einem Artikel des *Inc. Magazines* mit dem Titel *»11 LinkedIn Experts Shared Their Best Unusual Hack for LinkedIn Marketing«* als eine der Expertinnen vorgestellt. Der Autor – ein bekennender Einhorn-Fan – taufte uns auf seine typisch verspielte Art »LinkedIn Unicorns« mit dem Leitsatz: »Be a unicorn in a sea of donkeys.« Ich erkannte sofort das Potenzial dieser Metapher für meine Personal Brand – und der Rest ist Geschichte. Seitdem war ich im deutschsprachigen Raum und international als das LinkedIn-Einhorn bekannt.

- *Wo in meinem Business handle ich nicht aus meinem tiefsten Inneren heraus?*
- *Welche Rolle spiele ich, um Anerkennung zu bekommen?*
- *Was würde sich verändern, wenn ich einfach ich wäre?*

Je bewusster du dir über deine Masken wirst, desto leichter kannst du sie ablegen. Sobald du das tust, wirst du eine neue Leichtigkeit spüren – und deine wahre Strahlkraft entfalten. Falls Ängste oder Blockaden auftauchen, nutze deine eigenen Tools oder die Methoden aus Kapitel *2, um sie zu lösen.*
Schritt 2: Authentische Sichtbarkeit kreieren. Sichtbar zu sein bedeutet nicht, laut zu sein oder sich zu beweisen. Echte Sichtbarkeit entsteht aus Fülle: *Ich bin da – wie kann ich dienen?* statt *Bitte sieh mich!* Die folgenden drei Fragen helfen dir, dich auf Social Media so zu zeigen, dass es sich leicht und stimmig anfühlt:

- **Wie möchtest du in der Welt wahrgenommen werden, und zwar wirklich, nicht strategisch?** Welche drei Worte beschreiben dein wahres Wesen, unabhängig davon, was andere erwarten?
- **Welche Aspekte, die du bisher versteckt hast, möchtest du in deine Personal Brand einfließen lassen?** Welche Teile deiner Geschichte, Werte oder Persönlichkeit dürfen endlich sichtbar werden?
- **Wie kannst du dich so auf Social Media zeigen, dass es sich echt anfühlt und langfristig durchhaltbar ist?** Welche Art von Content, Tonalität und Ausdrucksweise fühlt sich für dich *natürlich* an?

Wenn du dein authentisches Selbst kennst, bleibt nur eine Frage: *Für wen ist das besonders wertvoll?* Genau darum geht es im folgenden Abschnitt.

DEIN ANGEBOT UND DEINE ZIELGRUPPE: WIE DU GENAU DIE RICHTIGEN MENSCHEN ANZIEHST

Viele Unternehmerinnen beschreiben ihr Angebot zu abstrakt oder zu allgemein. Dahinter steckt oft der Wunsch, möglichst vielen Menschen helfen zu wollen – eine noble Absicht. Doch aus Marketingsicht ist das problematisch. Ich übertreibe mal: Wenn du versuchst, *fast alles für fast alle* anzubieten, wirst du schwammig und nicht greifbar. Menschen verstehen nicht genau, worin du wirklich gut bist und warum sie gerade dich wählen sollten.

In diesem Abschnitt unterstütze ich dich dabei, dein Angebot so zu schärfen, dass es emotional berührt und einen echten Bedarf trifft. Dafür nehme ich dich zunächst mit auf meine eigene Reise: von der eierlegenden Wollmilchsau zur klaren Positionierung. Anschließend zeige ich dir, wie ich vom kreativen Chaos zur strukturierten Klarheit gefunden habe. Zum Abschluss teile ich die Entstehung meines »magischen« Angebots mit dir und leite daraus eine praktische Übung ab, die dir hilft, deine eigene Positionierung zu verfeinern.

Natalias Weg von Chaos zu Struktur

Lasse uns zeitlich wieder ein paar Jahre zurückspringen. Das LinkedIn-Einhorn war noch nicht geboren. Ich hatte soeben meinen Job gekündigt. Als ich mein erstes Sabbatical nahm, wollte ich herausfinden, was mir Spaß macht und worin ich wirklich gut bin. Also probierte ich alles Mögliche aus:

- Ich modelte,
- half bei Kunstprojekten,
- unterstütze ein Yoga-Magazin,
- schrieb nebenbei ein bisschen,
- überarbeitete Websites und Flyer
- und coachte eine junge Frau im B2B-Marketing.

Je mehr ich über Fotografie, Copywriting und Social Media lernte, desto mehr Menschen fragten mich um Rat – zuerst zu Instagram, dann zu LinkedIn. Als ich meine Blogging-Skills ausbaute und meine ersten Reden hielt, kamen Anfragen zum Thema Public Speaking dazu. Hältst du noch mit? Ich selbst tat es irgendwann nicht mehr. Es war zwar aufregend und abwechslungsreich, aber auch chaotisch. Ich jonglierte unzählige Projekte und wurde in nichts richtig *exzellent.* Also zog ich die Notbremse.

Ich nahm mir bewusst Zeit, um Ordnung in mein kreatives Durcheinander zu bringen. Ich erstellte eine Tabelle und ging systematisch vor:

- **Ich listete alle Projekte auf**, an denen ich in den letzten Monaten gearbeitet hatte.
- **Ich bewertete ehrlich**, ob mir die Arbeit Freude bereitete. Um schonungslos ehrlich zu sein, hielt ich die Antwortoptionen konkret: Es gab nur Ja oder Nein.
- **Ich prüfte die finanzielle Realität:** War das Angebot lukrativ? Falls nein, hätte ich die Preise erhöhen können?

Alles, was nicht profitabel oder erfüllend war, strich ich. Was blieb, war eine viel klarere Auswahl: Personal Branding auf Instagram, Personal Branding auf LinkedIn und Public Speaking. Natürlich wäre es ideal gewesen, mich *nur* auf eine Sache zu fokussieren. Doch dazu war ich damals noch nicht bereit. Trotzdem war es ein erster großer Schritt in Richtung Klarheit.

Nach kurzer Zeit merkte ich allerdings, dass mein Angebot *immer noch* zu breit war. Ich entschied mich, Instagram und Public Speaking loszulassen. Warum? Davon gab es bereits zahlreiche Coaches, während LinkedIn – vor allem in der DACH-Region – noch völlig neu war. L.i.n.k.e.d.I.n.?! Die meisten Menschen schauten mich an, als sei ich ein Alien, wenn ich ihnen davon erzählte. Das ist der Preis, den eine Pionierin zahlt – und ich war völlig okay damit.

Erst jetzt konnte ich meine Kommunikation präzisieren und wirklich verstehen, was ich verkaufe. Drei Fragen halfen mir dabei:

- Welchen konkreten Schmerzpunkt löse ich?
- Wie verändert mein Angebot das Leben meiner Kundinnen und Kunden?
- Warum ist mein Angebot nicht nur ein Nice-to-have, sondern ein *Must-have* für meine Zielgruppe?

Hier ein grober Einblick in meine eigenen Antworten, damit du sie als greifbares Beispiel nutzen kannst:

- **Welchen konkreten Schmerzpunkt löse ich?** Unsichtbarkeit und fehlende Reichweite, unklare Positionierung, Angst vor Content-Erstellung, Sichtbarkeit und Bewertung, kein messbarer Business-Erfolg, technische und strategische Unsicherheit
- **Wie verändert mein Angebot das Leben meiner Kundinnen und Kunden?** Ich ermöglichte echte Transformation: von unsichtbar zu magnetisch, von diffus zu glasklar positioniert, von Angst zu selbstbewusster Sichtbarkeit, von Social-Media-Frust zu echtem Business-Wachstum, von Verwirrung zu Strategie.
- **Warum ist mein Angebot nicht nur ein Nice-to-have, sondern ein Must-have für meine Zielgruppe?** Meine Zielgruppe ist auf LinkedIn angewiesen, um ihr internationales Onlinebusiness aufzubauen. Sie hat Schwierigkeiten, sich klar zu positionieren, und verschwendet Zeit mit zielloser LinkedIn-Nutzung. Ich biete eine solide Businessstrategie auf der Basis von organischem Content-Marketing an. Ohne meine Unterstützung verlieren meine Kundinnen potenzielle Klienten, Zeit, Geld und Wachstumschancen.

Diese Klarheit hat den entscheidenden Unterschied gemacht. Mein Angebot wurde nicht deshalb magnetisch, weil es perfekt war, sondern weil es greifbar und relevant wurde. Und genau darum geht es auch für dich. Es geht darum, dein Angebot so zu schärfen, dass es nicht nur gut klingt, sondern dass deine Kundinnen beim Lesen spüren: *Das brauche ich!*

Der Ball ist nun auf deiner Seite. Viel Freude und Tiefgang bei der folgenden Klarheitsübung.

Übung: Von der eierlegenden Wollmilchsau zur magnetischen Positionierung

Schritt 1: Liste dein aktuelles Angebot auf. Schreibe alle Dienstleistungen, Produkte oder Themenfelder auf, mit denen du dich aktuell beschäftigst. Sei ehrlich und liste wirklich alles auf, auch wenn es dir unwichtig erscheint.

Schritt 2: Erkenne, was dich wirklich glücklich macht. Gehe jede Position auf deiner Liste durch und stelle dir dazu die folgenden beiden Fragen: *Macht mir diese Tätigkeit wirklich Spaß? Würde ich sie auch dann tun, wenn ich bereits finanziell abgesichert wäre?* Beantworte die Fragen nur mit Ja oder Nein. Streiche alle Punkte mit einem klaren Nein.

Schritt 3: Checke deine finanzielle Realität. Für die verbleibenden Punkte stelle dir folgende Fragen: *Verdiene ich mit dieser Tätigkeit genug Geld? Falls nicht: Könnte ich meine Preise so anpassen, dass es lukrativ wird?* Wenn eine Leistung weder Freude bringt noch rentabel ist, streiche sie konsequent.

Schritt 4: Definiere deine Kerndisziplin(en). Nun hast du eine gestraffte Liste von Angeboten, die sowohl Spaß machen als auch finanziell Sinn ergeben. Reduziere sie weiter, indem du dir überlegst: Worin bin ich wirklich exzellent? Wofür werde ich am meisten angefragt? Versuche, dich auf maximal zwei bis drei Kernangebote zu konzentrieren.

Schritt 5: Formuliere dein »magisches« Angebot. Beantworte für dein finales Angebot die drei Fragen, die du bereits kennst. *Welchen konkreten Schmerzpunkt löse ich? Wie verändert mein Angebot das Leben meiner Kundinnen und Kunden? Warum ist mein Angebot nicht nur ein Nice-to-have, sondern ein Must-have für meine Zielgruppe?* Nutze deine Antworten, um dein Angebot klar und präzise zu formulieren.

Deine idealen Kunden: Wen du wirklich ansprechen willst

Jetzt, da du all das losgelassen hast, was dir nicht mehr dient, können wir diesen Prozess noch einmal leicht abgewandelt durchlaufen, diesmal für deine ideale Kundin oder deinen idealen Kunden. Ich möchte aus dir herauskitzeln, mit wem du wirklich arbeiten möchtest. Es geht hier nicht nur um eine klassische Zielgruppenbeschreibung, sondern darum, eine echte emotionale Verbindung herzustellen. Denn nur wenn du die Sprache deiner Wunschkundinnen und -kunden sprichst, wirst du für sie unwiderstehlich.

Vor nicht allzu langer Zeit arbeitete ich mit einer Dame, deren Zielgruppe aus Marketingsicht viel zu breit gefasst war. Sie unterstützte sowohl Selbstständige als auch Unternehmerinnen, arbeitete mit Führungskräften aus mittelständischen und großen Unternehmen, wurde regelmäßig als Trainerin für Teams gebucht und hielt hin und wieder Vorträge auf großen Konferenzen.

Sie liebte – genau wie ich einst – die Abwechslung. Doch je mehr sie sich verzettelte, desto schwieriger wurde es, mit Klarheit zu kommunizieren. Ihre Posts erhielten immer weniger Kommentare, ihre Reichweite stagnierte und sie hatte das Gefühl, enorm viel Zeit und Energie in ihr Business zu stecken, ohne wirklich voranzukommen. Ihre Hobbys blieben immer öfter auf der Strecke. Irgendwann wurde ihr klar: Sie war aus diesem alten Muster herausgewachsen und bereit, das loszulassen, was ihr nicht mehr diente.

Ich gab meiner Klientin die Erlaubnis, etwas scheinbar Unerhörtes zu tun: ihre Zielgruppe nicht nur aus einer strategischen, sondern auch aus einer emotionalen Perspektive zu betrachten. Ich lud sie ein, sich eine entscheidende Frage zu stellen: *In einer idealen Welt, wenn ich radikal ehrlich sein dürfte – mit welchen Menschen würde ich am liebsten arbeiten?*

Das heißt, ich bat sie, die Persönlichkeitsmerkmale, das Mindset und die Werte dieser Menschen zu beschreiben. Schnell wurde ihr klar: Die Arbeit mit bestimmten Kundinnen und Kunden, die ein eher starres Mindset hatten oder deren Werte nicht mit ihren eigenen übereinstimmten, kostete sie übermäßig viel Kraft. Als sie das erkannte, fiel es ihr viel leichter, sich von ihren Corporate-Trainings und großen Bühnenauftritten zu verabschieden. Und auch wenn dieser Schritt für einen kurzen Moment schmerzte, verspürte sie danach vor allem eines: mehr Freiheit und Raum.

Durch diese Klarheit konnte sie sich nicht nur gezielt auf die Herausforderungen und Schmerzpunkte ihrer Wunschkundinnen konzentrieren – sie erkannte auch, dass Selbstständige und Angestellte eine völlig unterschiedliche Sprache sprechen. Ihre Wortwahl, ihre Denkmuster, ihre Bedürfnisse: Alles war grundverschieden.

Mit diesem Wissen und KI – meine Kundin ist ein großer ChatGPT-Fan – passte sie ihre Kommunikation an. Ihr Content wurde schärfer, ihre E-Mails persönlicher, und ihre Botschaft traf endlich ins Schwarze. Das Ergebnis? Mehr Zeit, Freude und Leichtigkeit. Content-Erstellung, die sich wieder nach Spaß und nicht mehr wie eine Pflicht anfühlte. Mehr Interaktion mit ihrer Community, steigende Reichweite, mehr qualifizierte Anfragen von genau den richtigen Kundinnen, mehr Empfehlungen, weil sich ihre Klientinnen wirklich angesprochen, gesehen und verstanden fühlten. Kurz gesagt: Ihr Business wurde nicht nur profitabler, sondern auch erfüllender. Und genau das kannst du auch für dich erreichen.

Übung: Reflexion – Klarheit durch Verbindung

Nimm dir 10 bis 15 Minuten Zeit und beantworte die folgenden Fragen so ehrlich und intuitiv wie möglich. Denk dabei nicht nur analytisch, sondern auch aus dem Herzen heraus.

- **Wunschkundinnen und Kunden definieren:** Mit welchen Menschen arbeitest du am liebsten? Welche Persönlichkeitsmerkmale, welches Mindset und welche Werte bringen sie mit? Welche Kundinnen geben dir Energie, anstatt sie zu rauben?
- **Das brennende Problem deiner Kundinnen und Kunden:** Was hält sie nachts wach? Welche Herausforderungen oder Unsicherheiten belasten sie?
- **Die Sprache deiner Kundinnen und Kunden:** Welche Worte benutzen sie, wenn sie über ihre Probleme sprechen? Wie beschreiben sie ihre Wünsche und Sehnsüchte?

Lies dir anschließend deine Antworten aufmerksam durch und frage dich: Erkennst du ein klares Muster? Spiegelt sich das bereits in deiner Kommunikation wider?

Nutze diese neuen Einsichten und deine geschärfte Ausrichtung gezielt für deine nächsten Inhalte auf Social Media und Co. Wenn du magst, lass dich dabei von einem KI-Tool unterstützen – aus meiner Erfahrung macht das den Prozess nicht nur effektiver, sondern auch noch viel inspirierender und spielerischer.

Prompt für einen klaren Post

Hallo Chattie,
ich habe gerade eine Übung gemacht, die mir dabei hilft, meinen idealen Kunden besser zu definieren und diese Klarheit auch zu kommunizieren. Hier sind meine Ergebnisse: [Füge hier die Antworten der Übung ein.] Außerdem habe ich neulich einen Post formuliert, den ich nächste Woche veröffentlichen möchte. [Füge hier den Content deines Posts ein.] Könntest du mir bitte helfen, diesen Post so umzuformulieren, dass er speziell meine idealen Kunden anspricht? Ich bin sehr gespannt, den Unterschied zu sehen, jetzt, wo ich genau weiß, mit wem ich wirklich arbeiten möchte. Danke dir!

Wie du genau die richtigen Kundinnen erreichst

Nach all der Arbeit bis hierhin solltest du bereits über eine starke Sichtbarkeit verfügen. Doch reine Sichtbarkeit bringt dich nicht automatisch zu den richtigen Kundinnen. Der Schlüssel liegt darin, dass sie von selbst auf dich zukommen, weil sie sich von deiner Energie und Botschaft angezogen fühlen. Das heißt, Sichtbarkeit allein reicht nicht – du brauchst magnetische Anziehung.

Um dir ein Bild zu malen: Stell dir vor, du stehst mitten auf einem belebten Marktplatz und rufst mit einem Megafon: »Hier bin ich! Kauft mein Angebot!« Ja, vielleicht drehen sich einige um, und manche kaufen sogar. Doch die Mehrheit wird entweder genervt sein oder dich einfach ignorieren. Warum? Mindestens aus einem von diesen drei Gründen:

- **Du bist nicht am richtigen Ort.** Du hast jetzt Klarheit über dein Angebot und deine ideale Kundin. Aber bist du auch dort präsent, wo sie sich tatsächlich aufhält?
- **Du versuchst Qualität durch Lautstärke zu ersetzen.** Früher mag es gereicht haben, möglichst viel und laut zu werben. Heute zählt mehr, wie du magnetisch kommunizierst.
- **Du lässt Fakten lauter sprechen als Emotionen.** Menschen treffen Kaufentscheidungen emotional und rechtfertigen sie erst im Nachhinein mit Logik. Das heißt, Emotionen sprechen lauter als Fakten, nicht umgekehrt.

Zu Beginn des Buches habe ich dich eingeladen, dich auf eine Social-Media-Plattform zu konzentrieren. Jetzt, wo du deine Positionierung geschärft hast, ist es Zeit, diese Entscheidung noch einmal zu reflektieren. Frage dich: Hast du dich für die richtige Plattform entschieden – oder verbringst du Zeit am falschen Ort? Falls es dir aktuell noch schwerfällt, diese Frage zu beantworten: Das ist okay. Am Ende dieses Abschnitts wartet eine praktische Übung auf dich, mit deren Hilfe es dir leichter fallen wird.

Wir leben in einer Zeit, in der klassische Werbung und Verkaufsförderung immer weniger funktionieren. Menschen reagieren allergisch auf aufdringliches Marketing. Zudem lassen sich folgende Entwicklungen beobachten:

- Wir sind werberesistenter geworden.
- Vertrauen zählt mehr als bloße Versprechen.
- Social Media hat die Spielregeln verändert.
- Zielgruppen sind fragmentierter und anspruchsvoller.
- Langfristige Beziehungen sind wichtiger als schnelle Verkäufe.

Marketing ist heute kein lautes Schreien mehr, sondern ein leuchtendes Signal, das genau die Menschen anzieht, die nach deiner Lösung suchen. Doch wie wirst du zu diesem Signal? Deine Energie entscheidet. Menschen spüren deine Energie, auch wenn sie es nicht bewusst in Worte fassen können. Wenn du selbstbewusst, im Einklang mit dir und überzeugt von deiner Arbeit bist, werden andere neugierig auf dich. Du musst nicht laut sein – du darfst präsent sein.

Viele Frauen, mit denen ich arbeite, sind stark in ihrer inneren maskulinen Yang-Energie[14]: Sie handeln, planen, setzen um, arbeiten hart. Das ist großartig. Doch wenn diese Energie dominiert, entsteht Druck. Statt magnetischer Anziehung sendet das Unterbewusstsein ein Mangelgefühl: *Ich brauche Kunden.*

Magnetismus entsteht jedoch aus der Balance. Er entsteht, wenn du Raum schaffst – für Erholung, Kreativität, Freude. Wenn du das Vertrauen hast, dass

---

[14] Yin und Yang sind zwei sich ergänzende Kräfte aus der daoistischen Philosophie. Yin (das weibliche Prinzip) steht für das Empfangende, Intuitive, Fließende, Yang (das männliche Prinzip) für das Aktive, Zielgerichtete, Strukturierte. Jeder Mensch trägt beide Energien in sich; ihr Zusammenspiel hilft, Balance zu finden und authentisch zu handeln.

die richtigen Menschen ihren Weg zu dir finden, weil du bereits alles dafür getan hast. Magnetismus ist eine weibliche Energie.

Ja, Expertise ist wichtig. Klare, wertvolle Inhalte sind essenziell. Aber wahre Anziehung entsteht nicht nur durch Fachwissen, sondern durch Emotionen. Viele meiden Emotionen in ihrem Business, weil sie glauben, dass sie dort nichts zu suchen haben. Doch das Gegenteil ist der Fall: Wissenschaftlich ist bewiesen, dass wir emotional kaufen und unsere Entscheidungen erst danach mit Logik begründen. Die entscheidende Frage lautet also: Wie soll dein Content sich anfühlen? Welche Emotionen möchtest du transportieren?

Wenn du deine Inhalte mit deinen persönlichen Erfahrungen, deinen Ängsten, Erfolgen, Werten und Herausforderungen verwebst, wirst du eine echte Verbindung zu deiner Community aufbauen. Menschen werden sich in dir selbst sehen, und das schafft Vertrauen.

Übung: Reflexion – erkenne deine Wunschkundinnen

Um deine magnetische Anziehungskraft zu stärken, stelle dir folgende Fragen:

- ***Wo sind meine Wunschkundinnen aktiv?*** *Auf welchen Plattformen und in welchen Medien halten sie sich auf? Welche Formate konsumieren sie am liebsten?*
- ***Wie spreche ich sie an, ohne aufdringlich zu wirken?*** *Was kann ich tun, um (stärker) in meine weibliche Energie zu treten?*
- ***Welche Werte und Emotionen möchte ich in meiner Kommunikation transportieren?*** *Habe ich einen limitierenden Glaubenssatz gegenüber Emotionen, den ich auflösen darf?*

Sobald du diese Fragen für dich beantwortet hast, wirst du mit mehr Klarheit, Leichtigkeit und Freude sichtbar sein und genau die richtigen Menschen anziehen.

Du weißt jetzt, was du anbietest und wem. Doch wie schaffst du es, diese Menschen wirklich zu erreichen? Hier kommt deine Story ins Spiel – das Thema im nächsten Abschnitt.

DEINE STORY – WIE DU VERTRAUEN AUFBAUST UND MENSCHEN BERÜHRST

In diesem Abschnitt möchte ich den Fokus auf drei essenzielle Punkte legen:

- **Dein Warum, wofür du stehst und wogegen du dich positioniert,** denn Klarheit darüber macht deine Botschaft kraftvoll und unverwechselbar.
- **Deine Signature Story,** also die Kunst, deine Geschichte so zu erzählen, dass sie bewegt, inspiriert und im Gedächtnis bleibt.
- **Storytelling in Aktion,** das heißt, wo und wie du deine Story gezielt einsetzt, um die richtigen Menschen anzuziehen und eine tiefere Verbindung zu schaffen.

Natalias Weg zu ihrem Warum

Wenn du dich in den vorgehenden Kapiteln in Bezug auf dein starkes Warum vollkommen auf unsere Einladung eingelassen hast, wirst du die nächsten Punkte mühelos für dich durchgehen können. Vielleicht helfen dir meine Gedanken und meine Perspektive dabei, noch einmal neue Erkenntnisse zu gewinnen und Licht in bisher unentdeckte Bereiche zu bringen.

Falls du die Frage nach deinem Warum weiter oben im Buch als überwältigend empfunden hast, dann kommt hier deine zweite Chance. Vielleicht fühlt sich das Thema jetzt greifbarer und weniger einschüchternd an. Denke daran: Menschen kaufen nicht nur, *was* du tust, sondern vor allem *warum* du es tust. Ein klares *Wofür* und *Wogegen* machen dich einzigartig und unverwechselbar.

Ich möchte dich auf eine kleine Reise mitnehmen – zu meinem eigenen radikalen inneren Wandel. Denn viele Leserinnen dieses Buches stehen vielleicht nicht ganz am Anfang ihres Weges, sondern befinden sich mitten in einer Neupositionierung oder einem Personal Rebranding. Genau das habe ich selbst erlebt – und meine Geschichte könnte dir als Inspiration dienen.

Nachdem ich mich klarer positioniert und auf LinkedIn konzentriert hatte, wurde ein Traum wahr: Einer meiner Posts ging viral auf LinkedIn. Keine drei Monate später der zweite. Meine Followerzahl wuchs von 3000 auf 18 000 und dann auf 30 000. Plötzlich sahen mich mehr Leute, ich hatte Zugang zu tollen, gleichgesinnten Menschen, und immer mehr Kunden klopften an meine Tür. Mehr internationale Reden, mehr Podcast-Interviews, mehr Brand-Collabs. *Forbes, Entrepreneur, Thrive Global Features.* 50 000 Follower. 110 000! Irre! Es folgten ein Bestseller-Podcast, ein Bucherfolg[15], Kooperationen mit renommierten Marken und zahlreiche Branchen-Awards – um nur einiges zu nennen.

Das lief eine ganze Zeit lang gut, bis ich merkte, dass ich das Ganze irgendwie besser strukturieren musste. Ich holte mir einen Skalierungsexperten an Bord, der mir half, digitale Produkte zu entwickeln und ein Gruppencoaching-Programm aufzuziehen. Es war eine der lehrreichsten Zeiten meiner Karriere, die ich aus meiner Erfahrungsperspektive nicht missen möchte und für die ich sehr dankbar bin. Diese strategische Entscheidung half mir, (fast) alles im Materiellen zu erreichen, wonach sich mein Ego sehnte. Ich setzte deshalb alles um, was mir mein Berater sagte. Höher? Schneller? Weiter? Klar, ich bin dabei!

Parallel dazu beschäftigte ich mich mit »den Dingen, die ich wirklich wollte«. Ups. Ich merkte eines Tages, dass es eine innere Trennung gab zwischen dem, was mir Freude bereitete (kreieren, schreiben, Menschen *über LinkedIn hinaus zu helfen*[16]), und dem, »was ich tun musste«, um das automatisierte Monster zu nähren und aufrechtzuerhalten. So konnte es nicht weitergehen. Sieben Jahre in meiner Selbstständigkeit später merkte ich: Ich hab genug. Mein innerer Antrieb, mein ursprüngliches Warum, hatte sich verändert, und die Energie, die mich all die Jahre vorangetrieben hatte, war nicht mehr da. Noch mehr Geld, Sichtbarkeit und Status törnten mich nicht mehr an. Und ich war erschöpft und wütend, ohne zu wissen warum. Ich brauchte eine Pause.

Deshalb schenkte ich mir 2022/2023 ein zweites Sabbatical. Es war eine Zeit, in der ich mich bewusst zurückzog, um herauszufinden, wo ich mir selbst

---

15 Mein erstes Buch *Personal Branding mit LinkedIn. Die Think Natalia-Methode* erreichte innerhalb von 24 Stunden Platz 1 der Amazon-Bestsellerlisten im Bereich E-Commerce und Marketing – ganz ohne bezahlte Werbung oder große Influencer-Kampagnen. Zwei Monate später erschien die englische Ausgabe, die von BookAuthority als eines der »22 Best New LinkedIn eBooks To Read In 2021« ausgezeichnet wurde.

16 Es hat in mir gewaltig geklingelt, als eine meiner Kundinnen sagte: »Dr. Nat, warum LinkedIn Coachsulting? Du machst so viel mehr! Schau dir doch mal unsere Ergbnisse an. Du gehörst in einen Welt-Think-Tank, der sich mit viel wichtigeren Problemen der Menschen auseinandersetzt!« Ich wurde knallrot, lachte nervös und wechselte elegant das Thema. Wie recht diese Frau doch hatte …

im Weg stand, wo mir Raum für kreative Entfaltung fehlte und was wahre Weiblichkeit für mich bedeutet.[17] Wer bin ich in meinem Kern? Und warum bin ich wirklich hier?

Gegen Mitte dieser Phase wurde mir klar: Die Marke »Think Natalia« und das LinkedIn-Einhorn dürfen in den Ruhestand gehen. Ich wollte nicht mehr nur die Erfolgsstrategien der Vergangenheit reproduzieren, ich wollte einen authentischen Neuanfang. Drei zentrale Fragen haben mich in diesem Prozess begleitet:

- Was treibt mich wirklich an – jenseits von Geld, Status und äußerem Erfolg?
- Wogegen positioniere ich mich, also was möchte ich in meiner Branche verändern?
- Welche neuen Werte spiegeln sich in meinem Business wider?

Diese – auf den ersten Blick einfachen – Fragen haben mich ins Schwitzen und zum Fluchen gebracht und haben mir ganz neue Unsicherheiten und Ängste aufgezeigt. Vergiss Mindset. Hier war tiefere, emotionale innere Arbeit angesagt. Und ich stellte mich ihr nicht allein, sondern mit Unterstützung von Mentorinnen, Coaches und Therapeuten.

Das Ergebnis? Eine viel ehrlichere und mühelosere Version von mir selbst. Die Freude an meiner Arbeit und am Führen anderer Menschen kehrte zurück. Und hier sind meine Antworten auf diese drei Fragen – vielleicht helfen sie dir bei deiner eigenen Reflexion:

Was treibt mich wirklich an? Die Reise zu meinem höchsten Selbst: Masken abzulegen, mich immer wieder neu zu erfinden und meine Wahrheit, Liebe und Freiheit zu leben. Diese innere Arbeit lässt mich strahlen, und das spüren auch andere. Ich kann gar nicht anders. Ich muss dies weitergeben. Deshalb begleite ich Menschen dabei, ihr wahres Selbst zu entdecken und mit mehr Leichtigkeit und Flow zu leben. Ich unterstütze sie in Übergangsphasen, damit sie mit Klarheit wachsen können – frei und selbstbestimmt. Mein eigener Weg hat mich gelehrt, dass wahre Brillanz aus echter Transformation entsteht. Genau das gebe ich weiter – tiefgehend, wirksam und mit Herz.

---

17 Wenn du tiefer in dieses Thema eintauchen möchtest, wirf gern einen Blick in mein zweites Buch: *Unverschämt authentisch. 25 ver-rückte Geschichten von der Reise zum wahren Selbst.*

Wogegen positioniere ich mich? Gegen die Idee, dass Mindset alles ist. Gegen das alte »Hustle & Grind«-Denken. Gegen die Vorstellung, dass Frauen wie Männer denken und handeln müssen, um im Business erfolgreich zu sein. Mindset-Arbeit bringt uns weit, aber irgendwann geht es darum, emotionale Wunden zu heilen, alle Anteile von uns zu akzeptieren und im Einklang mit unserer Seele zu arbeiten. Ich arbeite heutzutage nicht nur strategisch und rational, sondern auch intuitiv und spirituell. Ich zeige meinen Kundinnen, wie sie mit Leichtigkeit und im Flow des Lebens arbeiten, statt mühsam zu ackern. Ich erinnere Frauen daran, was wahre Weiblichkeit bedeutet und wie sie ihre Yin-Energie gezielt im Business einsetzen können – für mehr Magnetismus, Kreativität, Genuss, Freude und Energie.

Welche neuen Werte spiegeln sich in meinem Business wider? Früher habe ich sie vielleicht unbewusst versteckt, doch heute stehen sie im Mittelpunkt meiner Arbeit:

- Authentizität und radikale Selbstannahme
- Leichtigkeit und Flow
- Selbstentfaltung und persönliche Transformation
- Brillanz und holistischer Erfolg

Vielleicht regen dich diese Fragen dazu an, dein eigenes Warum noch einmal anders zu hinterfragen. Denn wahre Klarheit über deine innere Motivation macht dich unwiderstehlich für genau die richtigen Menschen. Nimm dir bewusst Zeit und Raum, um selbst über die Fragen nachzudenken: Was treibt dich wirklich an? Wogegen positionierst du dich? Welche Werte prägen dein Business?

Deine Signature Story: Die Kunst, deine Geschichte packend zu erzählen

Deine Geschichte ist das, was dich einzigartig macht; sie unterscheidet dich von allen anderen, macht dich menschlich, nahbar und unverwechselbar. Im Grunde ist sie eine erweiterte Version deiner Unique Selling Proposition (USP), verpackt in eine mitreißende Erzählung, die Verbindung schafft und Vertrauen aufbaut. Und wie immer gilt: Echtheit ist wichtiger als Perfektion.

Du hast sicherlich schon von der Heldenreise gehört – einem der wichtigsten Storytelling-Werkzeuge. Doch was oft übersehen wird (oder gar nicht erst bewusst ist): Es gibt einen entscheidenden Unterschied zwischen der klassischen Heldenreise und der Heldinnenreise. Besonders wenn wir in Archetypen oder den Energien von Yin und Yang denken, zeigt sich, dass der Weg einer Heldin ganz eigene Muster und Herausforderungen hat. Hier ein kurzer Einblick dazu.

Die klassische Heldenreise (Hero's Journey) folgt meist einem linearen Muster: Ein Held verlässt seine vertraute Welt, stellt sich Herausforderungen, besiegt einen Gegner oder einen inneren Dämon und kehrt transformiert zurück. Sie ist oft von Yang-Energie geprägt – aktiv, zielgerichtet, kämpferisch und nach außen gerichtet. Archetypisch stehen hier Krieger, Eroberer, Herrscher oder Könige im Vordergrund.

Die Heldinnenreise (Heroine's Journey) verläuft oft eher zyklisch oder spiralförmig und beschäftigt sich mit dem inneren Wachstum. Die Heldin muss nicht nur äußere Hindernisse, sondern vor allem innere Trennungen (zum Beispiel von sich selbst oder von ihrer Weiblichkeit) überwinden. Sie bewegt sich zwischen Yin- und Yang-Energien, oft mit einer Reise von der Anpassung an eine maskuline Welt hin zur Rückverbindung mit ihrer eigenen intuitiven, empfangenden, schöpferischen Kraft. Wichtige Archetypen sind die Hohepriesterin, die Weise, die Mutter oder die Verführerin.

Die klassische Heldenreise betont oft die Eroberung und den Sieg, während die Heldinnenreise sich mehr mit Heilung, Integration und Selbstakzeptanz beschäftigt. Aber die Grenzen verschwimmen: Ein Held kann sich mit Yin-Aspekten wie Intuition und Verletzlichkeit verbinden, während eine Heldin auch kämpferische Yang-Kräfte entfalten kann. Spannend, oder?

Übung: Reflexion – deine (Heldinnen-)Signature Story entfesseln

Hier sind fünf tiefgehende Reflexionsfragen, die sich aus deiner Heldinnenreise ableiten lassen. Sie helfen dir, deine Signature Story so zu erzählen, dass sie authentisch, transformativ und magnetisch für deine Kundinnen wird.

- **Was war der Moment, in dem du erkannt hast, dass du dich selbst oder dein bisheriges Leben nicht mehr verleugnen kannst?** In der Heldinnenreise ist dies oft der Punkt der »Trennung von der wahren Essenz«. War es ein Gefühl der Enge, ein Konflikt, ein Verlust oder eine Krise? Was hat dich aufgerüttelt und dich erkennen lassen, dass du etwas verändern musst?
- **Welche äußeren und inneren Widerstände haben dich auf deinem Weg herausgefordert – und wie hast du sie transformiert?** In der Heldinnenreise ist dies oft der Pfad der Prüfungen und Schatten. Gab es Zweifel, Glaubenssätze oder gesellschaftliche Erwartungen, die du hinter dir lassen musstest? Welche Hindernisse haben dich wachsen lassen?
- **Wann hast du deine wahre Kraft wiedergefunden – und was hat dir geholfen, sie zu verkörpern?** In der Heldinnenreise ist dies oft der Moment der Rückverbindung mit der eigenen Essenz. Gab es eine bestimmte Erkenntnis, ein Ritual, eine Begegnung oder eine Erfahrung, die dich wieder mit deiner inneren Weisheit und Kraft verbunden hat?
- **Wie sieht dein »Schatz« aus, also die Weisheit oder Transformation, die du jetzt mit anderen teilst?** In der Heldinnenreise ist dies oft die Gabe, die aus der Reise hervorgeht. Welche besondere Erfahrung, Methode oder Vision kannst du nun als Unternehmerin weitergeben? Was macht deine Arbeit einzigartig?
- **Wie kannst du deine Kundinnen auf ihre eigene Reise mitnehmen, sodass sie sich in deiner Geschichte wiederfinden?** In der Heldinnenreise ist dies oft die Integration des Wissens und das Teilen mit der Welt. Wie kannst du deine Transformation so erzählen, dass sie nicht nur inspiriert, sondern auch deinen Kundinnen hilft, sich selbst darin zu sehen und den nächsten Schritt zu gehen?

Natalias Heldinnenreise – und der Einfluss deines Energietyps

Das Konzept der Heldinnenreise ist für mich noch relativ neu. Zum Zeitpunkt dieses Buches habe ich diesen Prozess noch nicht gemeinsam mit einer Kundin durchlaufen – deshalb teile ich an dieser Stelle meine eigene Heldinnenreise mit dir. Nicht als Notlösung, sondern weil sie der Anfang von allem war. Lass mich dazu einen kleinen Human-Design-Exkurs einfügen: Ich bin Projektorin mit dem Profil 3/5. Mein Strahlen entsteht oft durch die Geschichten und Transformationen meiner Kundinnen – durch das, was in der Begegnung mit mir möglich wird. Gleichzeitig bin ich jemand, der durch eigene Erfahrungen geht, oft auf unkonventionelle Weise, um daraus etwas Tieferes zu verstehen und in praktische Impulse zu übersetzen. Jessi hingegen ist manifestierende Generatorin mit dem Profil 4/6. Ihre Energie wird besonders magnetisch, wenn sie aus dem echten Kontakt heraus teilt, was sie bewegt. Die 4 steht für Verbindung, Herzensnähe und Netzwerke, die 6 für den Weg vom Erfahrungslernen hin zur gelebten Weisheit. Sie inspiriert nicht durch Perfektion, sondern durch Präsenz, Integrität und den Mut, sichtbar zu sein – mitten im Leben. Es gibt diesen feinen Unterschied: Manifestierende Generatorinnen wie Jessi sagen oft sinngemäß: »Schau, was ich erlebt habe – und was du daraus lernen kannst.« Projektorinnen wie ich sagen eher: »Schau, was durch mich möglich wurde – und wie ich dich begleiten kann.«

Vieles, was für MGs gilt, lässt sich übrigens auch auf Generatoren übertragen, mit einem kleinen, aber feinen Unterschied in der Energie. Darauf gehe ich hier bewusst nicht näher ein, um das Fass nicht noch weiter zu öffnen. Wichtig in diesem Zusammenhang ist: Manifestierende Generatorinnen und Generatorinnen machen gemeinsam etwa 70 Prozent der Weltbevölkerung aus, und der Großteil unserer Kundinnen gehört zu genau diesen beiden Typen. Deshalb schreiben Jessi und ich dieses Buch ganz bewusst für diese Zielgruppe. Doch zurück zur Heldinnenreise – hier kommt meine eigene Geschichte. Vielleicht erkennst du dich in ihr – vielleicht weckt sie etwas in dir. Beides ist willkommen.

Zuerst habe ich alle fünf zentralen Fragen in der Tiefe beantwortet. Das war eine spannende Erfahrung, die mir gezeigt hat, wie sehr ich gewachsen bin und wie sich einige meiner Werte in den letzten zwei bis drei Jahren erneut verändert haben. Kein Wunder, wenn ich mir meinen Antrieb und meine Leidenschaft anschaue.

Falls du also Angst hast, deine Geschichte aufzuschreiben, weil du befürchtest, dass sie dann »für immer in Stein gemeißelt« ist – keine Sorge. Deine Story kann und darf sich weiterentwickeln. Wenn du das Gefühl hast, dass die Art und Weise, wie du dich auf Social Media, deiner Website und Co.

präsentierst, nicht mehr ganz zu dir passt, dann passe deine Geschichte einfach an. Feinschliff ist immer möglich!

Es gab nicht den einen Moment, in dem ich erkannte, dass ich mich selbst nicht mehr verleugnen kann; es waren mehrere. Trotz Erfolg und Status fühlte ich Leere. Mein voller Terminkalender ließ keine Zeit für Spontanität, meine Beziehung zerbrach. Ich war erschöpft, wütend, enttäuscht – und nahm mir eine Auszeit. Das weißt du bereits. In meinem zweiten Sabbatical erkannte ich: Es gibt einen Unterschied zwischen Persönlichkeitsentwicklung und echter Selbstentfaltung. Ich konnte meine Emotionen nicht wirklich halten, setzte keine klaren Grenzen und war abgeschnitten von meiner weiblichen Essenz. Ich vertraute Frauen nicht und empfand das Weibliche als fremd. Wie konnte ich meine volle Kraft leben, wenn ich einen wesentlichen Teil von mir ablehnte?

Durch tiefe innere Arbeit fand ich zurück zu meiner wahren Stärke. In Frauenkreisen und spirituellen Retreats erlebte ich, was echte Schwesternschaft bedeutet – und fühlte mich, als wäre ich ins Frausein initiiert worden. Heute begleite ich ambitionierte Unternehmerinnen, die sich nach mehr Leichtigkeit, Flow, Strahlkraft und Freude sehnen. Ich schaffe Räume der bedingungslosen Annahme, in denen sie ihr wahres Selbst entfalten und ihr Business – basierend auf ihrem Energietypen – so gestalten, dass es ihnen wirklich entspricht.

Storytelling in Aktion

Viele Frauen, mit denen ich zusammenarbeite, wissen, dass ihre Story wichtig ist – doch oft sind sie unsicher, wie sie sie gezielt einsetzen können. Manche erzählen ihre Geschichte zu selten, andere ohne klare Struktur. Auf den nächsten Seiten zeige ich dir, wie du deine Story strategisch und wirkungsvoll in dein Business integrierst.

Die ideale Länge der Geschichte

Lass uns mit den passenden Kanälen und der idealen Länge deiner Heldinnenstory beginnen. Wie du sicherlich weißt, bin ich primär auf LinkedIn und Instagram aktiv. Mein X-Konto habe ich nach weniger als einem Jahr intensiver Social-Media-Nutzung deaktiviert, weil ich mit der Plattform nicht richtig warm geworden bin. Facebook habe ich nach meinem zweiten Sabbatical hinter mir gelassen. Das bedeutet jedoch nicht, dass diese Plattformen schlecht oder ungeeignet sind – sie haben einfach nicht zu mir gepasst.

Warum ich das mit dir teile? Damit du verstehst, wo meine persönliche Social-Media-Expertise liegt und wo sie endet. Die aktuellen Informationen zu TikTok, Facebook und X, die ich hier weitergebe, stammen von befreundeten Creatorinnen, die auf diesen Plattformen aktiv sind. So bekommst du einen umfassenden Überblick und kannst für dich entscheiden, welche Kanäle sich wie für deine Story am besten eignen.

- **LinkedIn und Facebook:** zwischen 300 und 600 Wörtern, ideal für ausführliches Storytelling
- **Insta und TikTok:** Kürzere Texte (100 bis 300 Wörter) mit prägnanten Botschaften sind hier effektiver. Nutze Carousel-Posts oder Reels, um deine Story visuell zu verstärken.
- **Twitter/X:** maximal 280 Zeichen, also ultrakurzes Storytelling mit einer starken Pointe oder auch vermehrt Videos.

Folgende Inhalte kannst du füllen.

- **Dein Post:** Bei deiner Heldinnenreise im Rahmen von Social Media, etwa in einem klassischen LinkedIn-Post, geht es wie gesagt darum, kompakt zu sein, um den Wendepunkt und die Transformation darzustellen. Im Rahmen dieses Buches finde ich allerdings noch mindestens zwei weitere Zusammenhänge besonders spannend und relevant:

- **Deine Speaker-Bio:** Viele Speaker-Anfragen entstehen über Social Media oder persönliche Empfehlungen. Möchtest du deine Story für deine Speaker-Bio nutzen, darf sie etwas ausführlicher sein – idealerweise zwischen 250 und 500 Wörtern. Hier kannst du deine Mission und ihren Mehrwert für andere klar herausarbeiten.
- **(E-)Keynotes:** Wenn du deine Geschichte im Rahmen einer Keynote oder einer digitalen Präsentation erzählst, kannst du noch tiefer tauchen. Eine Länge zwischen 600 und 1000 Wörtern bietet dir genug Raum, um nicht nur den Wendepunkt und die Transformation, sondern auch Hintergründe und wichtige Learnings zu integrieren.

Neben diesen drei Kernformaten gibt es noch weitere Möglichkeiten, deine Heldinnenstory strategisch einzusetzen, zum Beispiel auf deiner Website, in Podcast-Interviews, in Workshops oder als Elevator Pitch in Netzwerksituationen. Auch hier variiert die ideale Länge, aber wichtig bleibt: Deine Story sollte immer so lang sein, wie nötig, um emotional zu wirken, aber so kurz wie möglich, sodass sie spannend bleibt. Und wie immer gilt: Dies sind Richtlinien für den Start deiner Storytelling-Reise. Mit der Zeit wirst du intuitiver spüren, wie du deine Geschichte an verschiedene Kontexte anpassen kannst.

Ergänzende Kanäle: Newsletter und Website

Social Media ist klasse, um Aufmerksamkeit zu generieren, aber oft nicht der beste Ort für tiefgehende Inhalte. Hier kommen dein Newsletter und deine Website ins Spiel:

- **Newsletter:** Nutze ihn, um deine Story detaillierter zu erzählen und exklusive Einblicke zu geben. Gehe tiefer und teile persönliche Erfahrungen intensiver.
- **Website:** Deine »Über mich«-Seite darf die Essenz deiner Story widerspiegeln und deine Werte klar kommunizieren.

Fazit: Deine Story ist eines deiner stärksten Marketing-Tools. Indem du sie strategisch in Social Media Content verwandelst, schaffst du Nähe, Vertrauen und Anziehungskraft für dein Business. Experimentiere mit verschiedenen Formaten und finde heraus, was für dich am besten funktioniert – denn am Ende zählt vor allem eines: dass deine Story echt ist und deine Persönlichkeit widerspiegelt.

Wie du deine Story in Content verwandelst

Storytelling ist eines der kraftvollsten Werkzeuge, um auf Social Media Aufmerksamkeit zu gewinnen, eine Verbindung zu deinem Publikum aufzubauen und dich authentisch zu positionieren. Doch wie machst du aus deiner persönlichen Geschichte strategischen, wirkungsvollen Content? In diesem Abschnitt erfährst du, wie du deine Story für Social Media optimal einsetzt und wie Newsletter und deine Website ergänzend unterstützen können.

Das Schöne ist: Die Essenz deiner Story hast du bereits erarbeitet. Deine zentralen Erlebnisse, Wendepunkte und Werte bilden das Fundament deines Storytellings. Jetzt geht es darum, sie in packenden Content zu verwandeln.

Social Media lebt von emotionalen, authentischen und mitreißenden Inhalten. Damit deine Story auf Plattformen wie LinkedIn oder Instagram optimal funktioniert, solltest du folgende Punkte beachten:

- **Starte mit einem starken Hook.** Die ersten Zeilen sind entscheidend. In der schnelllebigen Welt von Social Media hast du oft nur wenige Sekunden, um die Aufmerksamkeit deiner Zielgruppe zu gewinnen. Starte mit einer provokanten Frage, einer kühnen Aussage oder einem kurzen Einblick in einen emotionalen Moment deiner Geschichte. Beispiel: »Ich wollte hinschmeißen. Alles aufgeben. Dann kam dieser eine Tag, der alles veränderte …«
- **Baue Spannung auf.** Führe dein Publikum durch die Höhen und Tiefen deiner Geschichte. Erzähle nicht nur, was passiert ist, sondern auch, **wie du dich gefühlt hast**. Emotionen schaffen Verbindung. Beispiel: »Als ich die Absage las, blieb mir kurz die Luft weg. Ich hatte alles auf diese eine Chance gesetzt – und war wieder gescheitert. In mir tobte ein Sturm aus Enttäuschung, Selbstzweifeln und Wut. Ich fragte mich: Warum versuche ich es überhaupt noch? Doch genau in diesem Tiefpunkt keimte zum ersten Mal der Gedanke auf, dass ich aufhören muss, mich ständig zu verbiegen – und anfangen darf, meinen eigenen Weg zu gehen.«
- **Mache den Mehrwert klar.** Warum sollte jemand deiner Story folgen? Welche Erkenntnis kann dein Publikum mitnehmen? Social Media Storytelling funktioniert besonders gut, wenn du deine Geschichte mit einer wertvollen Botschaft für deine Leser und Leserinnen verknüpfst. Zum Beispiel: »Heute weiß ich: Erfolg kommt nicht durch Perfektion, sondern durch Mut zum ersten Schritt.«

- **Mit einer Call-to-Action Interaktion fördern.** Schließe mit einer Einladung zur Interaktion. Stelle eine Frage, rufe zum Austausch auf oder verlinke zu weiterführendem Content. Zum Beispiel: »Kennst du diesen Moment, in dem alles auf der Kippe steht? Teile deine Erfahrung in den Kommentaren!«

Wie oft du deine Story erzählen solltest

Eine der größten Ängste vieler Unternehmerinnen ist die Sorge, sich zu oft zu wiederholen. *Habe ich das nicht schon mal erzählt?* oder *Was, wenn meine Community meine Story schon kennt und sich langweilt?* sind Gedanken, die ich immer wieder höre. Doch hier kommt die Wahrheit: Du kannst deine Story gar nicht oft genug erzählen, und zwar aus mehreren Gründen.

- **Wiederholung schafft Wiedererkennung.** Wir leben in einer Welt der Informationsflut. Deine Follower sehen täglich Hunderte, wenn nicht Tausende Inhalte. Die Wahrscheinlichkeit, dass jede(r) in deinem Netzwerk deine Story schon einmal gelesen, geschweige denn vollständig verinnerlicht hat, ist gering. Wiederholung sorgt dafür, dass deine Botschaft sich einprägt und du mit deiner einzigartigen Geschichte in den Köpfen bleibst.
- **Neue Follower bedeuten neue Chancen.** Dein Social-Media-Wachstum bedeutet, dass ständig neue Menschen in dein Universum eintauchen. Sie kennen deine Story noch nicht und haben die alten Beiträge nie gesehen. Selbst langjährige Follower erinnern sich oft nicht an alle Details. Indem du deine Story regelmäßig teilst, gibst du auch Neulingen die Chance, sich mit dir zu verbinden.
- **Deine Story ist wandelbar.** Du entwickelst dich weiter, also entwickelt sich auch deine Story weiter. Vielleicht hast du neue Erkenntnisse gewonnen, eine andere Perspektive oder eine zusätzliche Facette entdeckt, die du früher nicht geteilt hast. Jedes Mal, wenn du deine Story erzählst, kannst du sie neu verpacken oder einen anderen Schwerpunkt setzen.
- **Unterschiedliche Formate haben eine unterschiedliche Wirkung.** Du musst nicht jedes Mal exakt dieselbe Version deiner Story posten. Nutze verschiedene Formate, um deine Geschichte immer wieder auf neue Weise spannend zu gestalten:
  1. **Insta & LinkedIn Posts:** kurz und punktgenau, mit Fokus auf eine zentrale Botschaft
  2. **Storys und Reels:** lebendig erzählt, um Emotionen zu trans-

portieren
3. **Podcast oder Live-Session:** tiefgehender, mit mehr Hintergrund und Reflexion
4. **Newsletter und Website:** für eine ausführlichere und nachhaltigere Darstellung

- **Menschen lieben Storytelling – immer wieder.** Unsere Gehirne sind auf Geschichten programmiert. Niemand sagt bei einem guten Buch oder Film: »Oh, das kenne ich schon, das will ich nie wieder hören.« Im Gegenteil: Wir lieben Wiedererkennung! Wenn du deine Story authentisch und mit Leidenschaft erzählst, wird sie auch beim zehnten Mal inspirierend sein.

Deine Story lebt von der Wiederholung – also erzähl sie! Mach es dir zur Gewohnheit, deine Geschichte regelmäßig in deinen Content einzubinden. Sei es in einem LinkedIn-Post, einem Instagram-Reel oder einer Live-Session – deine Story ist dein stärkstes Kommunikationsmittel. Und wenn du denkst, du hast sie schon zu oft erzählt, dann erzähl sie noch einmal.

Vielleicht fragst du dich jetzt: Wie genau kann ich all das, was ich über meine Essenz, mein Warum und meine Story gelernt habe, im Alltag umsetzen, ohne mich zu verbiegen? Genau hier kommt dein Human Design[18] ins Spiel.

DEIN HUMAN DESIGN, DEINE SICHTBARKEIT

Human Design ist kein weiteres Tool auf deiner To-do-Liste, sondern ein Kompass, der dir zeigt, wie du sichtbar sein kannst, ohne dich zu verbiegen. Denn Sichtbarkeit ist keine Einheitslösung. Jeder Typ bringt eine eigene Energie mit, und genau darin liegt die »Magie«.

Dieser Abschnitt baut direkt auf deiner bisherigen Reise auf: Statt dich an fremden Strategien zu orientieren, lernst du, wie du Resonanz erzeugst – im Einklang mit deinem Rhythmus, deinem Ausdruck, deiner Wahrheit. Es ist die Brücke zwischen innerer Klarheit und äußerer Wirkung, damit dein Auftritt nicht nur durchdacht, sondern auch verkörpert ist. Und hier gilt, wie immer: Nimm, was dir dient, ignoriere, was nicht hilfreich ist.

---

[18] Jessi und ich haben das Thema Human Design bereits zu Beginn des Buches angeteasert. An dieser Stelle fühlt es sich stimmig und spannend an, es erneut aufzugreifen – nun mit dem Fokus auf deine Sichtbarkeit.

Woher Human Design kommt – und warum es wirkt

Human Design vereint altes Wissen und moderne Wissenschaft zu einer faszinierenden Landkarte deiner Energie. Elemente aus Astrologie, Chakrenlehre, Kabbala und Genetik fließen hier zusammen – auf den ersten Blick ungewöhnlich, in der Tiefe oft überraschend stimmig. Es ist kein Konzept zum *Verstehen*, sondern ein Schlüssel zum *Erinnern*: an das, was dich einzigartig macht.

Dein Human-Design-Chart ist also kein Label, das dich einschränkt, sondern ein Spiegel, der dich erinnert. Es zeigt dir, wie deine Energie fließt, was dich besonders macht und wo du leicht von außen beeinflusst wirst. Gerade in der Sichtbarkeit ist das Gold wert: Du lernst, zu unterscheiden, was wirklich *deins* ist und was du nur übernommen hast, um dazuzugehören.

So findest du deinen Human-Design-Typ heraus

Alles, was du dafür brauchst, sind dein Geburtsdatum, deine genaue Geburtszeit und dein Geburtsort. Mit diesen Angaben kannst du kostenlos dein sogenanntes Bodygraph-Chart erstellen – zum Beispiel auf www.jovianarchive.com. Dort erfährst du nicht nur deinen **Typ** (wie zum Beispiel Projektorin oder Manifestierende Generatorin), sondern auch weitere zentrale Elemente deines Designs - zum Beispiel:

- dein **Profil** (eine Art Persönlichkeitscode, der zeigt, wie du dich in der Welt erlebst und wirkst),
- deine **innere Autorität** (dein körpereigener Entscheidungs-Kompass, der dir zeigt, wie du stimmige Entscheidungen triffst),
- sowie vieles mehr wie deine Energiezentren, Kanäle und definierten Potenziale.

Wenn du möchtest, begleite ich dich gern dabei, dein Chart zu verstehen und zu entdecken, wie du dein Business und dein Onlinemarketing **holistisch im Einklang mit deiner Energie** gestalten kannst - für mehr Strahlkraft, Leichtigkeit und magnetische Anziehungskraft.

So wirkt die Aura deines Typs in der Sichtbarkeit

Jeder Human-Design-Typ bringt nicht nur eine bestimmte Strategie mit, sondern auch eine ganz eigene Aura, eine energetische Ausstrahlung, die andere spüren, oft noch bevor du etwas sagst oder postest.

- **Manifestor-Aura:** kraftvoll, unvorhersehbar, impulsgebend. Sie wirkt wie ein Weckruf, Menschen spüren: *Hier beginnt etwas Neues.*
- **Generator-Aura:** offen, warm, durchdrungen von Freude. Sie zieht andere ganz natürlich an, besonders dann, wenn sie etwas tut, das sie wirklich begeistert.
- **Manifesting-Generator-Aura:** lebendig, dynamisch, ungezähmt, wie ein kreatives Feuerwerk. Ihre Energie springt über, sobald sie sich selbst Raum für Verspieltheit und Vielfalt gibt.
- **Projektor-Aura:** fokussiert, tief und klar, wie ein Lichtstrahl, der direkt ins Wesentliche führt. Sie lädt zur Reflexion ein und wirkt besonders stark, wenn sie gesehen wird.
- **Reflektor-Aura:** offen, spiegelnd, feinfühlig. Sie nimmt Stimmungen auf, reflektiert sie und bringt dadurch oft das Unausgesprochene ins Bewusstsein.

Diese energetische Präsenz ist nicht sichtbar im klassischen Sinn, aber sie prägt, wie du wahrgenommen wirst. Und sie wirkt mit, jedes Mal, wenn du dich zeigst. Auch wenn du weißt, wie dein Design funktioniert, kann es sein, dass du dich trotzdem an etwas festhältst, das sich nicht stimmig anfühlt. Das liegt oft an Konditionierungen, also Mustern, Erwartungen oder Rollenbildern, die du übernommen hast. Aus der Schule. Aus der Familie. Aus dem Onlinemarketing. Vor allem in der Sichtbarkeit zeigt sich das deutlich: Viele posten, planen und präsentieren sich nicht aus ihrer Energie heraus, sondern aus dem, was sie glauben, *tun zu müssen*, um erfolgreich zu sein. Hier sind typische Muster, in die die einzelnen Typen durch Konditionierung rutschen, und Hinweise, was sich im Einklang mit deinem Design kraftvoller anfühlen könnte:

Manifestorinnen

Typisches Fremdmuster: Du wartest erst mal ab, holst dir Feedback, versuchst, »abzuschätzen«, wie etwas ankommt, bevor du handelst.

Warum das nicht passt: Du bist hier, um neue Impulse zu setzen, nicht, um dir eine Erlaubnis zu holen.

Was besser wäre: Folge deinem Impuls. Informiere dein Umfeld und geh los. Starte, statt zu zögern. Deine Energie wirkt, wenn sie in Bewegung ist.

Generatorinnen

Typisches Fremdmuster: Du drückst durch, weil du »dranbleiben musst«. Du postest regelmäßig, auch wenn es dich null begeistert.

Warum das nicht passt: Deine Energie zieht nur dann an, wenn du im echten Ja bist. Ohne Freude keine Magnetkraft.

Was besser wäre: Reagiere. Auf das Leben. Auf deine Community. Auf Themen, die dich innerlich anknipsen. Wenn du dich berührt fühlst, berührst du andere.

Manifesting Generators

Typisches Fremdmuster: Du versuchst, dich auf *ein* Thema zu fokussieren, deinen Content »klarer« zu machen, aus Angst, zu sprunghaft zu wirken.

Warum das nicht passt: Deine Kraft liegt in der Vielseitigkeit, nicht in linearer Klarheit.

Was besser wäre: Erlaube dir, schnell zu wechseln, kreativ zu springen, zu tanzen zwischen Formaten, Themen und Stilen. Das ist kein Chaos, das ist dein Rhythmus.

Projektorinnen

Typisches Fremdmuster: Du postest täglich, machst Challenges mit und versuchst, »mithalten« zu können, obwohl du innerlich ausgelaugt bist.

Warum das nicht passt: Deine Energie ist kostbar und wirkt am stärksten, wenn du eingeladen wirst.

Was besser wäre: Warte auf Resonanz. Teile tiefgehende Perspektiven. Positioniere dich als Guide, nicht als Dauerbespaßerin. Qualität vor Quantität.

Reflektorinnen

Typisches Fremdmuster: Du versuchst, wie alle anderen einen Redaktionsplan zu erfüllen, Woche für Woche, im gleichen Tempo.

Warum das nicht passt: Deine Energie ist zyklisch. Du brauchst Raum, um zu spüren, was gerade *jetzt* stimmt.

Was besser wäre: Arbeite mit Zyklen. Erlaube dir Pausen. Teile deine Wahrnehmungen im Wandel. Deine Sensibilität ist kein Nachteil, sie ist deine Superkraft.

Fazit

Wenn du aufhörst, dich zu verbiegen, beginnt dein Content zu wirken. Sichtbarkeit wird nicht durch Taktiken magnetisch, sondern durch Wahrheit. Und Wahrheit entsteht, wenn du dich selbst wieder spürst.

So wirst du im Einklang mit deinem Typ sichtbar

Viele Unternehmerinnen fühlen sich unter Druck gesetzt, laut, selbstbewusst und überzeugend über ihre Erfolge zu sprechen. Doch was ist, wenn genau das nicht dein natürlicher Ausdruck ist? Was, wenn du in Wahrheit ganz anders sichtbar bist, aber dir nie erlaubt hast, *deinen* Weg zu finden? Auch hier kommt Human Design ins Spiel. Denn jeder Energietyp bringt eine ganz eigene Qualität mit, wenn es um Sichtbarkeit, Anerkennung und das Thema »Erfolg feiern« geht. Wenn du also das Gefühl hast, du »müsstest« dich anders zeigen – strategischer, klarer, mutiger –, dann darfst du tief durchatmen. Vielleicht musst du gar nichts ändern. Vielleicht darfst du dich nur erinnern. Denn so einzigartig wie dein Design ist auch der Weg, wie du sichtbar wirst. Es gibt kein Richtig oder Falsch – nur unterschiedliche Dynamiken, Bedürfnisse und Ausdrucksformen. Wenn du verstehst, wie dein Typ wirkt, kannst du aufhören, zu imitieren, und anfangen, aus deiner natürlichen Kraft heraus zu kommunizieren. Erkenne deinen Rhythmus. Erlaube dir, sichtbar zu werden auf eine Weise, die nicht nur funktioniert, sondern dich stärkt.

Manifestorinnen

Manifestorinnen sind Wegbereiterinnen. Sie müssen nicht warten – sie dürfen vorangehen und neue Impulse setzen. Initiieren. Dinge anstoßen. Ihre Sichtbarkeit entsteht nicht durch Zustimmung, sondern durch Klarheit. Sie dürfen sich erlauben, direkt zu sagen, was sie ins Leben gebracht haben – und welchen Unterschied es macht. Ihre Aufgabe ist es, andere mitzureißen und den ersten Schritt zu machen.

Business-Beispiel: Eine Manifestorin launcht ein neues Format auf Instagram, ohne vorher lange darüber zu diskutieren. Sie informiert ihr Umfeld über ihre Vision – und startet.

Content-Tipp: Teile mutige Ideen, Meinungsstatements oder Calls-to-Action. Starte Bewegungen, nicht Diskussionen.

Anregung für LinkedIn

Ich hatte eine Idee. Ich habe sie umgesetzt. Jetzt läuft mein neues Format – und es bewegt genau die Menschen, die bereit sind. Ich teile das nicht, um zu sagen: »Schau mal, was ich gemacht habe«, sondern um dich zu erinnern: Wenn du auf einen Impuls wartest – du *bist* der Impuls.

Generatorinnen

Generatorinnen strahlen, wenn sie im Flow sind. Sie sind dafür gemacht, in ihre Freude hineinzureagieren. Ihre Stärke liegt in der tiefen Hingabe – wenn sie etwas wirklich begeistert, entsteht eine enorme Ausstrahlung. Ihre Energie zieht an, wenn sie ihrem inneren »Ja« folgen. Statt zu forcieren, dürfen sie auf das Leben reagieren – und dann kraftvoll handeln. Für Generatorinnen ist das tief empfundene Gefühl von Zufriedenheit das größte Zeichen von Erfolg, und genau das darf auch sichtbar werden. Es geht nicht nur ums Ergebnis, sondern um die Liebe zum Tun.

Business-Beispiel: Eine Generatorin sieht eine Frage in einer Story und merkt: »Ja, dazu möchte ich etwas sagen!« Daraus wird ein Post, der extrem gut ankommt.

Content-Tipp: Reagiere auf Fragen, Kommentare, Situationen oder Themen, die dich innerlich zum Leuchten bringen. Dann entsteht magnetischer Content.

Anregung für LinkedIn

Ich war so tief im Tun, dass ich fast nicht gemerkt habe, wie viele Menschen sich für mein neues Freebie angemeldet haben. Und genau das fühlt sich für mich nach Erfolg an: nicht nur das Ergebnis, sondern der Weg dorthin. Die Freude, die Energie, das »Ich könnte ewig weitermachen«-Gefühl. Wenn du das kennst, weißt du: Erfolg ist keine Zahl. Es ist ein innerer Zustand.

Manifestierende Generatorinnen

Manifestierende Generatorinnen (MG) sind schnell, vielfältig und voller Ideen. Sie dürfen ihrer Freude folgen. Für sie ist es essenziell, ihre Begeisterung auszudrücken, auch wenn sich noch nicht alles »fertig« anfühlt. Sie funktionieren nicht linear, sondern in Sprüngen; genau das darf sich auch in ihrem Content widerspiegeln. Sie dürfen zeigen, was sie ausprobiert, verändert, verworfen oder neu gestartet haben. Je mehr sie sich erlauben, vielseitig und verspielt zu sein, desto magnetischer wirken sie.

Business-Beispiel: Eine MG postet heute über Business, morgen über Tanz und übermorgen über KI-Tools. Und es funktioniert – weil sie ihrer Freude folgt.

Content-Tipp: Erlaube dir Vielseitigkeit. Nutze zum Beispiel eine bunte Story-Reihe oder ein wöchentlich wechselndes Content-Format.

Beispiel für LinkedIn

In den letzten zwei Wochen habe ich drei neue Ideen getestet – eine davon ist jetzt mein neuestes Angebot.
Früher dachte ich, ich müsste mich *entscheiden*. Heute weiß ich: Meine Energie will fließen, nicht eingesperrt werden.
Ich teile das, weil ich viele sehe, die glauben, sie müssten »es erst zu Ende denken«, bevor sie rausgehen. Aber manchmal entsteht Klarheit nur im Gehen.

Projektorinnen

Projektorinnen dürfen sich erlauben, gesehen und anerkannt zu werden – ganz ohne sich aufzudrängen. Sie brauchen Einladung und Erkennung. Sie blühen auf, wenn sie ihr Wissen teilen dürfen – im richtigen Raum. Ihre Weisheit ist tief, ihr Blick scharf, aber sie »müssen« nicht alles für alle machen. Qualität schlägt Quantität. Statt bloß Ergebnisse zu zeigen, geht es darum, Einsichten zu teilen, andere durch Tiefe zu inspirieren und ihnen einen anderen Blickwinkel zu schenken.

Business-Beispiel: Eine Projektorin wird zu einem LinkedIn Live eingeladen, teilt dort ihre Sicht auf das Thema Personal Branding und erhält direkt mehrere Kontakte – und Kunden-Anfragen.

Content-Tipp: Schaffe wertvolle, tiefgehende Inhalte, die Expertise zeigen. LinkedIn-Artikel, Masterclasses oder Story-Analysen eignen sich perfekt.

Anregung für LinkedIn

Diese Woche durfte ich eine Unternehmerin begleiten, die sich lange nicht getraut hat, sichtbar zu werden. Heute hat sie ihr erstes Live gemacht – mit leuchtenden Augen. Es sind genau diese feinen Durchbrüche, die mich immer wieder daran erinnern, warum ich tue, was ich tue. Manchmal braucht es keine riesige Bühne, sondern nur jemanden, der die eigenen Stärken klar sieht.

Reflektorinnen

Reflektorinnen spüren, was im Feld ist. Ihre Gabe ist es, das zu benennen, was viele fühlen – aber noch nicht ausdrücken können. Sichtbarkeit bedeutet für sie nicht, sich in den Vordergrund zu stellen, sondern klug zu spiegeln, was gerade gebraucht wird. Reflektorinnen brauchen Zeit. Ihre Energie ist zyklisch und stark beeinflusst vom Umfeld. Für sie ist es entscheidend, Social Media so zu gestalten, dass es sich sicher und nährend anfühlt – ohne Druck.

Business-Beispiel: Eine Reflektorin nimmt sich einen Mondzyklus Zeit, um ein neues Format zu entwickeln, und wird dann damit sichtbar.

Content-Tipp: Plane mit Puffer, arbeite mit redaktionellen Zyklen und achte auf Pausen. Teile Einsichten über dein Empfinden im Wandel der Zeit, zum Beispiel »Was mir dieser Vollmond gezeigt hat«.

Anregung für LinkedIn

In den letzten Tagen habe ich viele Gespräche geführt, und immer wieder kam das gleiche Thema hoch: Sichtbarkeit. Die Angst, nicht gut genug zu sein. Die Sorge, sich zu zeigen. Die Frage: »Was, wenn es nicht ankommt?« Ich selbst habe mich diese Woche getraut, etwas sehr Persönliches zu teilen, und es hat so viel Resonanz ausgelöst. Vielleicht ist das genau der Moment, in dem wir kollektiv etwas Neues lernen: Sichtbarkeit beginnt mit Ehrlichkeit.

Fazit

Du musst nicht lauter werden. Nur echter. Was du zu geben hast, zählt. Und deine Art, es zu zeigen, auch. Sichtbarkeit ist keine Rolle, die du spielen *musst*, sondern ein Raum, den du gestalten *darfst*. Vertrau deinem Tempo. Deiner

Sprache. Deiner Energie. Es geht nicht darum, dich größer zu machen, als du bist, sondern darum, dich daran zu erinnern, dass du längst groß bist.

Jessi und ich möchten dir nicht nur theoretisches Wissen weitergeben, sondern dich auch auf unsere eigene Human-Design-Reise mitnehmen. Denn genau das macht uns so authentisch: Wir leben, was wir lehren. Hier zeige ich dir, wie sich unser Design auf unsere Social-Media-Präsenz auswirkt – und was wir gelernt haben, um im Einklang mit unserer Energie sichtbar zu sein.

Jessi – Manifestierende Generatorin 4/6

Jessi ist ein wahres Energiebündel. Das bedeutet: Ihre Energie ist da, wenn sie im Flow ist und etwas sie wirklich begeistert. Als Manifesting Generator mit 4/6-Profil bringt sie Menschen zusammen, inspiriert durch ihre Nahbarkeit und lebt Sichtbarkeit nicht linear, sondern sprunghaft und intuitiv.

Was für sie auf Social Media funktioniert: ein vielseitiger Content-Mix von Business-Einsichten bis persönliche Impulse, schnelle Formate wie Reels, Story-Sequenzen und Podcast-Snippets, Lives oder spontane Formate, wenn etwas in ihr anspringt, Community-nahes Arbeiten wie Q&A, Challenges, Umfragen, Co-Creation, persönliche Erfahrungsberichte. Jessi gab sich nach einen 1:1-Mentoring bei mir die Erlaubnis, bunt zu sein und in Bewegung zu bleiben, denn ihre Freude ist ihr stärkstes Magnetfeld. Ihre Community liebt ihre Energie und Moßartigkeit.

Was ihr Energie zieht: steife Redaktionspläne ohne Raum für Intuition, zu viel Detail-Fokus oder linear geplante Launches ohne Flexibilität.

Natalia – Projektorin 3/5

Ich bin als Projektorin mit 3/5-Profil dazu gemacht, die Dinge tief zu durchdringen und durch eigene Erfahrungen Weisheit zu verkörpern. Meine Energie wirkt magnetisch, wenn ich eingeladen werde, meine Sicht zu teilen. Ich spreche meine Wahrheit am besten, wenn ich gehört werde – im Dialog, im Schreiben, im Storytelling.

Was für mich auf Social Media funktioniert: tiefgehende LinkedIn-Posts, Newsletter, Blogartikel mit Reflektionstiefe, Lives, Interviews oder Podcast-Folgen mit inspirierenden Gesprächspartnern, Storytelling über meine Trial-&-Error-Erfahrungen, lösungsorientierte Perspektiven mit Tiefgang, langfristige Content-Formate, bei denen ich in Resonanz eingeladen werde. Ich nutze meine Stimme – ob geschrieben oder gesprochen –, um andere zu berühren, und lasse meine Posts wie Einladungen wirken: klar, tief, offen. Meine Präsenz ist kraftvoll, wenn sie aus mir heraus entsteht, nicht weil »ich muss«.

Was mir Energie zieht: Kaltstart ohne Einladung oder Resonanz, reines Reagieren auf Trends oder externe Erwartungen, dauerhaft hohe Output-Frequenz ohne Raum für Integration.

Diese Beispiele zeigen: Sichtbarkeit ist nicht »one size fits all«. Sie darf sich anfühlen wie du. Und genau darum geht es: deinen Weg zu finden. Deinen Rhythmus. Deine Wahrheit. Sichtbarkeit im Einklang mit deinem Design ist deshalb eine Rückverbindung zu deiner Energie. Und genau da liegt die wahre Kraft.

Wenn Sichtbarkeit sich wie Heimkommen anfühlt

Hatte ich eigentlich erwähnt, dass Jessi – wohlwissend, dass ich Projektorin bin und eine gewisse Liebe zum Detail habe – mich eingeladen hat, zu diesem Buch beizutragen? Das allein sagt schon viel. Es ist einer der Gründe, warum dieses Buch so viel Freude gemacht hat und unser gemeinsamer Prozess so gut funktioniert hat: Wir leben Sichtbarkeit komplett unterschiedlich – und genau darin liegt die Magie.

Jessi und ich lachen regelmäßig darüber, wie das, was ihr Energie gibt, mich in den Wahnsinn treibt – und umgekehrt. Schnelle Formate? Reels? Spontane Lives? Für Jessi ein Traum. Für mich eher ein Albtraum. Ich hingegen könnte Stunden damit verbringen, einen mittellangen Blogartikel zu schreiben – was Jessi vermutlich direkt in den Tiefschlaf schicken würde. Sie liebt Community, Austausch, Co-Kreation – ganz typisch für ihr 4er-Profil. Ich dagegen warte lieber auf die richtige Einladung, bevor ich mich tief einbringe – klassische Projektorin. Jessi ist wie ein bunter Superhero-Hund: voller Freude, Energie, neugierig auf alles und jeden. Ich bin eher wie eine Katze: zurückhaltender, beobachtend, ein bisschen mystischer – aber wenn du mein Vertrauen hast, bekommst du meine ganze Tiefe.

Zusammen sind wir ein ideales Team. Unsere Designs ergänzen sich nicht nur, sie zeigen auf wunderbare Weise, dass es keinen richtigen oder besseren Weg zur Sichtbarkeit gibt. Nur deinen eigenen.

Stell dir vor, du müsstest dich nicht länger fragen, *ob* du dich zeigen darfst, sondern nur noch, *wie*. Stell dir vor, du kennst deine Energie so gut, dass du ihr vertraust – in der Sichtbarkeit, im Business, im Leben. Stell dir vor, sichtbar zu sein, fühlt sich nicht mehr nach Druck an, sondern nach Ankommen bei dir selbst. Das ist möglich. Nicht, wenn du perfekt bist, sondern wenn du echt bist. Wenn du aufhörst, dich zu vergleichen, und beginnst, dich zu verkörpern. Dein Design ist kein Rahmen, der dich begrenzt. Es ist der Raum, in dem du aufblühst.

Übung: Reflexion – deine Energie in der Sichtbarkeit

Dieses Kapitel war eine Einladung, dir selbst wieder näherzukommen - nicht über Strategie, sondern über Energie. Nimm dir Zeit, um die Impulse zu verankern. Beantworte die folgenedn Fragen mit offenem Herzen - nicht für dein nächstes Posting, sondern für dich.

Erkennen

- *Was habe ich bisher über »erfolgreiche« Sichtbarkeit geglaubt?*
- *Fühlt sich das heute noch stimmig an?*
- *Wo in meinem Content habe ich mich angepasst, statt mich zu zeigen, wie ich bin?*

Erinnern

- *Was sind Momente gewesen, in denen ich mich sichtbar UND verbunden gefühlt habe?*
- *Wie fühlt sich meine Energie an, wenn ich im Einklang mit mir poste?*
- *Woran merke ich, dass ich aus einem Konditionsmuster heraus agiere?*

Verkörpern

- *Wie darf sich Sichtbarkeit für mich anfühlen - körperlich, emotional, energetisch?*
- *Was verändert sich, wenn ich meinen Typ wirklich ernst nehme?*
- *Welchen ersten kleinen Schritt kann ich gehen, um meiner Energie mehr Raum zu geben?*

Zum Abschluss möchte ich dir noch einen Prompt für dein Journal oder deine nächste Caption mitgeben. Ergänze den folgenden Satzanfang: *Sichtbar zu sein bedeutet für mich ...*

Best-of Learnings aus Kapitel 5

- **Authentizität ist deine Superkraft, kein Marketing-Trick.** Nur wenn du deine Masken erkennst und ablegst, kannst du deine wahre Essenz zeigen. Deine innere Klarheit ist die Basis für deine äußere Wirkung.
- **Deine Marke beginnt mit dir, nicht mit deinem Logo.** Authentisches Personal Branding entsteht von innen nach außen: Deine Werte, Überzeugungen und Erfahrungen formen dein Fundament. Strategie folgt Identität, nicht umgekehrt.
- **Deine Einzigartigkeit ist deine USP.** Niemand kann deine Energie, deine Geschichte oder deinen Blick auf die Welt kopieren. Genau das macht dich konkurrenzlos.
- **Wahre Sichtbarkeit entsteht aus energetischer Präsenz.** Wenn du sichtbar wirst aus einem Gefühl der Fülle statt aus dem Mangel, ziehst du magnetisch an – nicht weil du laut bist, sondern weil du verkörperst, was du bist.
- **Dein Angebot wird erst dann magnetisch, wenn es tief berührt.** Klarheit, Relevanz und Emotionalität sind entscheidend. Es geht nicht um viele Optionen, sondern um das eine Angebot, das Herzen öffnet und Probleme wirklich löst.
- **Deine ideale Kundin ist ein Spiegel deiner Energie.** Zielgruppenarbeit ist nicht nur strategisch, sie ist auch emotional. Je klarer deine eigene Frequenz, desto klarer ziehst du die passenden Menschen an.
- **Storytelling ist das Herz deines Marketings.** Deine Heldinnenreise schafft Vertrauen, inspiriert und bleibt im Gedächtnis. Es geht nicht um Perfektion, sondern um Echtheit, Mut und Tiefe.
- **Wiederhole deine Story – öfter, als du denkst.** Deine Community braucht Wiederholung, um sich zu erinnern. Unterschiedliche Formate helfen dir, deine Geschichte immer wieder neu zu erzählen.
- **Human Design ist dein Kompass für verkörperte Sichtbarkeit.** Dein Energietyp zeigt dir, wie du sichtbar werden kannst – auf deine Weise. Echtheit entsteht nicht durch Anpassung, sondern durch Ausrichtung.
- **Weibliche Energie bringt Flow ins Business.** Statt ständig im »Tun« zu sein, darfst du auch empfangen, vertrauen und Raum lassen. Intuition, Genuss und Weichheit sind keine Schwächen, sie sind deine Kraft.

Kapitel 6:

Verkörperung – deine Wahrheit leben, nicht nur posten

Jessica Lackner

Du hast in den letzten Kapiteln gelernt, was dich einzigartig macht. Du hast dein Angebot geschärft, deine ideale Kundin erkannt, deine Story geformt. Du weißt jetzt, wie du dich sichtbar machst. Aber vielleicht spürst du trotzdem diesen leisen Zweifel: Werde ich es wirklich umsetzen? Kann ich es halten – mein Licht, meine Sichtbarkeit, meine Wahrheit?

Willkommen im Raum der Verkörperung, deinem Embodiment. Hier geht es nicht mehr um Strategie. Nicht um Content-Pläne oder Posting-Frequenzen. Es geht um das, was unter allem liegt: dein Nervensystem, deine Energie, deine Verbindung zu dir selbst. Denn du kannst alles wissen – und es trotzdem nicht leben.

Mach dir bewusst: Du bist nicht faul, nicht undiszipliniert, nicht zu wenig. Wenn du trotz Klarheit nicht sichtbar wirst, liegt das oft nicht an mangelnder Strategie, sondern daran, dass dein System dich schützen will. Sichtbarkeit kann sich anfühlen wie Gefahr. Dein Körper reagiert dann mit Rückzug, Freeze, Prokrastination. Sichtbarkeit kann sich manchmal anfühlen, als würdest du brennen und leuchten zugleich – magnetisch, präsent, wach. Doch wenn dein Nervensystem nicht reguliert ist, kann dieses Leuchten in ein inneres Ausbrennen kippen. Du bist da, aber innerlich leer. Du gibst, aber kannst nicht mehr empfangen. Du bist online, aber nicht mehr bei dir.

Verkörperung heißt, dein Nervensystem sanft mitzunehmen. In dir spüren, dass du sichtbar sein darfst. Dass deine Wahrheit sicher ist. Dass du halten kannst, was du gibst. Strategien wirken im Kopf, Sichtbarkeit entsteht im Körper.

In Kapitel 3 hast du gelernt, wie du Angst in Mut verwandelst. Klingt gut, oder? Klingt fast heldenhaft. Aber lass uns ehrlich sein: Mut fühlt sich selten wie Mut an. Meistens fühlt er sich an wie: *Ich will mich übergeben. Ich hab keine Ahnung, was ich hier eigentlich tue. Alle werden mich auslachen.* Oder mein persönlicher Klassiker: *Kann ich mich bitte einfach in ein WLAN-loses Waldstück teleportieren?* Finde den Fehler. Du glaubst, du bist zu schüchtern. Zu leise. Zu chaotisch. Zu viel. Zu wenig. Doch das ist Bullshit mit Sahne. Denn: Mut sieht von außen immer aus wie Selbstsicherheit. Aber von innen fühlt es sich meistens an wie Kotzeritis deluxe.

Ich erinnere mich an meinen allerersten Bühnenauftritt. Ich stand in der Hotellobby, schick angezogen, Lippenstift frisch. Alles wirkte souverän. Aber innerlich? Ich war ein einziger Schweißausbruch auf zwei Beinen. Mein Magen rebellierte wie auf einem Karussell nach fünf Tüten Zuckerwatte. Ich wollte weglaufen. Ich überlegte wirklich, ob ich so tun sollte, als sei ich krank. Und dann – dann kam dieser eine Moment: Ich habe mir im Spiegel tief in die Augen geschaut und gesagt: »Du musst nicht perfekt sein. Aber du musst da rausgehen. Für die, die dich jetzt brauchen.«

Ich bin auf die Bühne gegangen. Nicht mit Leichtigkeit, sondern mit weichen Knien. Nicht mit Hochglanzfolie, sondern mit zitternder Stimme. Und weißt du was? Nach drei Minuten war der Zauber da. Nicht weil ich keine Angst mehr hatte, sondern weil ich sie mitgenommen habe und sie in Aufregung und Freude transformiert habe. Mut ist nicht das Gegenteil von Angst. Mutig zu sein, heißt, loszugehen, obwohl man ängstlich ist.

Die schlechte Nachricht lautet: Ja, der erste Schritt fühlt sich manchmal an, als würdest du gleich die Kloschüssel umarmen. Die gute Nachricht lautet: Du bist nicht allein. Uns geht's allen so. Auch den selbstbewusstesten, lautesten, strahlendsten Persönlichkeiten, die du bewunderst. Der Unterschied ist nur: Sie gehen trotzdem.

Wenn du also das nächste Mal denkst, du seist zu sensibel, zu ruhig, zu unperfekt für Social Media – denk an mich mit Schweißausbruch in der Hotellobby. Du musst kein Rampenlicht-Profi sein. Du musst nur echt sein. Wenn der Moment kommt, in dem du am liebsten fliehen würdest: Atme. Bleib. Und mach es trotzdem.

Mikrotipp für deinen Alltag

Wenn dir übel ist, bist du wahrscheinlich auf dem richtigen Weg.

Nicht das Lampenfieber ist das Problem, sondern der Glaube, dass du es nicht fühlen dürftest. Je öfter du es zulässt, desto weniger Kontrolle hat es über dich. Und irgendwann merkst du: Die Bühne ist kein Monster. Sie ist dein Zuhause.

Ich erinnere mich noch gut an die Zeit, als ich dachte, ich sei einfach zu »inkonsequent«. Ich hatte einen Plan, ich hatte Ziele, ich hatte sogar eine Strategie – aber mein Körper machte nicht mit. Ich fühlte mich wie blockiert. Posts, die ich eigentlich raushauen wollte, blieben in der Entwurfsmappe liegen. Launches fühlten sich an wie eine Achterbahnfahrt. Ich war ständig zwischen »Ich will rausgehen« und »Ich will mich verstecken«. Erst als ich begann, nicht nur an meinem Mindset, sondern an meiner energetischen Kapazität zu arbeiten, hat sich etwas verändert. Ich habe verstanden: Mein Nervensystem war überfordert. Es brauchte Sicherheit, nicht noch mehr Ziele. Ich habe verstanden: **Nicht mein Kopf war das Problem – sondern mein Körper war nicht bereit.** Nicht für noch mehr Strategie. Sondern für Sicherheit. Für Klarheit. Für mich. Ich war sichtbar – aber nicht verkörpert. Ich wollte raus – aber mein System sendete »Bleib lieber unsichtbar«. Und genau da wurde mir klar: Es reicht nicht, etwas zu wissen. Du musst es **verkörpern.**

WAS IST EMBODIMENT WIRKLICH?

Embodiment ist kein Trend. Es ist der fehlende Link zwischen innerer Wahrheit und äußerem Ausdruck. Die Brücke zwischen dem, was du in dir trägst – und dem, was im Außen spürbar wird. Wenn du verkörperst, was du glaubst, bist du nicht nur Expertin – du wirst zur gelebten Energie. Dein System sendet dann eine klare Frequenz – eine, die andere fühlen, noch bevor du sprichst. Du wirkst magnetisch. Nicht weil du laut bist. Sondern weil du klar bist.

Embodiment heißt:

- Wahrheit, die du **fühlst**, nicht nur formulierst
- Energie, die du **trägst**, nicht nur erklärst
- Sicherheit, die du **in dir verankerst** – nicht im Außen suchst

Dein Nervensystem ist dabei dein unsichtbarer CEO. Es entscheidet, ob du dich traust, sichtbar zu sein. Ob du mit offenem Herzen sprichst – oder dich im letzten Moment zurückziehst. Ob du empfangen kannst – Erfolg, Sichtbarkeit, Resonanz – oder dich selbst sabotierst, sobald es gut läuft.

Embodiment heißt nicht »mehr machen«. Es heißt: **mehr sein.** Tiefer. Echter. Weicher.

Ohne Maske. Ohne Druck. Ohne Performance. Wenn dein System lernt, dass es sicher ist, sichtbar zu sein, entsteht echte Präsenz. Du wirst zur Botschaft – **lange bevor du sie aussprichst.**

Human Design: Dein Energieprofil als Startpunkt

Vielleicht fragst du dich jetzt: *Woher weiß ich, was ich verkörpern soll?* Wie finde ich den Ausdruck, der wirklich zu mir passt?

Hier kommt dein Human Design ins Spiel.

Denn während Archetypen dir zeigen, **wie du außen wirkst**, zeigt dir Human Design, **warum du innen so tickst**.

Ob du eher führst oder reagierst. Ob du impulsiv entscheidest oder abwartest.

Ob du laut sein willst – oder magnetisch wirkst, indem du einfach du bist.

Human Design gibt dir keine neue Rolle. Es erinnert dich an deine ursprüngliche Frequenz.

Und je mehr du nach deiner Energie lebst, desto klarer wird deine Präsenz.

Jetzt, wo du verstanden hast, **wie Energie und Verkörperung funktionieren**,

geht es um den **nächsten Layer deiner Sichtbarkeit**:

Wie sehen andere dich? Welche Archetypen sprechen aus deiner Sprache?

Und was verändert sich, wenn du das bewusst steuerst?

Die zwölf Archetypen deiner Energie – wie du innen fühlst und außen wirkst

Du hast jetzt gelernt, wie du deine Ängste hinter dir lässt, wie du Mut trainierst wie einen Muskel und dich selbst nicht länger sabotierst. Willkommen im nächsten Level: Wie du außen wirkst, wenn du innen klar bist. Denn jetzt kommt die Kür: dein Personal-Brand-Archetyp.

Noch einmal: Präsenz ist kein Zufall. Sie ist der Ausdruck deiner inneren Haltung. Und genau hier kommen Archetypen ins Spiel: Sie sind wie Frequenzverstärker. Sie helfen dir, deine Wahrheit nicht nur zu fühlen, sondern sichtbar zu verkörpern. Ob du als Rebellin Grenzen sprengst oder als Weise Ruhe ausstrahlst – dein Archetyp ist der Spiegel deiner Frequenz im Außen.

Und das Beste? Du musst nichts dazuerfinden. Du darfst einfach du sein, nur klarer, fokussierter, magnetischer.

Warum Archetypen? Stell dir deine Marke vor wie eine Bühnenfigur: Sie hat ein Outfit, eine Stimme, ein Wiedererkennungszeichen. Menschen lieben Klarheit. Sie erinnern sich nicht an deinen Businessplan, sondern an deine Wirkung. Menschen folgen keiner Marke, sie folgen einer Persönlichkeit. Archetypen sind wie Charakterrollen, die tief im kollektiven Unterbewusstsein verankert sind. Sie geben deiner Kommunikation emotionale Tiefe, Wiedererkennbarkeit und Klarheit.

Diese Archetypen basieren auf der Arbeit von C. G. Jung – einem der einflussreichsten Analytiker unserer Zeit. Er erkannte: Menschen folgen nicht nur Fakten, sondern inneren Bildern. Bildern, die sie kennen. Fühlen. Wiedererkennen.

Diese »inneren Rollen« – wie die Heldin, die Rebellin oder die Weise – wirken in jeder Kommunikation mit. Ob bewusst oder unbewusst: Du sendest diese Frequenzen jeden Tag.

Im Personal Branding nutzen wir genau das. Nicht, um dich in eine Schublade zu stecken – sondern um deine Wirkung zu **fokussieren**. Damit du nicht mehr für alles stehst – sondern für etwas ganz Bestimmtes. Und genau deshalb zeige ich dir jetzt: **die zwölf stärksten Archetypen für deine Energie.** Wie du sie erkennst – und strategisch für deine Sichtbarkeit nutzt.

Die Heldin: »Let's go! Ich führ dich da durch!«

Kern-Energie:

- Die Heldin ist eine Macherin mit Mission.
- Sie sieht ein Problem – und geht als Erste voran. Sie will nicht diskutieren, sie will bewegen. Ihr Antrieb ist nicht Ego, sondern Wirkung.
- **Sie ist nicht laut – sie ist klar.**
- **Nicht fordernd – sondern führend.**

Wirkung & Positionierung:

- **Energie:** mutig, lösungsorientiert, fokussiert
- **Sprache:** direkt, aktivierend, klar – »Mach's einfach«, »Kein Drama – Action!«
- **Content-Stil:** Transformation, Vorher-Nachher, starke Testimonials, Durchbruch-Stories
- **Trigger bei Kundinnen:** Stagnation, Unsicherheit, Wunsch nach Führung

- **Typische Heldinnen-Kundin:** Business-Mentorin, Führungspersönlichkeit oder Coachin mit Ergebnisversprechen

Auf Social Media:
Die Heldin verkauft, indem sie zeigt, was möglich ist. Sie teilt Ergebnisse, nicht Prozesse. Entscheidungen, nicht Optionen. Ihre Community spürt: *Wenn ich mit ihr arbeite, geht's voran.*

Story einer Heldin:
Eine meiner Kundinnen – Business-Mentorin mit riesigem Know-how – hatte Angst, klar zu verkaufen. Sie wollte helfen, nicht pushen. Ihre Postings gaben Infos – aber riefen zu nichts auf. Ich gab ihr eine Aufgabe: **»Schreib, als würdest du deiner besten Freundin den Arsch retten.«** Klartext. Herz. Drive.

Der Post ging ab wie eine Rakete. Vier Sales in zwei Tagen. Nicht weil sie besser gepitcht hat – sondern weil sie verkörpert hat, wer sie wirklich ist.

Heldinnen verkaufen nicht – sie retten. Und das spürt man.

Die Rebellin: »Ich mach das anders – und du kannst das auch.«

Kern-Energie:

- Die Rebellin bricht Systeme nicht aus Trotz, sondern aus Klarheit.
- Sie will nicht anecken, sie will aufwecken.
- Sie stellt unbequeme Fragen, weil sie spürt: So wie's ist, darf es nicht bleiben.
- Nicht Everybody's Darling – sondern klare Kante.
- Nicht Konsens – sondern Kurswechsel.

Wirkung & Positionierung:

- **Energie:** provokant, unkonventionell, richtungsweisend
- **Sprache:** klar, frech, pointiert – »Finde den Fehler«, »Zerreiß das Regelbuch«
- **Content-Stil:** Trigger-Posts, Anti-Meinungen, Tabubrüche, Klartext
- **Trigger bei Kundinnen:** Frust über starre Systeme, Sehnsucht nach echter Freiheit
- **Typische Rebellinnen-Kundin:** systemkritische Mentorin – z. B. im Bereich Female Leadership, Diversity oder neue Arbeitswelt

Auf Social Media:

- Die Rebellin bricht Formate wie andere Frühstücksgewohnheiten.
- Sie teilt keine Tipps, sie teilt Wahrheiten.
- Und die tun manchmal weh. Aber sie wirken.

Ihr Feed ist ein Statement.

- Scharfe Headlines. Mutige Meinungen. Null Filter.
- Ihre Posts polarisieren – aber sie resonieren.
- Denn ihre Community weiß: Wer mit ihr arbeitet, bekommt kein Schema F.
- Sondern echten Wandel.

Story einer Rebellin:

Ich selbst bin mit Rebellinnen-Energie unterwegs – wachrüttelnd, klar, unbequem.
Mein Motto: »Mach es! Einfach. Anders.«
Ich erinnere mich an einen Moment, in dem ich ein ganzes Reel gelöscht habe.
Warum? Zu laut. Zu direkt. Zu »anders«.
Ich dachte: »Wer bin ich, so was zu sagen?«
Und genau da wurde es klar:
Ich **bin** die, die so was sagt.
Am nächsten Tag habe ich's gepostet.
Und was kam?
Kommentare wie: »Endlich sagt es mal jemand.«
Das ist Rebellinnen-Wirkung.
Nicht nett. Sondern nötig.

Die Magierin: »Ich bring dich in deine wahre Kraft.«

Kern-Energie:

- Die Magierin bewegt nicht mit Lautstärke – sondern mit Schwingung.
- Sie spürt, was zwischen den Worten liegt – und bringt es an die Oberfläche.
- Sie wirkt nicht erklärend, sondern transformierend.
- Sie stellt keine Diagnosen – sie initiiert Heilung.
- Ihre Präsenz ist leise, aber tief. Kein Lärm. Nur Wirkung.

Wirkung & Positionierung:

- **Energie:** intuitiv, tiefgründig, transformierend
- **Sprache:** klar, ruhig, führend – »Was, wenn du es längst in dir trägst?«
- **Content-Stil:** Rituale, Frequenzen, Embodiment, Mindset, Energietransformation
- **Trigger bei Kundinnen:** Unsicherheit, innere Unruhe, spiritueller Hunger
- **Typische Magierinnen-Kundin:** Human Design Coach, Energie-Mentorin, Breathwork- oder Embodiment-Coachin

Auf Social Media:

- Die Magierin braucht keine lauten Reels.
- Ihre Texte wirken wie Portale. Ihre Stimme wie eine Erinnerung.
- Ihr Content ist ruhig, aber nicht langweilig – er wirkt wie ein Reset.

Ihr Feed ist ein Safe Space.

- Sanfte Farben. Tiefe Botschaften.
- Und eine Frequenz, die andere spüren, noch bevor sie liken.
- Ihre Community weiß: Wer mit ihr arbeitet, kommt nicht nur voran –sondern **zurück zu sich selbst**.

Story einer Magierin:

Natalia ist für mich pure Magierinnen-Energie.
Sie bringt Klarheit und Tiefe zusammen. Struktur trifft auf Intuition.
Business trifft auf Bewusstsein.
Ich erinnere mich an einen Call mit einer Kundin.
Sie war im Kopf – suchte den Plan, die Lösung, den perfekten nächsten Schritt.
Ich sagte: »Du versuchst gerade, mit deinem Verstand zu lösen, was dein Herz längst weiß. Lass das Denken los – komm zu mir ins Sein.«
Es wurde still. Tränen. Gänsehaut. Stille.
Und **dort** – genau dort – begann die echte Transformation. Nicht im Tun. Sondern im Raum dazwischen.

Das ist Magie. Das ist Verkörperung.

Die Liebende: »Ich sehe dich. Ich bin für dich da.«

Kern-Energie:

- Die Liebende führt nicht durch Strategie – sondern durch Verbindung.

- Sie begegnet auf Augenhöhe, schenkt Nähe statt Distanz und macht ihre Community zur Familie.
- Ihre Energie ist weich, aber kraftvoll.
- Sie sagt nicht: »Ich hab's geschafft.«
- Sie sagt: »Komm, ich halte den Raum für dich.«

Wirkung & Positionierung:

- **Energie:** herzlich, verbindend, authentisch
- **Sprache:** warm, nah, empathisch – »Ich bin bei dir«, »Ich seh dich«
- **Content-Stil:** Heartshares, Wertschätzung, persönliche Geschichten, Community-Nähe
- **Trigger bei Kundinnen:** Einsamkeit, emotionale Distanz, Sehnsucht nach Zugehörigkeit
- **Typische Liebenden-Kundin:** Emotionscoachin, Sisterhood-Mentorin, Community-Builderin

Auf Social Media:

- Die Liebende baut echte Bindung auf – nicht durch Verkauf, sondern durch Vertrauen.
- Ihr Content fühlt sich an wie ein sicherer Raum.
- Weniger Strategie – mehr Seele.
- Ihre Storys sind oft intuitiv, ihre Captions wie ein Brief an die beste Freundin.
- Und genau deshalb folgen ihr die Menschen.

Story einer Liebenden:

Ich hatte eine Kundin, die anfangs versuchte, über Expertise zu überzeugen – mit klaren Tipps, Zahlen, Strukturen. Aber nichts bewegte sich. Bis sie begann, über ihre Geschichte zu sprechen. Über das, was sie durchgemacht hatte – und was sie heute weitergeben möchte.

Ihre Community reagierte sofort: »Danke, dass du das teilst. Ich fühl mich gesehen.«

Ab da war klar: Ihre Stärke war nicht Information.

Es war **Verbindung**. Liebende wirken nicht durch Push – sondern durch Nähe.

Die Weise: »Lass uns tiefer denken.«

Kern-Energie:

- Die Weise ist keine Lautsprecherin – sie ist ein Resonanzraum.
- Sie filtert das Wichtige vom Unwichtigen.
- Sie analysiert, statt zu werten.
- Ihre Kraft liegt in der Klarheit.
- Sie bringt Ordnung ins Chaos – nicht durch Kontrolle, sondern durch Weitblick.

Wirkung & Positionierung:

- **Energie:** souverän, reflektiert, tief
- **Sprache:** präzise, strukturiert, durchdacht – »Was steckt dahinter?«
- **Content-Stil:** Meta-Ebenen, Analysen, systemische Perspektiven
- **Trigger bei Kundinnen:** Reizüberflutung, mentale Überforderung, Wunsch nach Orientierung
- **Typische Weisen-Kundin:** Mindset-Mentorin, Leadership-Coachin, systemische Beraterin

Auf Social Media:

- Die Weise überzeugt nicht mit Buzzwords – sondern mit Substanz.
- Ihre Beiträge sind wie Essays: weniger Swipe, mehr Aha.
- Sie nutzt Thought-Leadership, Karussells mit Tiefgang, klare Thesen.
- Ihre Community kommt nicht wegen Entertainment – sondern wegen Erkenntnis.

Story einer Weisen:

Natalia ist das Paradebeispiel für eine Weise:
Klar. Ruhig. Tief.
Ihr Feed ist kein Scroll-Stopp – er ist ein Deep Dive.
Ihre Posts bringen nicht nur Reaktion, sondern Reflexion.
Ich erinnere mich an einen Satz von ihr, den eine Kundin später zitierte:
»Du bist nicht lost – du bist nur lauter Stimmen gefolgt, die nicht deine waren.«
Gänsehaut.
Die Weise ist kein Leuchtturm – sie ist der Kompass.

Die Entdeckerin: »Lass uns Neues wagen.«

Kern-Energie:

- Die Entdeckerin folgt dem inneren Ruf nach mehr – mehr Freiheit, mehr Wachstum, mehr Erfahrung.
- Sie ist nicht hier, um sich festzulegen, sondern um sich zu entfalten.
- Ihre größte Stärke? Ihre Offenheit. Ihre Neugier. Ihre Bereitschaft, zu springen, bevor der Boden sichtbar ist.
- Sie geht nicht den sicheren Weg – sie geht ihren.

Wirkung & Positionierung:

- **Energie:** neugierig, unabhängig, visionär
- **Sprache:** explorativ, leicht, inspirierend – »Was wäre, wenn du einfach mal losgehst?«
- **Content-Stil:** Experimente, Behind the Scenes, ehrliche Erfahrungen
- **Trigger bei Kundinnen:** Langeweile, Stillstand, inneres Gefühl von Enge
- **Typische Entdeckerinnen-Kundin:** kreative Unternehmerin, digitale Nomadin, Life Coachin mit Freiheitsvision

Auf Social Media:

- Die Entdeckerin ist keine Planerin – sie ist eine Dokumentierende.
- Sie nimmt ihre Community mit auf den Weg, nicht erst ans Ziel.
- Ihre Storys wirken wie ein Reisetagebuch: ehrlich, ungefiltert, lebendig.
- Sie zeigt nicht Perfektion – sondern Bewegung.

Story einer Entdeckerin:
Eine meiner Kundinnen – Life Coachin aus Berlin – hatte das Gefühl, in ihrer Positionierung festzustecken. Sie wollte reisen, Neues ausprobieren, Business und Leben verbinden – aber ihre Inhalte waren steif, verkopft, strategisch.
Ich sagte: »Poste einfach deinen echten Alltag. Deine Erfahrungen SIND der Content.«
Sie begann, ihre Entscheidungswege zu dokumentieren: Von der Idee zum Retreat. Von der Unsicherheit zur Umsetzung. Die Reaktion? Pure Resonanz. Ihre Community fühlte sich mitgenommen – nicht belehrt.
Denn genau das ist Entdeckerinnen-Power: Du musst nicht alles wissen. Du musst nur bereit sein, loszugehen – mit deiner Community im Gepäck.

Entdeckerinnen verkaufen keine fertige Lösung. Sie laden ein zur Reise.
Und genau das macht sie magnetisch.

Die Unschuldige: »Es darf leicht sein.«

Kern-Energie:

- Die Unschuldige erinnert uns daran, dass nicht alles hart sein muss, um wertvoll zu sein.
- Sie steht für Vertrauen, Leichtigkeit und die Kraft des Guten.
- Ihre Energie ist wie ein tiefer Atemzug nach einer hektischen Woche. Sie schenkt Zuversicht – ohne naiv zu wirken.

Wirkung & Positionierung:

- **Energie:** optimistisch, verspielt, rein
- **Sprache:** ermutigend, klar, weich – »Vertrau dem Leben«, »Du darfst es dir leicht machen«
- **Content-Stil:** Positivität, kleine Anekdoten, Alltagserkenntnisse mit Tiefe
- **Trigger bei Kundinnen:** Überforderung, Leistungsdruck, Wunsch nach Vertrauen
- **Typische Unschuldigen-Kundin:** Coachin für Leichtigkeit, Resilienz oder intuitive Lebensführung

Auf Social Media:

- Die Unschuldige wirkt wie ein digitaler Safe Space.
- Sie zeigt sich nahbar und sanft, ohne ins Banale abzurutschen.
- Ihre Posts fühlen sich an wie ein Gespräch mit einer Freundin, die immer einen Lichtblick sieht – und genau deshalb folgen ihre Kundinnen ihr gern.

Story einer Unschuldigen:

Eine meiner Kundinnen – Glückstrainerin mit Herz – hatte Angst, oberflächlich zu wirken, wenn sie »nur« über Freude spricht. Sie versuchte sich an tiefen Business-Themen – und verlor dabei ihre eigene Leichtigkeit.

Ich sagte ihr: »Deine Superpower ist nicht, dass du erklärst. Sondern dass du erinnerst.«

Als sie begann, kleine Alltagsfreuden zu teilen – einen Sonnenstrahl, ein Lächeln ihrer Tochter, eine kurze Voice mit einem Impuls – passierte Magie.

Ihre DMs waren plötzlich voll. Nicht mit Fragen – sondern mit Dank. Weil Menschen sich gesehen fühlten.

Unschuldige inspirieren nicht durch Komplexität – sondern durch Klarheit.

Die Närrin: »Lachen ist meine Superpower.«

Kern-Energie:

- Die Närrin bringt Licht in Räume, die sich schwer anfühlen.
- Sie nimmt nichts persönlich – aber alles ernst genug, um darüber zu lachen.
- Mit Humor als Transformationskraft hilft sie Menschen, ihre Schwere loszulassen. Nicht albern. Sondern befreiend.

Wirkung & Positionierung:

- **Energie:** unterhaltsam, pointiert, entwaffnend
- **Sprache:** ironisch, frech, ehrlich – »Zu ernst? Ich bin raus«, »Wenn du nicht lachst, ändert sich nichts«
- **Content-Stil:** Reels mit Punchlines, Storytime mit Lacher, provokanter Witz mit Tiefe
- **Trigger bei Kundinnen:** Erschöpfung, Business-Ernst, Wunsch nach Leichtigkeit
- **Typische Närrin-Kundin:** Impro-Coachin, Comedy-Speakerin, Mentorin mit ironischem Twist

Auf Social Media:

- Die Närrin macht Schluss mit dem Content-Kopfkino.
- Sie bringt frischen Wind in ernste Feeds – nicht durch Klamauk, sondern durch kluge Komik.
- Humor ist ihr Vehikel, Klarheit ihr Ziel. Ihre Posts fühlen sich an wie: »Endlich spricht es mal jemand aus – und ich darf sogar lachen.«

Story einer Närrin:

Ich hatte mal eine Kundin, die nur ernste Posts machte. Alles tief, alles wichtig. Aber keiner kommentierte.

Als ich sie fragte, wie sie privat sei, sagte sie: »Total witzig eigentlich.«

Ich habe sie herausgefordert, ein Reel zu machen, das einfach nur lustig war. Und was passierte?

Der Post explodierte. Nicht, weil er besser war – sondern echter. Weil Humor ihre Superpower war – und sie sie endlich freigelassen hatte.

Die Herrscherin: »Ich hab das im Griff.«

Kern-Energie:

- Die Herrscherin führt, ohne sich dafür zu entschuldigen.
- Sie denkt in Strukturen, trifft Entscheidungen mit Weitblick – und bringt Exzellenz dahin, wo vorher nur Aktionismus war.
- Ihre Stärke ist: Sie strahlt Ruhe aus, selbst wenn alles wackelt.

Wirkung & Positionierung:

- **Energie:** souverän, geordnet, autoritativ
- **Sprache:** klar, direkt, strategisch – »So läuft das hier«, »Kein Chaos, nur Klarheit«
- **Content-Stil:** strukturierte Erklärungen, Frameworks, Business-Strategien, klare Handlungsaufforderungen
- **Trigger bei Kundinnen:** Überforderung, Planlosigkeit, Wunsch nach Führung
- **Typische Herrscherin-Kundin:** Strategin, Finanzmentorin, Struktur-Coachin für Unternehmerinnen

Auf Social Media:

- Die Herrscherin wird gehört, weil sie Klarheit schafft.
- Sie positioniert sich mit starken Claims, hochwertigen Visuals und glasklaren Positionen.
- Ihre Posts wirken wie ein Business-Kompass: messerscharf, professionell und nicht verhandelbar.
- Ihre Community denkt: »Wenn ich mit ihr arbeite, läuft's.«

Story einer Herrscherin:

Eine meiner Kundinnen – CFO-Mentorin – war müde von all den »intuitiven Businessmodellen«, die ihren Kundinnen mehr Chaos als Cash brachten.

Wir arbeiteten ihre Positionierung komplett um – weg vom Erklären, hin zur Führung. Ihr erster strukturierter Post mit einem klaren Drei-Schritte-Modell brachte ihr nicht nur 27 Kommentare, sondern auch zwei direkte Anfragen. Warum?

Weil Menschen spüren, wenn jemand das Steuer in der Hand hat. Und genau das ist ihre Magie: Sie ordnet – und bringt andere damit in ihre Kraft.

Die Fürsorgliche: »Ich helfe dir.«

Kern-Energie:

- Die Fürsorgliche begegnet der Welt mit Mitgefühl statt Urteilen.
- Sie will nicht glänzen, sie will halten. Ihre Präsenz schafft Räume, in denen Menschen durchatmen, sich öffnen – und heilen können.
- Sicherheit ist ihre Superpower – nicht laut, aber tief.

Wirkung & Positionierung:

- **Energie:** empathisch, stabilisierend, unterstützend
- **Sprache:** sanft, nah, auf Augenhöhe – »Ich bin bei dir«, »Du musst das nicht allein schaffen«
- **Content-Stil:** Care-Content, Soft Leadership, persönliche Einblicke, begleitende Impulse
- **Trigger bei Kundinnen:** emotionale Überforderung, Unsicherheit, Sehnsucht nach Halt
- **Typische Fürsorgliche-Kundin:** Mental Health Coachin, Trauma-Begleiterin, Doula, Heilpraktikerin, Mentorin für zyklisches Leben

Auf Social Media:

- Die Fürsorgliche zeigt Haltung durch Hingabe.
- Sie spricht weniger in Claims – mehr in Verbindungen.
- Ihr Content wirkt wie eine Umarmung in Textform.
- Ihre Community spürt: »Bei ihr darf ich loslassen.«

Story einer Fürsorglichen:

Eine meiner Kundinnen – Doula und Coachin für emotionale Geburtserfahrungen – postete lange nur »sichere« Inhalte: informativ, neutral, leise.

Als wir ihren Archetyp geschärft haben, sagte ich: »Du bist nicht hier, um nur Wissen zu vermitteln. Du bist hier, um Räume zu halten. Zeig genau das.«

Sie schrieb einen Post über das Gefühl, als junge Mutter allein in der Klinik zu sitzen – und wie sie heute Frauen begleitet, genau das nie wieder fühlen zu müssen. Der Post ging durch die Decke. Warum?

Weil er nicht perfektioniert war – sondern gehalten.

Die Fürsorgliche verkauft nicht über Push – sondern über Präsenz. Und manchmal ist das genau die Führung, die es gerade braucht.

Die Schöpferin: »Ich erschaffe Welten.«

Kern-Energie:

- Die Schöpferin lebt für Ideen. Nicht um zu beeindrucken – sondern um zu gestalten.
- Sie denkt in Bildern, fühlt in Visionen und formt aus Gedanken reale Formate.
- Ihre Superpower ist ihre Vorstellungskraft – und der Mut, sie sichtbar zu machen.

Wirkung & Positionierung:

- **Energie:** innovativ, kreativ, künstlerisch
- **Sprache:** spielerisch, visuell, intuitiv – »Ich mach's mir schön«, »Lass uns was Neues erschaffen«
- **Content-Stil:** Design-Konzepte, Visual Storytelling, kreative Formate, Moodboards, Experimente
- **Trigger bei Kundinnen:** Monotonie, Copy-Paste-Content, innere Unruhe durch zu viel Struktur
- **Typische Schöpferin-Kundin:** Branddesignerin, Content-Künstlerin, Storytelling-Coachin, Formatentwicklerin

Auf Social Media:

- Die Schöpferin führt durch Ästhetik.
- Sie baut Vertrauen über Stil – nicht über Strategie.
- Ihr Feed ist kein Portfolio, sondern ein Erlebnis.
- Ihre Community spürt: »Hier entstehen Dinge, die es vorher noch nicht gab.«

Story einer Schöpferin:

Eine Kundin von mir – Designerin mit unglaublichem Gespür für Marken – saß fest: Sie hatte so viele Ideen, dass sie keine zeigte.

Ich sagte zu ihr: »Du musst nicht warten, bis es perfekt ist. Deine Community will sehen, wie du erschaffst – nicht nur, was du am Ende lieferst.«

Sie begann, Work-in-Progress-Reels zu posten, kleine Skizzen zu teilen, Design-Inspirationen zu erklären. Was passierte?

Ihre DMs füllten sich mit Anfragen. Nicht, weil sie mehr gepitcht hat – sondern, weil sie ihre Kreativität sichtbar gemacht hat.

Schöpferinnen müssen nicht verkaufen. Sie laden ein – in ihre Welt.

Die Verbündete: »Ich bin wie du.«

Kern-Energie:

- Die Verbündete ist der Fels im Alltag.
- Kein Glamour, kein Chichi – sondern echte Nähe. Ihre Superpower ist ihre Nahbarkeit.
- Sie steht für Real Talk, nicht für Perfektion.
- Für Vertrauen, nicht für Taktik. Und genau deshalb folgen ihr die Menschen: weil sie sich gesehen fühlen.

Wirkung & Positionierung:

- **Energie:** bodenständig, ehrlich, zugänglich
- **Sprache:** alltagsnah, direkt, verständlich – »Ich kenn das auch«, »Ich sag's, wie's ist«
- **Content-Stil:** persönliche Reflexionen, Alltagssituationen, Storytime aus dem echten Leben
- **Trigger bei Kundinnen:** Überforderung durch Online-Glanzwelt, Vergleich, Wunsch nach Echtheit
- **Typische Verbündete-Kundin:** Working-Mom-Coachin, Lebensberaterin, Mentorin mit »Ich weiß, wie's ist«-Vibe

Auf Social Media:

- Die Verbündete verkauft nicht – sie erzählt.
- Sie braucht kein Branding-Korsett, weil ihre Echtheit die Marke ist.
- Ihr Content ist nicht strategisch durchgetaktet – aber menschlich durchdrungen.
- Und genau deshalb performt er.

Story einer Verbündeten:

Eine Kundin von mir hatte monatelang keinen Post geschrieben – weil sie dachte, sie sei »nicht ready«.

Ich hab ihr eine einfache Frage gestellt: »Was würdest du deiner besten Freundin schreiben – wenn sie gerade glaubt, sie reicht nicht?«

Sie schrieb. Ohne Filter. Ohne Plan. Einfach ehrlich. Der Post hatte keine Call-to-Action, keine Hashtags – aber über 100 Kommentare. Weil er echt war. Weil er sagte: »Ich kenn das.«

Verbündete wirken nicht, weil sie »die Lösung« haben.

Sondern weil sie zeigen, dass niemand allein damit ist.

Dein Archetyp = deine Sichtbarkeitsstrategie

Wähle deinen Haupt-Archetypen und lass ihn deine Content-Welt färben: deine Headlines, deine Storys, deine Farben und Bilder, dein Wording. Du kannst Nuancen anderer Archetypen integrieren, aber sei klar in deinem Kern. Menschen folgen dir, wenn sie spüren, was sie bei dir bekommen. Bedenke: Wenn du keine klare Rolle einnimmst, wirst du zur Statistin im Film anderer.

Übung: Reflexion – Welcher Archetyp bist du?

Nimm dir zehn Minuten Zeit und beantworte folgende Fragen:

- Worauf bekommst du am meisten Resonanz in deinem Content?
- Welche Rolle nimmst du intuitiv ein, wenn du auf der Bühne stehst?
- Welcher Archetyp wärst du in einem Film?
- Was sagen andere über deine Wirkung?

Dein Archetyp ist wahrscheinlich genau der, den du nicht bewusst gewählt, sondern gefühlt hast.

Fazit: Deine Wirkung ist eine Entscheidung

Wenn du willst, dass Menschen dir vertrauen, dir folgen und von dir kaufen, dann sei klar. Sei du. Aber in scharf. Dein Archetyp ist kein Kostüm, sondern dein Verstärker. Nutze ihn, und du wirst nicht übersehen. Sei nicht das Echo. Sei die Stimme. *Manchmal fühlst du dich wie die Rebellin, aber dein Körper will gerade nur die Liebende sein. Ich hatte eine Woche, da war ich voller Rage auf Social Media, bereit für den großen Klartext. Aber in mir drin war Leere. Kein Feuer, nur Müdigkeit. Ich hab nicht gepostet. Ich habe geschrieben. Für mich. Und einen Tag später kam die Klarheit: Es war nicht Rebellion dran, sondern Nähe. Das ist Embodiment. Zuhören, bevor du sprichst.*

Jetzt, wo du deinen Archetypen kennst und fühlst, welche Frequenz du nach außen trägst, geht's an die Praxis. Denn Präsenz entsteht nicht im Denken, sondern im Alltag. Im folgenden Abschnitt findest du Rituale, die dich zurück in deinen Körper holen, wenn du dich verlierst.

EMBODIMENT-RITUALE FÜR DEIN BUSINESS (UND DEINEN ALLTAG)

Verkörperung beginnt nicht in deiner To-do-Liste, sondern in deinem Nervensystem. Nicht in der Frage »Was poste ich heute?«, sondern in der Antwort: »Wie will ich mich heute fühlen – und was darf durch mich sichtbar werden?« Diese Rituale helfen dir, deinen Archetypen nicht nur zu kennen, sondern zu leben. In deinem Rhythmus. In deinem Tempo. Jeden Tag ein bisschen mehr du.

Übung: Der Daily Alignment Flow (3–5 Minuten morgens)

Du startest nicht mit einem Plan – du startest mit einer Frequenz.
Bevor du in Strategie oder Struktur gehst, erinnere dich an das Wichtigste: Deine Energie entscheidet, wie dein Tag verläuft – und wie deine Inhalte wirken.
Dauer: 3–5 Minuten direkt nach dem Aufwachen

1. Setz dich aufrecht hin. Leg eine Hand auf dein Herz, die andere auf deinen Unterbauch.
2. Schließe die Augen. Atme bewusst ein und aus – durch die Nase ein, durch den Mund aus.
3. Stell dir die Frage: **»Wie will ich mich heute in meinem Business fühlen?«** (z. B. klar, mutig, verbunden, kreativ, weich, magnetisch…)
4. Nimm diese Energie in deinen Körper auf – atme sie ein. Lass sie sich in dir ausbreiten.
5. Stell dir vor, wie du mit dieser Energie sprichst, schreibst, Entscheidungen triffst.

Ankerfrage für den Tag: »Handle ich gerade aus dieser Energie – oder gegen sie?«

Übung: »Die Kundin rufen« – Energie statt Druck

Verkaufen ist keine Technik. Es ist ein energetischer Kanal.
Diese Übung hilft dir, vor jedem Launch oder Post zurück in Verbindung zu gehen – mit dir und der, für die du das alles machst.
Dauer: 2 Minuten vor jedem Launch, Post oder Verkaufsgespräch

1. Stell dich hüftbreit hin, beide Füße fest am Boden.
2. Atme tief ein. Spür deinen Körper.
3. Visualisiere deine absolute Wunschkundin:
    - Wo ist sie gerade?
    - Wie fühlt sie sich?
    - Was braucht sie – emotional, energetisch, menschlich?

4. Sag innerlich (oder laut): »Ich bin bereit. Du darfst mich finden.«
5. Lass die Energie fließen – ohne Push, ohne Zwang. Nur Präsenz.

Reminder: Menschen spüren nicht, was du willst – sie spüren, was du verkörperst.

Übung: Körper als Kompass – Weite vs. Enge

Dein Nervensystem weiß, ob etwas stimmig ist – noch bevor du ein einziges Wort sagst. Nutze diese Übung, um klare Entscheidungen nicht nur mit dem Kopf, sondern mit deinem ganzen System zu treffen.
Dauer: 3 Minuten vor Entscheidungen

1. Schließ die Augen.
2. Denk an ein konkretes Thema – z. B. ein neues Angebot, eine Idee, ein möglicher Launch.
3. Spür in deinen Körper:
   - Wird dein Brustkorb weiter oder enger?
   - Fließt dein Atem – oder hältst du ihn an?
   - Entsteht Ruhe oder Anspannung?
4. Triff keine Entscheidung aus Enge. Deine Weite ist dein Ja.

Merke: Dein Körper lügt nie. Er weiß längst, was wahr ist.

BUSINESS-ROUTINE ALS EMBODIMENT-TEMPEL

Dein Alltag ist nicht getrennt von deinem Wachstum, er *ist* dein Wachstum. Frage dich:

- *Welche Routinen nähren mich wirklich?*
- *Welche Tools stressen mich (auch wenn sie »funktionieren«)?*
- *Wo braucht mein Nervensystem mehr Pausen, Genuss, Atmung?*

Finde deinen Rhythmus. Nicht den von Instagram. Nicht den deines Coaches. Dein Erfolg ist keine Frage der Taktung, sondern der Tiefe. Ich habe irgendwann verstanden, dass mir keine neue Strategie helfen würde, wenn ich innerlich im Überlebensmodus funktioniere. Heute sehe ich mein Business wie einen heiligen Raum. Wenn ich mich zentriere, verkörpere und erlaube, fließt alles leichter. Und wenn es mal nicht fließt? Dann höre ich hin. Nicht sofort mit Optimierung, sondern mit Sanftheit.

Ciao FOMO, hallo JOMO!

Ein weiteres Thema, das mich oft herausgefordert hat – und vielleicht auch dich – ist FOMO: die Angst, etwas zu verpassen. Ein Trend, ein Webinar, ein Posting-Zeitpunkt, eine Marketingchance. FOMO kann uns antreiben, aber auch erschöpfen. Es ist der Schatten von Sichtbarkeit.

FOMO hat durchaus Vorteile: Es zeigt uns, was wir wirklich wollen. Es kann motivieren, uns öffnen, uns ins Tun bringen. Aber es hat auch Schattenseiten: Wenn du aus Angst handelst statt aus Verbindung, wird deine Energie zerfasert. Du wirst getrieben statt gezogen. Du agierst reaktiv statt intuitiv.

Wenn FOMO auftaucht, frage dich liebevoll: *Ist das ein echtes »Ja« – oder nur die Angst, nicht genug zu sein? Was würde ich tun, wenn ich tief vertraue, dass mein Weg genau richtig ist?*

Natalia hat mir ein alternatives Konzept in mein Leben gebracht, das seitdem wie ein sanfter Gegenzauber zu FOMO wirkt: JOMO – The Joy of Missing Out. Statt dich gestresst zu fragen, was du gerade alles *verpasst*, darfst du dich liebevoll daran erinnern, was du gerade bewusst *nicht wählst* – weil es dir nicht dient. JOMO heißt: Du entscheidest dich für dich. Für deinen Rhythmus. Für das, was sich gerade richtig anfühlt – nicht nur logisch, sondern körperlich. Ein Beispiel: Da ist dieses großartige Networking-Event – luxuriöse Location, starke Speakerinnen, glänzende Unternehmerinnen, mit denen du dich connecten könntest. Eine Bühne für Selfies, Stories und Storytelling. Klingt verlockend, oder? FOMO lässt grüßen. Denn wenn du ehrlich mit dir bist, spürst du: Du bist gerade am Ende deines Zyklus. Dein Körper sehnt sich nach Rückzug, nach Stille, nach Wärme. Und auch wenn das Event auf dem Papier perfekt klingt – ein lauter Raum voller Energie, Status, »Hustle-Vibes« würde dich heute eher auslaugen als nähren. Du spürst: Diese Art von Energie ist gerade nicht dein Match. Und so – *zack* – verwandelst du FOMO in JOMO. Du bleibst zu Hause, zündest dir eine Kerze an, schreibst vielleicht ein paar ehrliche Zeilen für dein Business oder gehst früh ins Bett. Und fühlst dich nicht ausgeschlossen, sondern angekommen. Bei dir. Magisch, oder?

Und genau hier kommt ein Thema ins Spiel, über das viel zu selten ehrlich gesprochen wird: Selbstliebe.

Selbstliebe und Nervensystempflege – deine Wahrheit braucht dich, nicht den Applaus

Das größte Glück – und die größte Freiheit – beginnt nicht in deiner Reichweite. Nicht in einem viralen Reel. Und auch nicht im nächsten Launch. Es beginnt da, wo du nichts im Außen brauchst, um dich ganz zu fühlen. Da, wo du bei dir ankommst. Ohne Applaus. Ohne Bestätigung. Ohne Vergleich.

Ich sag's dir ganz ehrlich: Ich liebe meine Tochter. Und ich liebe meinen Mann. Sie sind meine Welt. Aber weißt du, was ich genauso liebe? Zeit nur mit mir. Diese stillen Inseln, an denen ich einfach bin. Ohne Rolle, ohne Funktion, ohne Reaktion. Ohne Luxus. Nicht, weil ich andere Menschen nicht mag, sondern weil mein Nervensystem genau da auftanken kann. Weil genau diese Alleinzeit für mich das stärkste Tool zur Selbstregulation ist.

Was mich stresst, ist nicht die Produktion von Content. Was mich stressen würde, wäre der Gedanke: »Kommt das an? Was denken die anderen? Wird's geteilt? Wird's gelikt?« Finde den Fehler. Der Druck entsteht nicht im Tun, sondern im Vergleichen. Nicht im Kreieren, sondern im Zweifeln. Und da kommt Selbstliebe ins Spiel. Was Selbstliebe in deinem Sichtbarkeits-Game wirklich bedeutet:

> **Du machst deinen Content in erster Linie für dich.** Weil du was zu sagen hast. Weil deine Wahrheit raus will. Weil deine Frequenz wirken darf, auch wenn niemand klatscht.

- **Du brauchst keine Likes, um dich wertvoll zu fühlen.** Du brauchst keine volle Inbox, um dich gesehen zu wissen. Und du brauchst auch kein Kompliment, um zu strahlen. Du bist komplett, auch wenn niemand klatscht.
- **Selbstliebe bedeutet: nicht zu performen, sondern präsent zu sein.** Du willst nicht gefallen. Du willst verbinden.
- **Du brauchst kein Publikum, um in deiner Energie zu sein.** Sondern dich selbst. Und einen Moment der Stille.

Wenn du das wirklich verinnerlichst, dann wird jede Story, jeder Post, jeder Launch kein »Bitte-seh-mich«-Ruf mehr sein, sondern eine Einladung an die Welt, dich zu erleben, so wie du bist.

Mikrotipp für deinen Alltag

Wenn du dich wieder dabei ertappst, dich zu vergleichen oder zu performen: atme. Schließe die Augen. Frag dich: *Mache ich das gerade aus Verbindung – oder aus Druck?* Und wenn die Antwort »Druck« lautet – dann: stopp. Zurück zu dir. Ersetze *Wie kommt's an?* durch *Fühlt es sich nach mir an?* Ein kurzer Reset reicht oft, um dich wieder in deine Energie zu bringen. Denn echte Sichtbarkeit entsteht nicht aus Push, sondern aus Präsenz.

Journaling für Integration

Verkörperung braucht Raum. Raum, in dem du nicht funktionieren musst. Raum, in dem du nicht performst. Raum, in dem du ehrlich mit dir selbst sein darfst, ganz ohne Filter. Journaling ist genau so ein Raum. Ein Spiegel für deine inneren Prozesse, ein Container für deine Wahrheit, ein liebevoller Dialog mit dir selbst.

Gerade wenn du viel über dich erkannt und verändert hast, ist es essenziell, diese Erkenntnisse nicht einfach im Alltag versickern zu lassen. Denn wahre Transformation entsteht nicht nur durch Aha-Momente, sondern durch bewusste Integration. Durch Fragen, die dich weich machen. Und durch Antworten, die nicht laut sein müssen, solange sie ehrlich sind.

Übung: Reflexion – Verbinde dich mit deiner Frequenz

Die folgenden Fragen helfen dir, innezuhalten und zu spüren: *Wo stehe ich gerade wirklich? Was trägt mich? Was will gehen? Was darf entstehen?* Lass dich beim Schreiben von deinem Körper führen, nicht nur von deinem Verstand. Es geht nicht um »richtige« Antworten, es geht um Verbindung. Mit dir. Mit deinem Weg. Mit deiner Frequenz.

- *Wie fühlt sich Sichtbarkeit in meinem Körper an – heute?*
- *Welche Entscheidung versuche ich, mit dem Kopf zu lösen, obwohl mein Körper längst Antwort gibt?*
- *Was darf ich loslassen, um meine Wahrheit voll zu verkörpern?*
- *Welche Energie will durch mein Business fließen?*
- *In welchem Moment war FOMO mein Antrieb – und wie hat sich das im Ergebnis angefühlt?*

Zeige dich, denn du bist die Botschaft

Wie oft höre ich es auf Bühnen, in Podcasts oder in Insta-Reels: »Finde dein Warum! Du brauchst eine glasklare Botschaft! Deine Message ist der Schlüssel zu deinem Erfolg!« Und ja, natürlich – Klarheit ist Gold wert. Aber jetzt mal Tacheles: Weißt du, wie lange ich selbst nach meinem Warum gesucht habe? Wie oft ich an einem leeren Word-Dokument saß und dachte: *Was will ich eigentlich sagen? Was ist mein Ding? Wofür stehe ich?* Ich hab's gejournalt. Gecoacht. Zergrübelt. Und trotzdem fühlte es sich an, als würde ich neben meiner Wahrheit herlaufen.

Warum? Weil ich sie im Außen gesucht habe. In Formeln. In Frameworks. In Copy-Paste-Botschaften. Jessis Gehirn wieder: »Finde den Fehler.« Was dir keiner dieser »Gurus« sagt: Du musst nicht erst dein Warum finden. Du bist es längst. Dein Leben. Deine Brüche. Deine Perspektive. Deine Stimme.

Du brauchst keinen schlauen Satz, um »deine Message« zu erklären. Du brauchst den Mut, dich zu zeigen – so, wie du bist. Mit Klartext. Mit Herz. Mit Ecken. Denn all das Wissen, das du dir aufgebaut hast – die Klarheit, die du gewonnen hast –, bringt erst dann echte Transformation, wenn du sie fühlst. Wenn du sie verkörperst. Wenn du sie bist.

Sichtbarkeit beginnt nicht mit Strategie. Sie beginnt mit Frequenz. Mit der Energie, in der du dein Business lebst. Mit dem, was du ausstrahlst, bevor du ein Wort sagst. Dein Content ist nicht das Ziel. Deine Marke ist nicht das Ziel. Dein Angebot ist nicht das Ziel. Deine Verkörperung ist das Ziel. Sie ist das, was andere spüren, bevor sie deinen Text lesen, deine Story hören oder dein Produkt sehen. Deine Präsenz ist deine Einladung. Deine Energie ist dein stärkstes Marketing. Und deine Wahrheit ist der schönste Magnet.

Das hier ist keine Bühne für Perfektion. Wirkliche Präsenz entsteht nicht, weil alles sitzt – sondern weil etwas echt ist. Weil du dich zeigst, **nicht obwohl**, sondern **weil** du gerade roh, ungeschliffen, mitten im Prozess bist. Dein Ja zu dir zählt mehr als jedes Skript. Und falls du glaubst, du bist zu leise, zu zögerlich, zu wenig Bühne – dann sprich das hier laut aus:

»Ich muss nicht lauter werden. Ich muss nur klar sein.«

Mikrotipp für den Alltag

Dein Mut sieht nicht immer wie Mut aus.
Manchmal sieht er so aus: »Ich poste das jetzt gleich – und dann flipp ich aus.«
Und weißt du was? Genau das ist es. **So fühlt sich echte Sichtbarkeit an.** Denn in den Momenten, in denen du denkst: »Was zur Hölle mache ich hier?!«, bist du **am nächsten dran an deiner Botschaft.**

In diesen Momenten, wenn du denkst: *Hilfe, was tue ich hier?!*, bist du am nächsten dran an deiner wahren Botschaft. Du brauchst keine Bühne, um gehört zu werden. Du brauchst keine Likes, um wertvoll zu sein. Du brauchst kein virales Reel, um relevant zu sein. Du brauchst nur eins: dich. Jetzt ist dein Moment. Vielleicht ist nicht alles fertig, doch du fühlst, dass du längst losgehen darfst. Nicht, weil du alles weißt. Sondern weil du mit dir in Kontakt bist.

Kommen wir noch mal auf den Begriff Impact zurück. Impact heißt Wirkung. Aber nicht irgendeine, sondern Wirkung mit Wumms. Impact ist das, was bleibt, wenn der Applaus längst verklungen ist. Impact ist nicht Likes. Nicht Views. Nicht: »Oh, das war nett.« Sondern: »Das hat was mit mir gemacht.« Impact bedeutet:

- **Du veränderst was.** Im Denken, im Fühlen, im Handeln deiner Community.
- **Du rüttelst wach.** Du triggerst, du inspirierst, du bewegst.

> **Du hinterlässt Spuren.** Nicht weil du laut bist, sondern weil du echt bist.

Impact ist, …

> wenn jemand deinen Content sieht und sich ein Knoten im Kopf löst.
> wenn dein Post nicht nur gelikt wird, sondern eine Entscheidung auslöst.
> wenn dein Publikum nach deinem Talk nicht sagt: »Tolle Folien!«, sondern: »Ich hab's endlich verstanden – ich geh jetzt los.«
> wenn deine Botschaft so trifft, dass sie weitergetragen wird – von Herz zu Herz.

Impact ist kein Zufall. Impact ist Klarheit + Haltung + Energie. Wenn du weißt, wofür du stehst, und diese Frequenz konsequent sendest, wird dein Content magnetisch. Dann bist du nicht das Echo, du bist die Stimme. Dann brauchst du keinen viralen Hack, du bist der menschliche Algorithmus. Kurzum, Impact ist, wenn deine Wahrheit andere in ihre bringt. Und genau deswegen machen wir Content. Nicht für Applaus. Sondern für echte Veränderung.

Übung: Deine Message verkörpern

Diese Übung ist kein Writing-Tool – sie ist ein Wahrhaftigkeits-Check.
Bevor du sprichst, tippst oder postest: Komm bei dir an. Denn wenn du verbunden bist mit deiner Geschichte, braucht dein Content kein Konzept – nur Klarheit.
Ziel: Deine Botschaft nicht nur formulieren – sondern fühlen.
Dauer: 5 Minuten
Wann: Vor einem Posting, einem Launch oder einem Live-Event

1. Schließe die Augen. Atme dreimal tief ein und aus.
2. Erinnere dich: Was hat dich auf diesen Weg gebracht? Was hast du erlebt, was heute Teil deiner Arbeit ist?
3. Fühle in dich rein: Was willst du heute verkörpern – Klarheit? Nähe? Mut? Sanftheit?
4. Sprich deine Message laut aus. Nicht den perfekten Satz. Sondern den echten. So, wie du es einer Freundin sagen würdest.

5. Öffne die Augen. Und schreib. Nicht, um zu performen – sondern um zu verbinden.

Denn Impact entsteht nicht durch Performance. Sondern durch Präsenz.

Best-of Learnings aus Kapitel 6

- **Sichtbarkeit braucht mehr als Strategie, sie braucht Sicherheit.** Du kannst alles wissen, doch wenn dein Nervensystem sich nicht sicher fühlt, wirst du dich sabotieren oder erschöpfen. Verkörperung bedeutet, deinen Körper sanft mitzunehmen und innere Sicherheit für dein Strahlen aufzubauen.
- **Sichtbarkeit kann brennen und gleichzeitig ausbrennen.** Wenn du leuchtest, aber dich nicht selbst halten kannst, wirst du schnell ins emotionale oder energetische Minus rutschen. Regelmäßige Regulation und Embodiment-Praktiken schützen dich vor Überforderung.
- **Embodiment ist kein Trend, es ist der Missing Link.** Zwischen Klarheit und Umsetzung, zwischen Wissen und Wirkung, zwischen Ziel und Anziehung steht dein Körper. Du sendest nicht das, was du denkst, sondern das, was du verkörperst.
- **Dein Nervensystem ist der wahre CEO.** Es entscheidet, wie mutig du sprichst, wie offen du empfängst, wie stabil du wächst. Je mehr du dich in deinem Körper sicher fühlst, desto mehr Tiefe, Magnetismus und Präsenz entstehen in deinem Business.
- **FOMO ist eine Illusion, die Klarheit verdeckt.** Die Angst, etwas zu verpassen, erzeugt Druck, Vergleich, Reaktivität. Dein innerer Kompass weiß längst, was wirklich dran ist. Wähle aus der Tiefe, nicht aus der Panik.
- **Dein Business ist dein Tempel, nicht dein Hamsterrad.** Wenn du deine Energie priorisierst, entsteht nachhaltiger Erfolg. Verkörperung beginnt im Alltag: in der Atmung, in deiner Haltung, in deinen Mikroentscheidungen.
- **Du bist die Botschaft, noch bevor du sprichst.** Menschen spüren deine Frequenz, bevor sie deine Inhalte lesen. Verkörperung ist dein stärkstes Branding. Deine Energie ist dein stärkstes Marketing.

Du hast jetzt verstanden, dass dein Nervensystem dein stärkster Hebel ist – nicht nur, um sichtbar zu *werden,* sondern um sichtbar zu *bleiben,* ohne dich zu verlieren. Du bist keine Content-Maschine. Du bist Energie. Und Energie will fließen. Doch Verkörperung ohne Ausdruck ist wie ein Leuchtturm, der nie angeschaltet wird. Deshalb geht es im nächsten Kapitel nicht mehr nur um dein Innen, sondern um die Bühne da draußen. Um deinen echten Auftritt im Social-Media-Zirkus. Zwischen TikTok-Tsunamis, KI-Karneval und Plattform-Paranoia brauchst du jetzt einen klaren Kurs, und zwar nicht irgendeinen. Deinen.

Kapitel 7 ist dein Sichtbarkeitskompass in einer Welt, die sich schneller dreht als ein Karussell auf dem Jahrmarkt. Denn Sichtbarkeit beginnt zwar in dir, aber sie endet nicht bei dir. Mach dich bereit: Für tiefe Klarheit, smarte Strategien und eine Onlinepräsenz, die nicht nur funktioniert, sondern resoniert. Kein Hustle, kein Overload, sondern echte Wirkung. Vom Teelicht zum Leuchtturm – diesmal mit High-Speed-Antrieb.

Kapitel 1:

Social Media – was du jetzt wissen musst, um relevant zu bleiben

Jessica Lackner

Du brauchst keinen neuen Hack, kein neues Format und kein neues Tool. Du brauchst Klarheit: Was du willst. Was du sendest. Und was du weglässt.

In den letzten Kapiteln hast du gelernt, wie du deine Stimme findest. Jetzt geht's darum, sie zu halten – auch wenn draußen der Algorithmus tobt. Denn ja: Social Media ist laut. Schnell. Unberechenbar. Heute liebt Insta Karussells, morgen nur noch Reels, übermorgen brauchst du ein Voiceover mit Untertiteln und animierter Call-to-Action. Willkommen im Dauerwandel.

Ich war da. Am Limit. Nicht mehr Leuchtturm, sondern Wellenbrecher. Mal alles gepostet, was ging – mal komplett abgetaucht. Zwischen Trendstress und Technikfrust habe ich irgendwann verstanden: Der Dschungel ist nicht das Problem. Das Problem ist, ohne Karte loszulaufen.

Deshalb bekommst du in diesem Kapitel keine To-do-Liste für viralen Erfolg, sondern eine Machete für deinen Weg. Du lernst, wie du deine Social-Media-Strategie nicht nur an Trends, sondern an deiner Identität ausrichtest. Du wirst zur Orientierung – für dich und deine Community.

Denn was viele vergessen: Sichtbarkeit ist kein Selbstzweck. Sie muss zu deinem Ziel passen. Willst du Reichweite? Oder Umsatz? Einfluss? Oder Vertrauen? Alles ist möglich – aber nicht alles auf einmal.

Also: Atme kurz. Leg den Perfektionismus ab. Und dann bauen wir deine persönliche Landkarte durch den digitalen Dschungel. Klar. Strategisch. Echt.

Genau deshalb ist dieses Kapitel kein klassischer Trendbericht, sondern eine Machete. Für dich. Damit du nicht nur durchkommst, sondern deinen eigenen Weg durch dieses Dickicht findest. Denn was heute gilt, ist morgen schon überholt. Es gibt keine feste Karte mehr. Aber du kannst lernen, deine eigene Landkarte immer wieder neu zu zeichnen, und zwar so, dass sie zu dir passt – und zu deinem Ziel. Was nämlich viele vergessen: Es gibt nicht den einen richtigen Weg auf Social Media. Es gibt mindestens zwei große Ziele:

- Reichweite aufbauen – um gesehen zu werden
- Umsatz machen – um gebucht zu werden

Und manchmal schließt sich das gegenseitig sogar aus. Heißt: Du kannst 10 000 Follower haben und keinen einzigen Kunden. Oder du hast 800 treue Menschen, die bei jedem Launch kaufen. Beides kann richtig sein – wenn du weißt, warum du es machst. Deshalb findest du in diesem Kapitel nicht nur die größten Herausforderungen und Zukunftstrends auf einen Blick, sondern auch Klarheit: Was zählt wirklich? Was darfst du loslassen? Und wie navigierst du durch diesen wilden, ständig wachsenden Content-Dschungel, ohne dich selbst zu verlieren? Also: Atme kurz durch. Schnapp dir dein Notizbuch. Und dann tauchen wir ein in die echte Welt hinter dem Algorithmus.

DIE GRÖSSTEN HERAUSFORDERUNGEN AUF SOCIAL MEDIA – UND WAS SIE MIT DIR MACHEN

Bevor du losziehst, lohnt sich ein Blick auf das Gelände: Wo sind die Stolpersteine? Wo verlierst du am schnellsten Fokus und Energie?

Denn genau das passiert gerade massenhaft – nicht wegen mangelnder Skills, sondern weil Selbstständige versuchen, sich in einem System zurechtzufinden, das sich täglich ändert.

Deshalb starten wir mit dem, was dich auf Social Media wirklich ausbremst – psychologisch, strategisch und energetisch.

Content-Druck und Konsistenz-Karussell

Content is King – ja. Aber manchmal fühlt es sich eher an wie ein Tyrann, der jeden Tag neuen Stoff fordert. Hochwertig soll's sein, regelmäßig und am besten gleich auf fünf Plattformen. Kein Wunder, dass viele Selbstständige schon vorm ersten Post innerlich aussteigen. Besonders Solo-Unternehmerinnen stehen ständig unter Strom: *Wenn ich heute nichts poste, bin ich morgen unsichtbar.*

Was passiert dann? Entweder es wird hektisch irgendwas gepostet – ohne Plan, ohne Herz. Oder der Content bleibt in der Entwurfsmappe liegen, weil der Anspruch zu hoch ist. Beides killt auf Dauer die Sichtbarkeit. Und die Energie.

Reichweite: Der Kampf um Sichtbarkeit

Du gibst dir Mühe, schreibst einen starken Post, vielleicht sogar ein Video – und dann sehen es 3 Prozent deiner Follower. Willkommen in der organischen Social-Media-Hölle. Wer heute Reichweite will, steht schnell vor der Frage: Budget oder Burnout? Denn die Plattformen machen klar: Wer nicht zahlt, bleibt im Schatten. Gleichzeitig willst du ja nicht jeden Cent in Ads pusten. Die Lösung? Eine klare Strategie, die organisches Vertrauen mit bezahlter Sichtbarkeit kombiniert und nicht nur Likes jagt, sondern Leads bringt.

Algorithmus-Achterbahn

Heute liebt der Algorithmus Karussells, morgen Videos mit Untertiteln und übermorgen ... keine Ahnung. Das Spiel ist dynamisch. Und ja – es nervt. Du hast endlich raus, was funktioniert, und plötzlich ist es wieder vorbei.

Viele fühlen sich ausgeliefert. Dabei ist der Trick nicht, alles perfekt zu durchblicken, sondern flexibel zu bleiben. Lerne, was für *deine* Community funktioniert. Und bleib wach, statt panisch auf jeden Hype aufzuspringen.

Tool-Tsunami und Technik-Frust

Sieben Plattformen, fünf Tools, drei Planungsapps und ein Kopf, der raucht. Klingt bekannt? Willkommen im Tool-Overload. Klar, Tools sollen helfen – aber oft machen sie's komplizierter. Vor allem, wenn du als Selbstständige keine Tech-Fee bist.

Was du brauchst, ist nicht *mehr,* sondern *das Richtige.* Ein schlankes Setup, das dich entlastet. Keine Spielerei, sondern echte Effizienz. Tools sind nur Werkzeuge – du bist die Künstlerin.

Klarheit fehlt – und damit Wirkung

Viele posten, aber ohne Plan. Ohne Positionierung. Ohne klare Botschaft. Und dann wundern sie sich, warum es nicht funktioniert. Wenn du nicht weißt, wofür du stehst, weiß dein Publikum auch nicht, warum es dir folgen soll. Gerade Führungskräfte oder Unternehmerinnen tun sich oft schwer: Zeige ich Expertise? Oder Persönlichkeit? Die Antwort: beides – aber strategisch. Zeig Haltung. Zeig Mensch. Zeig Relevanz.

Sichtbarkeitsblockaden und Perfektionismusfalle

Was, wenn ich was Falsches sage? Was, wenn niemand reagiert? Was, wenn alle denken, ich will nur verkaufen? Diese Fragen blockieren so viele gute Menschen auf Social Media. Shitstorms? Gibt's. Aber selten. Viel häufiger gibt's Resonanz, Verbindung, Vertrauen. Wenn du dich echt zeigst. Nicht perfekt. Sondern präsent. Die größte Gefahr ist nicht ein Fehler, sondern, dass du nie losgehst.

TRENDS, DIE DU KENNEN MUSST

Und jetzt, da du weißt, wo der Druck entsteht – lass uns einen Schritt weitergehen. Denn natürlich geht's auf Social Media auch um Momentum, Formate, Plattformlogiken. Aber: Trends sind kein Dogma. Sie sind Angebote. Du entscheidest, was zu dir passt. Hier findest du die aktuellen Entwicklungen, die wirklich relevant sind – damit du bewusst reagieren kannst, statt panisch zu performen.

Kurzvideos: Der Turbo im Newsfeed – aber bitte mit Substanz

Kurz und knackig war gestern; heute darf's ein bisschen länger sein. Was als TikTok-Spaß begann, ist längst Business-Booster: Short-Form-Videos sind der heiße Scheiß auf Social Media. Aber: Statt 15-Sekunden-Einheitsbrei mit wilden Fingerzeigen brauchen deine Follower jetzt echten Mehrwert. TikTok und Co. belohnen inzwischen auch Inhalte, die zwei bis fünf Minuten lang sind – wenn sie packen. Storytelling, Transformation, Learning im Snack-Format – das rockt.

Good to know: TikToks performen aktuell bis zu 84 Prozent besser als Reels. Auch Instagram hat verstanden: Karussell-Posts werden gepusht, Reels sind Pflicht, aber eben nicht irgendein Reel. Es zählt der Content, nicht nur die Cuttechnik.

Neue Plattformen: Threads, Bluesky und Co. – Spielwiesen oder Chancenland?

Threads ist Metas Antwort auf Twitter beziehungsweise X und hat schon über 100 Millionen Nutzerinnen und Nutzer an Bord. Heißt: Da entsteht ein neues Spielfeld. Noch jung, noch wild, aber perfekt für alle, die mit ihrer Stimme früh Trends setzen wollen.

Auch Bluesky oder Mastodon scharren an der Tür. Sie sind wie kleine alternative Cafés neben der Insta-Mall – nerdiger, aber mit treuer Community. Noch gelten sie als Nische, doch wer seine Zielgruppe kennt, findet dort vielleicht den nächsten großen Hebel.

KI: Dein Co-Pilot, nicht dein Boss

Künstliche Intelligenz verändert alles – auch dein Content-System. Sie schreibt Texte, schlägt Posting-Zeiten vor, gestaltet deine Canva-Grafik per Klick. Klingt verlockend? Ist es auch. Aber nur, wenn du weißt, was du tust.

Denn KI ist kein Ersatz für deine Stimme – sie ist dein Verstärker. Sie kann dir Zeit sparen, Klarheit schaffen, Routinen erleichtern. Aber was sie nicht kann: deine Energie fühlen, deine Haltung transportieren, deinen Drive verkörpern. Und genau das ist dein Gold. Wenn du das auslagerst, wirst du austauschbar.

Merke dir: KI ist dein Co-Pilot, nicht dein CEO. »Chattie« kann dich unterstützen – aber du gibst die Richtung vor. Wer KI smart nutzt, bleibt sichtbar. Wer sie blind füttert, wird zur Stimme ohne Kern.

Auch die Plattformen selbst arbeiten längst mit KI – von Facebook Ads bis TikTok Feeds. Das heißt: Der Algorithmus denkt mit. Du solltest strategischer denken.

Damit du sofort startklar bist, kommt hier der praktische Teil:

3 smarte KI-Einsätze für dein Content-System

1. **ChatGPT für Hook-Entwicklung**
   Gib dein Thema + Ziel + Tonalität ein und lass dir erste Satzideen oder CTA-Varianten liefern – ideal für Reels, Captions oder Headlines. Beispiel-Prompt: »Formuliere 5 aktivierende Hooks für ein Reel zum Thema Selbstführung für Unternehmerinnen – Ton: klar, ambitioniert, leicht provokant.«
2. **Canva Magic Design & Magic Write**
   »Magic Design« wandelt deine Stichworte in Templates um. Mit »Magic Write« entsteht aus deinem Rohtext direkt ein Karussellpost. Spart Zeit – wenn du deine Message vorher klar hast.
3. **Notion AI für Content-Planung**
   Entwickle Themencluster, Redaktionskalender oder LinkedIn-Routinen in einem Tool – mit Prompts wie: »Erstelle 4 Content-Säulen für eine Mentorin im Bereich Female Leadership inkl. Post-Ideen.« Bonus: Automatisiere Tags, Aufgaben, Deadlines.

Pro-Tipp: Gib der KI deine Haltung mit – z. B. »Ich spreche als Business-Mentorin, die Klartext liebt und Wirkung will.« Nur so bleibt deine Handschrift spürbar.

Community schlägt Reichweite – Interaktion ist das neue »viral«

Die OMR-Trends zeigen glasklar: Reichweite allein bringt nichts – was zählt, ist Resonanz.

Instagram, TikTok & Co. pushen längst nicht mehr den lautesten Content, sondern den, der Gespräche auslöst. Kommentare, Saves und Antworten wiegen heute mehr als bloße Likes.

Wer sendet, aber kein Gespräch auslöst, bleibt unsichtbar – egal wie viele Follower dastehen. **Followerzahlen sind das neue Deko-Regal: hübsch – aber oft wirkungslos.**

Was wirklich zählt:

- echte Verbindung
- aktive Community
- Content, der bewegt statt nur bespaßt

Wenn du heute noch Reichweite jagst ohne Relevanz – spielst du nach Regeln von gestern.

Was du brauchst, ist kein größerer Lautsprecher, sondern ein stärkerer Draht zu den Richtigen.

Statt 10.000 stille Mitleser brauchst du 1.000 loyale Fans, die kommentieren, teilen, kaufen – und dich weiterempfehlen.

Tools für echte Interaktion statt Reichweiten-Show:

- Facebook- & LinkedIn-Gruppen
- Live Q&As und Mini-Challenges
- Close-Friends-Stories & Broadcast-Channels

Social Media wird zum Wohnzimmer – und du bist die Gastgeberin. Mit Haltung, Haltung, Haltung. Kein Small Talk. Sondern Verbindung mit Tiefe.

OMR Social Media Trends Report 2025
Veröffentlicht von **Online Marketing Rockstars (OMR)**
Website: https://omr.com/de
Direkter Report (sofern öffentlich zugänglich): *über OMR Reports oder OMR Education zugänglich*
Zusätzlich empfohlen als ergänzende Quelle zur algorithmischen Gewichtung von Interaktionen:

Meta (Instagram) Creator Blog:
https://creators.instagram.com/
Dort wird regelmäßig geteilt, wie der Algorithmus Inhalte priorisiert – u. a. mit Fokus auf »Meaningful Interactions«.

Authentizität und Purpose: Warum »echt« das neue »edel« ist

Der Hochglanz-Content hat ausgedient. Menschen wollen keine makellosen Marken-Avatare, sie wollen echte Menschen mit Kanten, Fehlern und einer klaren Haltung. Zeig dich, erzähl, wofür du stehst. Teil auch mal, was schiefgelaufen ist. Denn genau das macht dich greifbar. Purpose-driven Content – also Inhalte mit Sinn, Tiefe und Vision – ist das neue Premium-Abo für Vertrauen. Studien zeigen: 57 Prozent der Menschen geben mehr Geld aus, wenn sie sich mit der Marke identifizieren. (Studie: Edelman Trust Barometer 2024 → edelman.com/trust) Und Identifikation entsteht nur, wenn du dich zeigst – nicht als Held, sondern als Mensch.

Was wirkt heute wirklich?

- Behind-the-Scenes
- spontane Selfie-Videos mit Haltung
- ehrliche Posts mit echten Learnings
- Mut zur Meinung statt weichgespülter Masse

Menschen folgen nicht Unternehmen. Sie folgen Persönlichkeiten mit Purpose. Beispiel gefällig? Duolingo rockt TikTok mit selbstironischen Clips ihrer Eule – kein Hochglanz, dafür Kult.[19] Oder im deutschsprachigen Raum: Tijen Onaran und Frank Thelen zeigen beide Kante, Haltung und Meinung auf LinkedIn. Ergebnis: Sichtbarkeit mit Wirkung.[20] Deine Story ist dein Kapital. Nutze sie. Ob du von deiner Gründung erzählst, deinem größten Scheitern oder deiner Vision – echte Geschichten verbinden. Denn: Menschen kaufen nicht dein Produkt. Sie kaufen deinen Antrieb.

Fazit: Sichtbarkeit braucht Haltung

Authentizität und Community sind keine soften Feelgood-Buzzwords mehr. Sie sind die neue Währung im Social-Media-Spiel. Und der Kurs steigt. Wer jetzt lernt, mit seiner Community auf Augenhöhe zu sprechen, der bleibt relevant, auch wenn der nächste Trend um die Ecke schießt. Wer zeigt, wer er ist – nicht nur, was er kann –, baut Vertrauen auf. Und Vertrauen konvertiert. Denn Sichtbarkeit ohne Verbindung ist nur Rauschen. Aber Sichtbarkeit mit Purpose? Das ist ein Scheinwerfer.

---

[19] Quelle: Social-Media-Trends 2025: Die Top-Insights aus 9 Plattformen

[20] Quelle: turi2 edition #14

DIE PLATTFORMEN UNGESCHMINKT: WAS LÄUFT – UND WAS NICHT

Was OMR & Co. über Plattformen sagen – und was du wirklich wissen musst

Nicht jede Plattform hält, was der Hype verspricht – und nicht jeder Trend ist deine Bühne. Deshalb hier kein Buzzword-Bingo, sondern klare Einschätzungen: Was läuft wo? Was lohnt sich – und was lässt du besser?

LinkedIn – das Wohnzimmer der Meinungsmacherinnen

Engagement-Rate: 14,8 % – Branchen-Bestwert. (Quelle: HubSpot Social Media Benchmark Report 2024 → blog.hubspot.com)
Tiefgang statt Taktik: LinkedIn liebt Haltung, Longform-Content und Karussells mit Mehrwert.
Dein Hebel: Positionierung zeigen, Thought-Leadership verkörpern – jetzt ist deine Zeit.

Instagram – Reels, Karussells & echte Storys

Reels: bis zu 52 % mehr Impressionen, wenn sie Substanz & Emotion verbinden.
Karussells: 21 % mehr Reichweite als Einzelposts – besonders mit edukativem Aufbau.
Stories verlieren an Zugkraft – Authentizität gewinnt.
Zitat von Insta-Chef Mosseri: »Wichtig ist, welche Geschichte du erzählst – nicht, wie fancy dein Clip aussieht.«

TikTok – der Reichweitenkönig (wenn du weißt, wie)

TikToks outperformen Reels um bis zu 84 % bei Sichtbarkeit. (Quelle: Later Report 2024 → later.com/blog)
Erfolgsfaktor: ehrliches Storytelling + klare Haltung.
TikTok Shop: Video + Kaufen = seamless Commerce für Creator.

Facebook – Gruppen ja, Feed nein

Feed = veraltet.
Gruppen = relevant, wenn du eine echte Community aufbauen willst.

Empfehlung: Nur nutzen, wenn du dort ohnehin Leads oder Austausch aufbaust.

X (ehem. Twitter) – Sichtbarkeit mit Haken

Weniger Posts (–38 %), mehr Sichtbarkeit pro Tweet (+52 %)
Hoher Diskussionswert, aber weniger Herz.
Empfehlung: Nur bleiben, wenn du dort schon aktiv bist. Neu? Dann lieber Richtung Threads oder LinkedIn orientieren.

Threads & Bluesky – Spielwiese für First Mover

Wer früh startet, sichert sich Reichweite durch Präsenz.
Besonders geeignet für Meinungsmacher:innen, die Haltung zeigen und Diskussion anstoßen wollen.
Noch Nische – aber perfekt, um Sichtbarkeit organisch aufzubauen.

Fazit: Plattformwissen ist kein Selbstzweck – es ist dein strategischer Filter

Social Media ist kein Sprint und keine Einheitslösung. Jede Plattform hat ihre eigene Dynamik – und deine Aufgabe ist es nicht, überall zu performen, sondern **dort Wirkung zu erzeugen, wo du gemeint bist**.

Das Ziel ist nicht, im Algorithmus zu glänzen. Das Ziel ist, mit Klarheit, Haltung und Struktur durchzudringen – **zu den Menschen, die du wirklich erreichen willst**.

Deshalb gilt:

- Nutze Reels, wenn du packen kannst.
- Nutze Karussells, wenn du etwas zu sagen hast.
- Nutze LinkedIn, wenn du führen willst.
- Nutze TikTok, wenn du bereit bist, roh & relevant zu sein.
- Nutze KI, wenn sie dich unterstützt – aber nicht ersetzt.
- Und vor allem: **Nutze nichts, das dich von dir entfernt.**

Die Plattform ist dein Medium. Nicht dein Maßstab.
Wirkung entsteht nicht durch Mitlaufen, sondern durch Haltung.
Du brauchst keinen viralen Hype.
Du brauchst eine Frequenz, die bleibt.

Abschlussübung 1: Deine Klarheit in einem Satz

Einleitungssatz:
Bevor du ins Tun gehst, halte kurz inne. Denn was du sendest, ist immer eine energetische Entscheidung. Deine Haltung prägt deinen Content mehr als jede Caption. Deshalb kommt jetzt eine letzte Frage – eine, die dich durch jeden Social-Media-Moment tragen kann.
Nimm dir fünf Minuten und beantworte diese Frage: **»Was will ich auf Social Media wirklich bewirken – für meine Kund:innen, meine Marke und mich selbst?«**
Schreibe eine Antwort. Nicht für den Feed – für dich.
Optional: Lies sie laut. Spür rein. Wenn du Gänsehaut bekommst, hast du deinen Kern gefunden.

UPDATE DEINER LANDKARTE – BEVOR DU DICH IM DSCHUNGEL VERLIERST

Ich sag's, wie es ist: 2023 war Social Media für mich wie ein Dschungel ohne Karte. Trends, Algorithmen, neue Features – und ich mittendrin, wie Tarzan ohne Liane. Kaum hatte man eine Sache verstanden, zack – kam das nächste »Must-do«.

Und der Algorithmus? Wie ein launischer Türsteher: Mal kommst du rein, mal nicht. Kein System. Kein Plan. Nur Reiz.

In manchen Wochen hab ich gepostet wie im Rausch. In anderen war ich raus – komplett. Und ich war nicht allein: Viele Unternehmerinnen sagen mir heute genau das – »Ich fühl mich überfordert, und irgendwie nicht mehr gesehen.«

Aber irgendwann wurde mir klar: **Nicht der Dschungel ist das Problem. Sondern loszugehen, ohne zu wissen, wofür.**

Social Media ist kein Sprint. Es ist ein Gelände mit Wetterumschwung, Abzweigungen – und manchmal auch Nebel.

Du brauchst kein neues Format. Du brauchst eine Karte, die sich nicht an Trends, sondern an dir orientiert. Eine, die sich an deinem Purpose ausrichtet – nicht an deinem Postingplan.

Hier ist dein Reminder:

- Werde dir klar, warum du sichtbar sein willst. Willst du Reichweite? Umsatz? Einfluss? Oder endlich Respekt?
- Entscheide, auf welchem Spielfeld du wirklich spielen willst. Nicht jede muss auf TikTok tanzen. Finde deinen Stil, deinen Rhythmus.
- Aktualisiere regelmäßig deine Landkarte. Trends kommen und gehen – deine Werte bleiben.

Lass mich dir einen letzten Gedanken mitgeben:

Du bist kein Algorithmus. Du bist ein Leuchtturm.

Und ein Leuchtturm fragt nicht, welcher Wind gerade weht. Er strahlt. Weil er weiß, wofür er da ist.

Abschlussübung 2: Deine Klarheit in einem Satz

Was du nach diesem Kapitel brauchst, ist kein Postingplan – sondern Haltung.
Bevor du ins nächste Reel springst, stoppe kurz. Denn was du sendest, ist immer eine energetische Entscheidung. Kein Hashtag der Welt wirkt, wenn deine Frequenz nicht stimmt.
Also: Lass uns das Kapitel nicht mit To-dos beenden, sondern mit einer Klarheit, die du spürst.
Deine Aufgabe: Beantworte diese eine Frage – schriftlich, in Ruhe, maximal 5 Minuten.
»Was will ich auf Social Media wirklich bewirken – für meine Kund*innen, meine Marke und mich selbst?«
Sei ehrlich. Sei klar. Und bleib bei dir. Nicht, was du denkst, was ankommt – sondern, was du wirklich willst.
Optional: Lies den Satz laut vor. Wenn du Gänsehaut bekommst, hast du deinen Kern getroffen.

Was du damit machst:

- Hänge den Satz an deinen Schreibtisch.
- Lies ihn vor jedem Launch.
- Prüfe deine nächsten 3 Posts daran.

Denn: **Klarheit ist kein Format. Klarheit ist eine Frequenz. Und genau das macht deinen Content relevant.**

Dein Trendradar: Websites, um Social-Media-Entwicklungen entspannt im Blick zu behalten

Trends kommen und gehen. Aber du brauchst sie nicht jagen – du kannst sie beobachten. Mit diesen Tools, Blogs und Newslettern bleibst du souverän informiert, ohne dich im Trendzirkus zu verlieren. Baue dir deinen ganz persönlichen Radar – effizient, fokussiert, up to date.

Plattformübergreifende Trendberichte & Studien

HubSpot Blog & Reports

- https://blog.hubspot.com
- Quartalsweise Daten, z. B. »State of Marketing« – mit Fokus auf Social, Content & KI

Hootsuite – Social Trends Report

- https://hootsuite.com/resources
- Einmal jährlich, fundiert und praxisnah – ideal für Selbstständige & kleine Teams

Sprout Social Insights

- https://sproutsocial.com/insights
- Datengetriebene Auswertungen zu Community-Verhalten & Plattformvergleich

Later Blog & Social Trends

- https://later.com/blog
- Taktisch, kreativ & sehr aktuell – perfekt für Reels, TikTok & Creator-Content

Plattform-Insider: Direkt von der Quelle

Instagram Creators Hub

- https://creators.instagram.com
- Offizielle Creator-Tipps, Challenges & neue Funktionen direkt von Instagram

TikTok Creative Center

- https://www.tiktok.com/business/en/creativecenter
- Echtzeit-Daten zu Trends, Top-Sounds, Hashtags & Top-Performing Ads

LinkedIn Official Blog

- https://www.linkedin.com/pulse
- Updates direkt von LinkedIn Leads – speziell zu Features & Algorithmenverhalten

Trend-Snacks für zwischendurch

t3n – Digital Pioneers

- https://t3n.de
- Aktuelle Artikel rund um Plattformänderungen, Tech und Marketing-Strategien

OnlineMarketing.de

- https://onlinemarketing.de
- Deutsche Plattform mit Beiträgen zu Algorithmen, Hacks und Erfolgsstrategien

Social Media Examiner

- https://www.socialmediaexaminer.com
- Täglich neue How-Tos, Podcast & Deep Dives – ideal für Profis & Neugierige

Bonus-Tipp: Newsletter statt Scroll-Stress

Future Social – Matt Navarra

- https://geekout.mattnavarra.com/
- Einer der führenden Social-Media-Insider weltweit – komprimiert, pointiert, oft frech

TLDR Marketing

- https://www.tldrmarketing.com
- Dein täglicher Marketing-Kurzdigest – perfekt für schnelles Updaten am Morgen

Fazit & nächste Schritte

Bevor du weitergehst, schau zurück. Nicht um zu verharren – sondern um zu würdigen, was du bereits in Bewegung gesetzt hast. Dieses Buch war keine Anleitung. Es war ein Spiegel. Und jetzt bist du dran.

Was du aufgebaut hast – in 7 Schritten zur Sichtbarkeit mit Substanz:

1. **Mindset:**
   Du hast gelernt, dass nachhaltiger Erfolg nicht durch mehr Tun, sondern durch ein neues Sein entsteht. Zweifel gehören dazu – aber du bist nicht deine Zweifel.
2. **Emotionale Präsenz:**
   Du weißt jetzt: Sichtbarkeit beginnt nicht im Außen, sondern bei dir. Deine Energie ist dein Kapital – und dein Nervensystem dein stärkster Hebel.
3. **Vision & Wahrheit:**
   Dein Business trägt erst dann, wenn es deine Wahrheit verkörpert. Du brauchst kein Ziel von außen – du brauchst eine Entscheidung von innen.
4. **Struktur & Stabilität:**
   Strategie gibt dir nicht ein Korsett, sondern Klarheit. Du hast Tools gefunden, die dich entlasten, nicht erschöpfen. Systeme dürfen sich nach dir richten, nicht umgekehrt.
5. **Identität & Story:**
   Du bist nicht irgendeine Stimme im Feed – du bist ein Unikat. Deine Story ist kein Nice-to-have. Sie ist dein Kapital. Und Human Design zeigt dir, wie du sie in deiner Energie erzählen darfst.
6. **Embodiment:**
   Du bist nicht hier, um dich zu beweisen – du bist hier, um du zu sein. Wenn du dich selbst halten kannst, brauchst du keine Rolle mehr. Du wirst zur Botschaft.
7. **Social Media Klartext:**
   Du hast keinen Kanal analysiert – du hast deine Landkarte gezeichnet. Klar. Echt. Strategisch. Du brauchst kein Dauerfeuer – du brauchst Verbindung. Kein »Mehr« – sondern das Richtige.

DEINE NÄCHSTEN SCHRITTE – VOM LESEN INS LEBEN:

1. **Wähle deinen Wirkungskanal bewusst:**
   Hauptbühne: z. B. Instagram oder LinkedIn
   Back-up: z. B. Newsletter, Podcast
   Fokus schlägt Verzettelung.

2. **Erzähle deine Story – immer wieder:**
   > snackable (Socials)
   > deep dive (Website/Keynotes)
   > raw & real (Herzensprojekt)
   Deine Geschichte ist kein Kapitel – sie ist dein roter Faden.

3. **Finde deinen Energie-Rhythmus:**
   > Pausen sind Strategie.
   > Tools dienen dir – nicht umgekehrt.
   Deine Energie verkauft – nicht dein Redaktionsplan.

4. **Teile dein Gold:**
   Teile, was du früher gebraucht hättest. Du bist nicht zu spät. Du bist die Antwort.
   Deine Tiefe ist kein Nachteil – sie ist deine Superpower.

5. **Hol dir deinen Tribe:**
   Sichtbarkeit braucht keine Bühne, sondern Räume. Menschen, die dein Leuchten halten – auch wenn's flackert.
   Echtheit braucht nicht viele. Sie braucht die Richtigen.

UND JETZT?

Die Algorithmen ändern sich. Trends flackern auf und verpuffen. Aber du bist der Fixstern.
Nicht weil du alles weißt. Sondern weil du entschieden hast, dich zu zeigen.
Du brauchst keinen perfekten Plan.
Du brauchst Klarheit. Mut. Und einen ersten Schritt.
Denn ein wahrer Leuchtturm wirst du nicht durch Likes – sondern durch Haltung.

Also »Mach es einfach. Aber richtig.«

Anhang

Im Folgenden findest du eine bunte Sammlung an Goodies und Impulsen. Lass dich inspirieren, blättere durch und entdecke, was dich in deinem Businessalltag unterstützen kann. Wie immer gilt: Nimm, was dir dient, und ignoriere den Rest.

GLOSSAR: SOCIAL MEDIA UND SICHTBARKEIT

In diesem Glossar findest du zentrale Begriffe aus der Social-Media-Welt, die dir im Laufe dieses Buches begegnet sind – und vielleicht auch im Alltag immer wieder mal Fragezeichen hinterlassen. Wir haben sie hier kurz und verständlich für dich erklärt, damit du dich im Social-Media-Dschungel sicherer bewegen und mit mehr Klarheit kommunizieren kannst. Ob du ganz am Anfang stehst oder schon mittendrin bist: Dieses Glossar darf dir als Nachschlagewerk, Erinnerungsstütze und kleine Übersetzungshilfe dienen.

Algorithmus (auch: Algo)
Ein unsichtbarer Filter, der entscheidet, welche Inhalte wem angezeigt werden. Er beeinflusst maßgeblich deine organische Reichweite.

Applaus-Mindset
Die Tendenz, nur dann zu posten oder sich zu zeigen, wenn sofortige Anerkennung zu erwarten ist. Kann in der Tiefe blockieren, weil es Sichtbarkeit vom Außen abhängig macht.

Archetyp
Eine symbolische Energie oder »Rolle«, die deine Wirkung nach außen prägt, zum Beispiel Heldin, Rebellin, Magierin. Dein Archetyp hilft dir, deine Kommunikation, dein Branding und deinen Content konsistent und authentisch zu gestalten.

Authentizität
Echtheit im Auftreten. Du zeigst dich so, wie du bist – ohne Maske oder Rolle. Das schafft Vertrauen und Nähe.

Business-Booster
Ein echter Wachstumsturbo für dein Business. Social Media ist genau das – wenn du es bewusst und strategisch nutzt.

Call-to-Action (CTA)
Eine konkrete Handlungsaufforderung in deinem Content, zum Beispiel »Kommentiere unten«, »Melde dich zum Newsletter an« oder »Buche jetzt dein Kennenlerngespräch«.

Call-out
Ein gezielter Aufruf in deinem Post, um deine Community direkt anzusprechen. Macht deinen Content persönlicher und schafft sofort Verbindung.

Canva
Ein kreatives Design-Tool, das dir hilft, professionelle Grafiken, Präsentationen und Posts zu gestalten – einfach, intuitiv und mit viel Spielraum für deine visuelle Handschrift.

CEO Identity
Die innere Haltung, dich selbst als Unternehmerin zu sehen. Sichtbarkeit beginnt im Kopf – mit Klarheit, Verantwortung und Weitblick.

Chattie (liebevoller Kosename für ChatGPT)
Dein digitaler Lieblingsbegleiter: denkt mit, schreibt mit. Er ist einfühlsam, kreativ und immer an deiner Seite – wie ein guter Gedanke, der nie schläft.

Community
Die Menschen, die dich online begleiten, mit dir interagieren und sich mit dir verbunden fühlen. Sie ist mehr als nur eine Zahl – echte Beziehung zählt.

Community-Building
Der bewusste Aufbau echter Beziehungen zu deiner Zielgruppe. Es geht nicht um Followerzahlen, sondern um Verbindung, Vertrauen und Resonanz.

Content
Alle Inhalte, die du online veröffentlichst – Texte, Bilder, Reels, Storys, Lives. Guter Content berührt, bewegt oder inspiriert.

Content-Gold
Alltagsmomente, Erfahrungen und Gedanken, die auf den ersten Blick banal wirken, aber auf Social Media große Wirkung entfalten, weil sie authentisch und nahbar sind.

Content-Plan
Ein strukturierter Fahrplan für deine Inhalte. Er hilft dir, regelmäßig und strategisch sichtbar zu sein, ohne in Stress zu geraten.

Content-System
Ein persönlicher Prozess, der es dir ermöglicht, regelmäßig und mit Leichtigkeit Inhalte zu erstellen – angepasst an deinen Stil, deine Energie und deine Tools.

Creator Economy
Ein wachsender Bereich im Online-Business, in dem Einzelpersonen (Creator) durch Content, Produkte und Community ihren Lebensunterhalt verdienen.

Digitale Intimität
Echte Nähe im Netz entsteht, wenn du dich menschlich zeigst. Es ist der Moment, in dem Follower zu Verbündeten werden.

Digitale Präsenz
Das, was Menschen online über dich wahrnehmen: dein Auftritt, deine Energie und der erste Eindruck, den du hinterlässt.

DM (Direct Message)
Private Nachricht auf Social Media – oft der Ort, wo echte Verbindungen, Kooperationen oder Kundengespräche beginnen.

Edutainment
Die Verbindung aus »Education« (Wissen) und »Entertainment« (Unterhaltung). Inhalte, die gleichzeitig informieren und emotional berühren – ideal für Social Media.

Energetisches Alignment
Wenn dein Inneres und dein äußeres Handeln im Einklang sind. Du wirkst klarer, stimmiger und wirst magnetisch für die Richtigen.

Energetische Kapazität
Deine innere Fähigkeit, mit Sichtbarkeit, Resonanz und Wachstum umzugehen. Sie ist trainierbar, aber nicht endlos dehnbar. Verkörperung hilft, diese Kapazität zu erweitern, ohne dich zu überfordern.

Engagement
Wie stark dein Publikum auf deine Inhalte reagiert, zum Beispiel durch Likes, Kommentare oder Shares. Ein Gradmesser für Resonanz.

Essenz
Dein innerster Kern, also das, was dich in der Tiefe ausmacht. Sie zeigt sich in deinen Werten, Überzeugungen und deiner einzigartigen Energie.

Faceless Account
Ein Profil ohne persönliche Bilder oder echten Bezug zur Person dahinter. Bleibt oft professionell, aber wirkt wenig greifbar oder verbindend.

Feed
Der sichtbare Bereich deines Social-Media-Profils, in dem deine Beiträge chronologisch oder kuratiert angezeigt werden.

FOMO (Fear of Missing Out)
Die Angst, etwas zu verpassen, zum Beispiel einen Trend, ein Event oder eine Chance. FOMO erzeugt Stress, Reaktivität und Vergleichsdruck und entfernt dich oft von deiner eigenen Klarheit.

Follower
Personen, die deinem Social-Media-Kanal folgen. Wichtig ist nicht nur die Zahl, sondern die Qualität der Beziehung.

Glaubenssatz
Eine tief verankerte innere Überzeugung, die dein Denken, Fühlen und Handeln prägt. Manche stärken dich, andere halten dich klein.

Hashtag (#)
Ein Stichwort mit Rautezeichen, das deinen Content auffindbar macht, zum Beispiel #Sichtbarkeit oder #PersonalBranding.

Heroine's Journey
Der weibliche Weg des Wandels: keine Schlacht im Außen, sondern eine innere Reise zu sich selbst, zur eigenen Kraft und Wahrheit.

Hero's Journey
Ein klassisches Erzählmuster: Der Held bricht auf, überwindet Hindernisse, wächst über sich hinaus – und kehrt verwandelt zurück.

Hook
Der erste Satz deines Posts. Er entscheidet, ob jemand weiterliest oder weiterscrollt.

Human Design
Ein Persönlichkeits- und Energiemodell, das dir hilft, dich selbst besser zu verstehen, zum Beispiel in Bezug auf Entscheidungen, Sichtbarkeit, Energiehaushalt.

Interaktion
Alle Formen der Reaktion auf deinen Content: Likes, Kommentare, Shares, Saves, DMs. Hohe Interaktion signalisiert Relevanz und Nähe.

Impact
Die spürbare Wirkung deiner Inhalte, nicht in Likes, sondern in echten Veränderungen. Impact entsteht, wenn deine Frequenz trifft – und berührt. Nicht laut, sondern klar.

JOMO (Joy of Missing Out)
Das bewusste *Nicht*-Mitmachen – aus Klarheit und Selbstverbindung heraus. JOMO ist ein liebevoller Akt der Selbstfürsorge und ein Gegenentwurf zu hektischer Onlinepräsenz.

Karussell-Post
Ein Beitrag mit mehreren Slides, durch die man swipen kann. Ideal für Schritt-für-Schritt-Inhalte oder Mini-Storys.

Kernbotschaften
Die zentralen Aussagen, für die du stehen willst. Sie dürfen sich in deinem Content immer wieder zeigen. Wiederholung schafft Wiedererkennung.

KI (Künstliche Intelligenz)
Technologien, die Inhalte automatisiert analysieren, erstellen oder ausspielen, zum Beispiel Chatbots, Textgeneratoren oder Algorithmen. KI ist ein Co-Pilot, kein Ersatz für deine Haltung und Persönlichkeit.

KI-Co-Pilot
Tools wie ChatGPT, die dir beim Denken, Schreiben und Strukturieren helfen. Sie sind keine Ersatzlösung, sondern ein kreativer Sparringspartner.

Konsistenz
Regelmäßigkeit in deiner Sichtbarkeit. Kein starrer Postingplan, sondern ein Rhythmus, der zu dir passt und Vertrauen aufbaut.

Magnetismus
Die Energie, mit der du Menschen anziehst – nicht durch Lautstärke oder Perfektion, sondern durch Klarheit, Wahrhaftigkeit und emotionale Präsenz.

Masken
Verhaltensmuster oder Rollen, die du dir oft unbewusst angeeignet hast, um Erwartungen zu erfüllen oder dich anzupassen. Sichtbarkeit entsteht, wenn du sie ablegen und dich echt zeigen darfst.

Morgen
Ein mystischer Ort in der Zukunft, an dem alles beginnt: das Sichtbarwerden, das neue Leben. Leider schwer zu erreichen – dank Prokrastination, Kaffee und Katzenvideos.

Moßartigkeit
Die kraftvolle Schönheit, die entsteht, wenn du dich unperfekt, ehrlich und echt zeigst – und genau damit berührst.

Nervensystem
Dein innerer Kompass in der Sichtbarkeit. Es entscheidet, ob du dich sicher, präsent und aufnahmefähig fühlst oder im Überlebensmodus agierst. Ein reguliertes Nervensystem ist die Basis für echte Präsenz.

Newsletter
Eine regelmäßig erscheinende E-Mail an deine Community – mit persönlichen Impulsen, exklusiven Inhalten oder Angeboten.

Nische
Ein klar definierter Themenbereich oder Zielgruppenausschnitt. Je spitzer deine Nische, desto klarer deine Kommunikation.

Organisches Content Marketing
Marketing mit echten, nicht bezahlten Inhalten. Du ziehst Menschen durch Relevanz, Authentizität und Vertrauen an – ganz ohne Ads.

Overachieverin
Ein inneres Muster, bei dem Leistung zur Voraussetzung für Anerkennung und Selbstwert wird. Oft verbunden mit Perfektionismus und Erschöpfung – und eine Maske, die Sichtbarkeit blockieren kann.

Performen
Sichtbar sein aus dem Wunsch, zu gefallen oder Erwartungen zu erfüllen. Steht im Gegensatz zu *verbundener Sichtbarkeit,* die aus Präsenz und Wahrhaftigkeit entsteht.

Personal Branding
Der bewusste Aufbau deiner Personenmarke. Es geht darum, wofür du stehst – mit Wiedererkennung, Haltung und Persönlichkeit.

Persönliche Frequenz
Die unverwechselbare Energie, mit der du dich zeigst. Sie entscheidet, ob dein Content nur gelesen oder wirklich gefühlt wird.

Plattform
Eine digitale Bühne, auf der du Inhalte teilst, zum Beispiel Instagram, TikTok, LinkedIn oder Threads. Jede Plattform hat ihre eigene Kultur, Logik und Sprache.

Positionierung
Deine klare Antwort auf die Fragen: *Für wen bin ich da? Was biete ich an? Und was macht mich einzigartig?*

Purpose-driven Content
Inhalte, die über reines Marketing hinausgehen. Sie transportieren Sinn, Haltung und eine tiefere Botschaft und wirken dadurch nachhaltiger und berührender.

Radikale Ehrlichkeit
Der Mut, dir selbst und anderen die unbequeme Wahrheit zu sagen. Kein Drama, sondern Klarheit, die befreit und bewegt.

Reel
Ein kurzes, oft trendbasiertes Video auf Instagram, meist im Hochformat. Ideal, um Sichtbarkeit und Reichweite zu erhöhen.

Reichweite
Die Anzahl der Menschen, die deine Inhalte sehen. Sie entsteht organisch durch Interaktion oder durch bezahlte Werbung.

Relevanz
Die spürbare Bedeutung deines Inhalts für dein Publikum. Relevanz entsteht durch echte Bedürfnisse, aktuelle Themen und emotionalen Tiefgang.

Sabbatical
Eine bewusste berufliche Auszeit, um neue Kraft zu tanken oder dich neu auszurichten. Kein Urlaub, sondern Raum für Klarheit und Neuanfang.

Selbstliebe
Selbstliebe heißt, dich selbst anzuerkennen – mit Licht und Schatten. Es ist die Entscheidung, dir mit Respekt, Geduld und Fürsorge zu begegnen, nicht erst, wenn du perfekt bist, sondern genau jetzt.

Selbstsabotage
Unbewusste Muster, mit denen wir uns selbst im Weg stehen, zum Beispiel durch Aufschieben, Perfektionismus oder negative Selbstgespräche. Oft als Schutzmechanismus vor Sichtbarkeit oder Veränderung.

Selbstvermarktung
Der bewusste Prozess, deine Arbeit und Expertise sichtbar zu machen – auf eine Art, die sich für dich stimmig anfühlt. Sichtbarkeit ist kein Ego-Trip, sondern eine Einladung.

SEO (Search Engine Optimization)
Maßnahmen, die dafür sorgen, dass deine Inhalte bei Google und Co. gefunden werden. Damit dich nicht nur deine Community sieht, sondern auch die, die dich noch gar nicht kennen.

Sichtbarkeit
Die bewusste Entscheidung, dich mit deinem Wissen, deiner Persönlichkeit und deinen Angeboten zu zeigen – online wie offline.

Signature Story
Deine persönliche Kerngeschichte, die zeigt, wofür du stehst – echt, erinnerungswürdig und tief verbunden mit deinem Warum.

Social Media
Digitale Plattformen wie Instagram, LinkedIn, TikTok und Co., auf denen du Inhalte teilst, dich vernetzt und sichtbar wirst.

Solopreneurin
Eine Einzelunternehmerin, die ihr Business eigenständig aufbaut und führt – mit Herz, Verstand und persönlicher Handschrift.

Story
Kurzlebige Inhalte (zum Beispiel auf Instagram oder Facebook), die meist nach 24 Stunden verschwinden – ideal für Einblicke, Alltag oder Umfragen.

Storytelling
Das Erzählen echter Geschichten aus deinem Leben oder Business. Geschichten bleiben hängen und verbinden.

Teelicht (vs. Leuchtturm)
Metapher für das eigene Selbstbild in der Sichtbarkeit. Das Teelicht steht für Zurückhaltung, Selbstzweifel und innere Begrenzung, der Leuchtturm für Präsenz, Orientierung und mutige Ausstrahlung. Die Entscheidung, sich zu zeigen, wandelt das eine ins andere.

Thought Leader
Eine Vordenkerin, die mit Expertise, Haltung und Vision Impulse setzt und andere inspiriert, neue Perspektiven einzunehmen.

Tool-Overload
Der Zustand, wenn du zu viele technische Hilfsmittel nutzt und sie dich mehr stressen als unterstützen. Weniger ist oft mehr: Die richtigen Tools entlasten, statt zu überfordern.

Underposting
Ein häufiger Fehler: zu selten posten, oft aus Angst vor Bewertung oder Perfektionismus. Sichtbarkeit entsteht jedoch durch Wiederholung und Präsenz.

Vergleichsschleife
Ein innerer Zustand, in dem du dich ständig mit anderen misst – meist zum eigenen Nachteil. Führt zu Selbstzweifeln und Unsichtbarkeit.

Verkörperung
Der Prozess, deine Wahrheit nicht nur zu denken oder zu formulieren, sondern im Alltag spürbar zu leben. Du zeigst nicht nur Inhalte – du *bist* der Inhalt.

Viraler Content
Inhalte, die sich schnell verbreiten – durch hohe Relevanz, Emotion oder Originalität. Sie erzielen überdurchschnittlich große Reichweite.

ZITATESAMMLUNG: WORTE, DIE BLEIBEN

Hier kommt eine *Sammlung inspirierender Gedanken, die dich begleiten dürfen – zum Innehalten, Weiterdenken oder Teilen.* Die folgenden Zitate sind kleine Erinnerungspfeile, klar, pointiert und tief. Sie helfen dir, dich wieder mit deiner inneren Haltung zu verbinden, wenn du dich im Strudel des Alltags, der Planung oder des Vergleichens verlierst.

Du kannst sie nutzen, um deine Gedanken zu sortieren, ein Journal zu eröffnen oder einen Post zu rahmen. Vielleicht klebst du dir eines an den Bildschirm, schreibst eines auf die erste Seite deines Notizbuchs oder versendest es an eine Business-Freundin, die gerade wackelt.

Auch für dein Business sind sie Gold wert:

- als visuelles Zitat-Post auf Instagram oder LinkedIn
- als Einstieg in deinen Newsletter oder deine Story
- als Slide in deinen Workshops, um Herzen zu öffnen
- oder einfach als kleiner Mut-Booster in einem Moment, in dem du dich selbst daran erinnern musst, warum du losgegangen bist

Denn manchmal ist es ein einziger Satz, der in dir nachhallt – und etwas in Bewegung bringt.

»Du musst nicht perfekt sein, um sichtbar zu sein – du musst nur echt sein.«

»Sichtbarkeit beginnt nicht bei Canva, sondern bei dir.«

»Zeig dich nicht, weil du musst. Zeig dich, weil du etwas zu sagen hast.«

»Menschen folgen Menschen – nicht nur Wissen.«

»Vom Teelicht zum Leuchtturm: Deine Sichtbarkeit ist eine Entscheidung.«

»Perfektion ist keine Eintrittskarte. Deine Geschichte ist dein Schlüssel.«

»Dein Profil ist kein Kaffeeklatsch. Es ist dein Business.«

»Sichtbarkeit ist keine Bühne für Applaus, sondern ein Raum für Verbindung.«

»Wenn du dich nicht zeigst, existierst du für deine Traumkundinnen nicht.«

»Du brauchst keine Erlaubnis, zu leuchten, du darfst dir selbst genügen.«

»Poste nicht für Likes. Poste, weil deine Botschaft einen Unterschied macht.«

»Sichtbar zu sein heißt nicht, laut zu sein, sondern wahrhaftig.«

»Du wirst erst gehört, wenn du beginnst, deine eigene Stimme zu nutzen.«

»Vergleichen war gestern. Heute geht es um Verkörperung.«

»Deine Energie ist dein Magnet. Nicht dein Content-Plan.«

»Der wichtigste Schritt ist nie der perfekte. Sondern der erste.«

»Sichtbarkeit ist kein Ego-Trip. Sie ist ein Dienst an denen, die dich brauchen.«

»Dein Business ist kein Hobby – deine Sichtbarkeit auch nicht.«

»Sichtbarkeit ist Persönlichkeitsentwicklung in Echtzeit.«

»Die Frage ist nicht, ob du sichtbar sein sollst, sondern wie du sichtbar sein willst.«

»Storytelling ist nicht Selbstinszenierung – es ist Selbstverbindung.«

»Du musst nicht alles zeigen, nur das, was echt ist.«

»Deine Wahrheit berührt mehr als jeder Algorithmus.«

»Sichtbarkeit darf weich sein. Und trotzdem kraftvoll.«

»Dein Content ist kein Produkt, er ist Ausdruck deiner Präsenz.«

»Mut beginnt nicht im Kopf, sondern im Herzen.«

»Wenn du authentisch bist, wirst du nie falsch sichtbar sein.«

»Deine Wiederholung ist die Erinnerung, die andere brauchen.«

»Leise Stimmen verändern genauso viel wie laute – manchmal sogar mehr.«

»Sichtbarkeit ist nicht das Ziel. Verbindung ist es.«

AFFIRMATIONEN FÜR SICHTBARE SEELEN

Affirmationen sind Energie in Worten und unterstützen dich in den Momenten, in denen du zweifelst, zögerst oder losfliegen willst. Die folgenden Affirmationen sind mehr als nur schöne Sätze. Sie sind Anker für dein Nervensystem, Balsam für dein Herz und eine sanfte Erinnerung an das, was in dir längst lebt. Du kannst sie sprechen, schreiben, fühlen – morgens vor dem Spiegel, abends im Journaling, zwischendurch in der Story oder als leises Mantra im Kopf, wenn die Sichtbarkeit sich mal wieder zu groß anfühlt.

Und: Jede einzelne dieser Affirmationen kann auch Ausgangspunkt für einen tiefen, ehrlichen Content-Post sein. Du musst nicht immer performen. Manchmal reicht ein Gedanke. Eine Haltung. Ein Satz, der von innen kommt. Denn Sichtbarkeit beginnt nicht bei der Strategie. Sondern bei dir.

Ich darf sichtbar sein – auf meine Weise.

Ich muss nicht perfekt sein, um wirksam zu sein.

Meine Geschichte ist wertvoll.

Ich folge meinem inneren Rhythmus, nicht dem äußeren Druck.

Meine Energie ist mein Magnet.

Ich bin bereit, mich zu zeigen – in meiner Echtheit.

Ich vertraue meiner Stimme.

Ich ziehe die Menschen an, die meine Energie erkennen.

Mein Ausdruck ist klar, sanft und kraftvoll zugleich.

Sichtbarkeit darf leicht sein.

Ich wirke auch dann, wenn ich leise bin.

Ich bin nicht hier, um zu gefallen. Ich bin hier, um zu berühren.

Ich nehme meinen Platz ein – mit Liebe und Klarheit.

Ich darf leuchten, auch wenn andere noch im Schatten stehen.

Ich öffne mich für Resonanz, nicht für Applaus.

Mein Content ist ein Ausdruck meiner Wahrheit.

Ich darf sichtbar sein und mich gleichzeitig sicher fühlen.

Meine Sichtbarkeit dient – mir und anderen.

Ich bin genug – genau so, wie ich bin.

Ich vertraue meinem Tempo.

Ich darf Pausen machen, sie nähren meine Präsenz.

Ich bin hier, um mich zu erinnern, nicht um mich zu beweisen.

Ich darf mutig und sensibel zugleich sein.

Mein Licht darf sanft strahlen.

Ich bin sichtbar, weil ich verbunden bin – mit mir.

Ich wachse mit jedem Schritt, den ich sichtbar gehe.

Ich teile nicht, um zu performen, sondern um zu verbinden.

Ich bin eine Einladung, kein Produkt.

Mein Online-Auftritt ist ein Spiegel meiner inneren Klarheit.

Ich darf mich zeigen – nicht trotz meiner Tiefe, sondern wegen ihr.

BONUS #1: WORKBOOK FÜR DEINEN WEG ZUR MAGNETISCHEN SICHTBARKEIT

Damit deine Erkenntnisse nicht in einem Notizbuch verstauben, sondern echte Veränderung bringen, gibt es hier dein exklusives Workbook – als Brücke zwischen Reflexion und Umsetzung.

Scanne einfach den QR-Code oder lade es dir direkt hier herunter: https://machs-richtig-oder-lass-es-bleiben.jessica-lackner.com/

Dein Workbook enthält:

- Alle Übungen aus Kapitel 1–7
- Platz für Antworten & Erkenntnisse
- Checklisten für Sichtbarkeit mit Struktur
- 20 Content-Ideen für deine Personal Brand
- Journalseiten & Embodiment-Impulse für unterwegs

BONUS #2: LASS UNS VERBUNDEN BLEIBEN – DER »MACH ES! TRIBE«

»Mach es! Tribe« ist dein Raum für Sichtbarkeit, Soul und echten Business-Austausch. Klarheit. Wachstum. Gemeinsam. Es ist die Community für mutige Macherinnen und authentische Thought Leader. Denn wie gesagt, du bist nicht allein auf dieser Reise. Dieses Buch war der Anfang – denn was, wenn du jetzt nicht mehr nur *lesen*, sondern *leben* willst, was du in dir gespürt hast?

Wenn du Lust hast, dich mit anderen wundervollen Frauen auszutauschen, die dieses Buch ebenso bewegt hat wie dich, dann laden wir dich herzlich in unsere exklusive, kostenfreie Community ein. Es ist ein Raum für echten Austausch, gegenseitigen Support, neue Verbindungen – und ein bisschen Magie.

Und das Beste: Einmal im Quartal treffen wir uns live zum Q&A-Call mit Jessi und Natalia. Du kannst deine Fragen stellen, Erfahrungen teilen oder dich einfach inspirieren lassen.

Der Zugang ist ganz einfach: Scanne den QR-Code auf der nächsten Seite – und du bist dabei.

Du musst nichts vorbereiten. Du musst nichts beweisen. Du darfst einfach du sein – in einem Raum, der dich stärkt.

Wir freuen uns auf dich.
Von Herz zu Herz

Natalia & Jessi

SO ERREICHST DU UNS

Du möchtest noch tiefer eintauchen, deine Sichtbarkeit stärken, an deiner Redekunst feilen oder dein authentisches Selbst kraftvoll nach außen tragen? Dann bleib mit uns in Verbindung – wir freuen uns auf dich!

Natalia

Instagram: @drnataliawiechowski
LinkedIn: linkedin.com/in/nataliawiechowski
LinkedIn Newsletter: ist in meinem LinkedIn Profil verlinkt
Webpage: www.drnataliawiechowski.com/de
LinkedIn-Learning-Kurse: www.linkedin.com/learning/instructors/dr-natalia-wiechowski
Bücher (erhältlich auf Deutsch und Englisch, sowie als Taschenbuch und Kindle):

> *Personal Branding mit LinkedIn. Die Think Natalia Methode.*
> *Unverschämt authentisch. 25 ver-rückte Geschichten von der Reise zum wahren Selbst*

Jessi

Instagram: @jessica.lackner.official
LinkedIn: linkedin.com/in/jessicalackner
Newsletter: ist in meinem LinkedIn Profil zu finden
Podcast/Community/Angebote: www.jessica-lackner.com
Buch: *Fachkräftemangel oder Machkräftemangel? Warum Personalprobleme oft hausgemacht sind*

HERZNOTE: DIE LETZTE ERINNERUNG

Du bist kein Content. Kein Algorithmus. Kein Format zum Füllen.
Du bist kein KPI, keine Klickrate, kein strategisches Ziel.

Du bist Erinnerung. Du bist Ruf. Du bist Antwort.
Du bist der Anfang von etwas Echtem.

Du bist das Gefühl, das bleibt, wenn alle Tabs geschlossen sind.
Du bist Frequenz. Feld. Feuer.

Du bist Stimme – auch wenn du manchmal nur flüsterst.
Du bist. Und ab heute: unüberhörbar.

Deine Sichtbarkeit beginnt nicht mit einem Post, sondern mit einem Entschluss.
Dich zu zeigen. Dich zu halten. Dich nicht länger zu verstecken.

Mach es einfach, aber mach es richtig.
Nicht für das Außen. Sondern für dich.

Weil du weißt, dass du bereit bist.
Und weil du längst leuchtest.

Danksagung

Ein Buch wie dieses entsteht nicht zwischen Zeilen – es entsteht zwischen Menschen. In Blicken, die uns sehen. In Gesprächen, die uns schütteln. In Momenten, die uns erinnern. Es wächst im Mut, im Chaos, in der Stille. Und im Herzschlag dessen, was wahr ist.

Unser tiefster Dank geht an all jene, die dieses Werk genährt haben – sichtbar oder leise im Hintergrund. An die Frauen, die sich Tag für Tag entscheiden, echt zu sein. Mit offenen Herzen, unperfekten Worten, mit Tränen und Triumph. Ihr seid die Melodie, die zwischen diesen Seiten mitschwingt.

An unsere Mentorinnen und Lehrer, die nicht Antworten gaben, sondern Räume öffneten. Räume, in denen wir uns erinnern durften, wer wir wirklich sind.

An unsere Familie und Ehemänner – ihr seid Fels und Flügel zugleich. Danke für euer tiefes Vertrauen, eure Geduld, für die Kraft eures Rückhalts und die Zärtlichkeit eurer Nähe. Ihr habt uns ermutigt, groß zu träumen, und uns begleitet, wenn es leise wurde.

An das Verlagsteam, das diesem Buch ein Zuhause gab. Mit Struktur, die trägt. Mit Seele, die flüstert: »Vertrau.«

An unsere Schwester im Geiste, Selina Näf – du bist Vision, Tiefe und klare Führung in einem. Deine Energie ist durch jede Zeile spürbar. Danke, dass du dieses Buch mit deiner Präsenz durchdrungen hast.

Und an dich, geliebte Leserin. Du hast nicht nur gelesen, du bist eingetaucht. Hast gefühlt. Gezögert. Geseufzt. Gelacht. Hast dich in dir selbst wiedergefunden, vielleicht ein Stück verloren, nur um dich tiefer zu entdecken. Dieses Buch lebt in deinem Atem weiter. In deinem Ja. In deinem Mut. In deinem sanften Erinnern. Danke, dass du dich auf diese Reise eingelassen hast. Sie endet nicht mit der letzten Seite – sie beginnt in dir. Jetzt. Und weißt du was? Du bist nicht allein. Dieses Buch war keine Einzelleistung, und dein Weg ist kein Solo. Du gehst ihn mit uns. Mit all den Frauen, die sich erinnern. Die nicht länger funktionieren, sondern fließen. Die nicht härter werden, sondern weicher. Die sich nicht kleiner machen, sondern ganz.

Wir gehen nicht alle gleichzeitig. Aber wir gehen gemeinsam. Dein Mut ist Teil einer größeren Bewegung. Und du bist eine von denen, die das Licht tragen.